本书由中央高校基本科研业务专项资金资助（项目号：10XNL015）

比较政治与中国社会科学话语体系研究书系

主编◎杨光斌

政体新论

破解民主—非民主二元政体观的迷思

曾 毅 ◎ 著

中国社会科学出版社

图书在版编目（CIP）数据

政体新论：破解民主—非民主二元政体观的迷思/曾毅著.—北京：中国社会科学出版社，2015.11

（比较政治与中国社会科学话语体系研究书系）

ISBN 978-7-5161-6907-0

Ⅰ.①政… Ⅱ.①曾… Ⅲ.①政治制度—研究 Ⅳ.①D033

中国版本图书馆 CIP 数据核字（2015）第 227836 号

出 版 人	赵剑英	
责任编辑	王 茵	
特约编辑	王 琪	
责任校对	闫 萃	
责任印制	王 超	

出　　版	中国社会科学出版社	
社　　址	北京鼓楼西大街甲 158 号	
邮　　编	100720	
网　　址	http://www.csspw.cn	
发 行 部	010-84083685	
门 市 部	010-84029450	
经　　销	新华书店及其他书店	
印　　装	北京君升印刷有限公司	
版　　次	2015 年 11 月第 1 版	
印　　次	2015 年 11 月第 1 次印刷	
开　　本	710×1000　1/16	
印　　张	21	
插　　页	2	
字　　数	291 千字	
定　　价	76.00 元	

凡购买中国社会科学出版社图书，如有质量问题请与本社营销中心联系调换
电话：010-84083683

版权所有　侵权必究

中国社会科学:从"游离中国"到"回到中国"

——《比较政治与中国社会科学话语体系研究书系》总序

杨光斌

中国自古以来只有"国学"即人文、国粹而无社会科学。张灏先生把1895—1925年称为中国政治思想的"转型时代",即西方的各种思想、概念开始抢滩中国思想市场,中国传统政治思想式微。不仅如此,中国的思想之神被妖魔化,而外来先贤则被神圣化,"中国"成为中国社会科学的"他者"。以至于,中国社会科学很可能成为中国历史上乃至世界历史上的大笑话!当中国即将实现民族的伟大复兴的时候,因为没有自己的话语权,很多人依然在按照"先生"的"标准答案"来对照中国,依然在说中国是一个错误的国家。我们现在面临的真问题是,如果"标准答案"错了,学生怎么做都被认为是错的。是时候放弃某些标准答案而寻求自己的答案了。

在中国思想界,已经不约而同地出现了这样的政治共识:中国需要由自己的"新概念新范畴新表述"而构成的社会科学话语体系。建设中国的社会科学话语体系,并不意味着要与既有的话语体系决裂和割舍,事实上没有必要也做不到，只能在对话基础上兼容并蓄，形成"以中国为中心"的说话方式和思维方式。不可思议的是，在社会科学已经"去中国化"百年之后，在只有西方中心主义而看不到中国影子的中国比较政治学，有"普世情怀"的学者则立志要"淡化中国"。这种学术方向的研究成果最终必然是"叫好不叫座"，只不过是延续了目前美国政治学的游戏学术套路而已。当政治学变成学术游戏的时候，其生命便走到了尽头。

"以中国为中心"的社会科学工程迫切且重要。原因在于，国际社会科学的性质决定了既有的、流行的话语体系已经不能解释中国的经验；而中国社会科学的"去中国化"历程决定了既有的中国社会科学理论不但不能指导中国的实践，甚至不能解释中国的经验。因此中国社会科学的前途只能是"回到中国"，在中国历史文化中汲取营养，在中国实践中重新定位。作为社会科学最古老也是最基础的学科政治学，有着不容推脱的责任为重述、重建中国社会科学做出自己的学科性贡献。

◇ 一 社会科学的性质与中国经验的挑战

我一直认为，由政治学、经济学和社会学组成的社会科学理论体系，是先贤们对特定国家的、特定历史时期的、特定经验的观念化建构，而且冷战时期的国际社会科学更是直白的意识形态学，东西方莫不如此。这样，问题来了，如何解释今天的中国？

中国取得的成就有目共睹，但如何判断中国的成就，目前的理论现状大致有两类。在不少人看来，中国错了，原因是不符合自己所熟悉的一套观念；另一派认为中国是对的，需要解释但理论上又无力解释，这同样是因为我们观念、话语的短板和欠缺。因此，社会科学范式重建是我们关心的问题。

我把社会科学话语体系分为两大类：一类是以个人权利和社会权利为中心的社会中心主义；另一类是以官僚制为中心的国家中心主义。在两套话语体系中，社会中心主义基本上是英国、美国经验的产物，其中个人权利和社会权利的核心是商业集团。英国建国有两个因素：战争和贸易，其中海外贸易是一个最重要的作用。美国从最早的十三州到西进运动，离不开实业家集团的力量。所以，在英、美等国家的形成过程中，商业集团起到了决定性的作用。在美国，当他们认为需要政府的时候，这些实业家集团加入联邦政府。在这个过程中，医院、学校、教会等先建立起来，最后才是建立政府。因此，英、美的经验突出了个人权利和社会权利至上。这就是我们通常所说的以个人权利为核心的自由主义理论体系。

国家中心主义的话语体系，比如法国、德国依靠国家组织自上而下的推动，是"战争制造的国家"。法国、德国和日本是一套组织体系，这些国家官僚制非常发达。建构能力特别强大的德国人，从黑格尔到马克斯·韦伯，建构了一套主要以德国经验为核心的理论即国家中心主义。

我们的问题是，政党在哪里？现代化是分批次的，第一波是英国和美国；第二波是19世纪六七十年代的德国、日本、俄国等。这些国家的现代化起点都有标志性事件，例如日本的明治维新、俄国的废除农奴制改革、德国的统一战争等。如果说第一波现代化国家是靠商业集团来推动，第二波是靠官僚制为中心的国家来主导，那么这些后发国家，比如中国，谁来组织这个国家？这种组织既不是商业集团，也不是官僚制（当时国家的官僚制体系已经崩溃了）。俄国在1917年"二月革命"的时候，国家组织瘫痪了，而国家又需要组织起来，国家组织者就是政党——布尔什维克。从此，政党组织国家就成了第三波现代化国家的一个基本路径。

在整个社会科学话语体系当中，只有第一波和第二波现代化的经验，没有后发国家现代化的话语经验。在第二次世界大战后的现代化研究年代，第三波现代化国家，即后发国家的经验需要基于第一波、第二波现代化国家的话语和理论来解释，结果，文不对题，无论怎么解释，发展中国家都是错的。

因此，中国的社会科学需要特别重视政党研究，为此我曾提出过政党中心主义的概念。政党中心主义是个历史范畴和客观存在，不能因为其过去出现的问题而否认其价值，正如国家中心主义，不能因为其在实践中出现过问题而否认它的历史价值和现实意义。因此，相对于社会中心主义和国家中心主义，政党中心主义的内核是什么？逻辑是如何构成的？这些都不是简单提出问题就算完成任务了，需要建构。不同于西方的一人一体系，中国形成一个体系需要若干代人的努力，比如儒学的形成。

我们的研究发现，很多西方概念的流行并不是因为它们有多好，而是因为国家强大，观念是物质实力的副产品。如果流行的概念、观念真的很好也很有用，为什么很多发展中国家因此而陷于发展的泥淖而难以自拔？从摩根索到亨廷顿，他们是坚决反对普世价值之说的。

学者中存在很多"观念战士"，他们习惯使用书本概念比照现实的对与错。所谓知识分子，首先应该是有知识的，但是很多学者只知道来自西方经验的书本知识，而对与中国更有可比性的发展中国家视而不见，或者根本不了解。在这种情况下，什么话都敢说，什么判断都敢下。这种现象，是中国社会科学现状的必然结果。

◇二 中国政治思想百年：从"游离中国"到"回到中国"

这里谈的政治思想，不是官方的意识形态，而是基于社会科学研究而提出的种种思想。从张灏先生划分的"转型时代"算起，中国开始引进、发展社会科学就是 100 年的事。以 30 年左右为周期，我把中国社会科学

100年大致划分为三个时期。

第一个30年：初步西学期（西学化1.0版），即从晚清到民国时期。这个时期除了中国人的个别概念，如费孝通的"差序格局"，基本上都是西方社会科学的初步学习者，或者说并不是合格的学生。因此，这一时期有很多国学大师，如清华大学的"四大教授"，北京大学的梁漱溟、冯友兰、熊十力等，但社会科学意义上的大师是谁？都是到国外走马观花，然后回国介绍一些政治社会方面的逸闻趣事。这一时期的社会科学教授与其说是学问家，不如说是政治活动家，因为关系到中国向何处去的大问题。正因为如此，西学中的各种思想在中国可谓百花齐放、百家争鸣，既有德国人的马克思主义，也有德国的法西斯主义，还有英国式的多元主义如基尔特社会主义，因此这里的"西学"是一个笼统的说法，其中包含着彼此冲突的思想和学说。在政治意义上，马克思主义最成功，即其解决了中国革命道路上的马克思主义中国化问题。但是，这一时期的共产党毕竟不是主导性的，主导性的还是留学生们介绍给官府的西方思想，反正没有自己的社会科学。

第二个30年：全盘苏联化时期（1949—1980）。这一时期不存在严格意义上的社会科学，有的只是马克思主义的三大学说，即哲学、经济学和科学社会主义，而这些思想成果无疑都是来自苏联的，因此是典型的全盘苏化时期。最典型的是，在这一时期，几乎所有的主要社会科学工作者都是苏联专家在中国人民大学培养出来的，无论是北京大学的赵宝煦教授还是中国人民大学的高放教授，更不用说很多著名的经济学教授。在这一时期，对经典作家能诠释好的就是大教授，"文化大革命"中能生存下来就很不容易。因此，我们不能苛求这一时期的理论工作者。

第三个30年：全盘西化时期（西学化2.0版）。改革开放不但是政策上的，必然伴随着思想上的。因为在过去30年中没有自己的思想和社会科学，改革开放30多年的社会科学曾全盘西化，这一时期成长起来的学者都是"留学生",要么在西方读学位、进修,至少读的基本上是西方社会科学和政治思想的书,西方几乎所有代表性著作都翻译到中国了,真是开了中国人的眼界。比较而言,这个 30 年社会科学的西方化程度远远高于第一时期,第二个 30 年中的一些思想遗产在这一时期勉强生存,而经济学则几乎全盘美国化。

这就是中国社会科学百年的历史和现状,没有用自己的概念、理论、方法构成的"话语权",是中国社会科学的总体性特征,而这一特征也意味着中国思想的贫困,思想的贫困导致国家安全危机。但是,主管者没有意识到的是,目前的社会科学管理方式正在强化着这种危机。

如何拯救、谁能拯救并复兴中国社会科学?按照目前中国的社会科学管理方式,似乎只有用英文发表文章和讲英文的教授能够充当中国社会科学的救世主,这真是给中国社会科学雪上加霜啊!要知道,不同于自然科学,人文社会科学的"语言"本身就是意义,就是目的。这是学术意义上的语言的意义。更重要也是常识性的知识是,语言是一个民族之所以是这个民族的重要特征之一。所以,在社会科学研究中,英语是重要的,但充其量是一个工具理性,而不能本末倒置地当作价值理性。

第四个 30 年:在中国社会科学已经他国化 100 年之后,自主性的中国社会科学时代应该到来了,"游离中国"的社会科学应该"回到中国"了!这是我期许的中国社会科学下一个 30 年即第四个 30 年的基本方向和定位!相对于张灏先生所说的"转型时代",中国思想的"新转型时代"即自主性社会科学的时代已经到来。自主性的中国社会科学无疑是沟口雄三所说的"作为方法的中国"即以中国为中心的取向,中国与世界的关系是"中国的世界"而不再是"世界的中国"。其实,"以中国为中心"的研究方法,早在 20 世纪 40 年代就被毛泽东提出来了,事实上他也是这么做的。在《如何研究中共党史》中他这样说:"我们研究中国就要拿中国做中心,要坐在中国的身上研究世界的东西。我们有些同志有一个毛病,就是一切以外国为中心，作留声机，机械地生吞活剥地把外国的东西搬到中国来，不研究中国的特点。不研究中国的特点，而去搬外国的东西，就不能解决中国的问题。"① 重读这段话，不知道中国社会科学界该做何种感想？毛泽东的理论自信来自其领导的中国革命的实践；同样，中国建设实践的伟大成就就不能给我们理论自信吗？

三 作为社会科学知识交汇点和知识增长点的比较政治研究

提出问题只是解决问题的第一步。但是，如何解决问题？首先要认识到，这无疑是一项世代工程，不是几个人在几年时间内能很好地完成的工程，任何人的工作都是这个"新转型时代"的一个分母。

政治学应该是一个大写的分母。我们知道，社会科学由政治学、经济学和社会学三大基础学科构成；而在这三大学科中，政治学产生于古典时期，经济学则是工业革命的产物即诞生于18世纪，而社会学来得更晚，是为了应对工业革命所带来的社会问题，因此诞生于19世纪。英雄不问出处，晚到的经济学已经形成"帝国主义"的架势，其对西方政治学和社会学的影响无处不在，甚至都经济学化了。但是，那种以个体权利为本位的经济学，毕竟不能回答人类的整体性利益和整体性难题，而政治学的天职则是回答和解决"共同体之善业"。这并不意味着政治学还停留在古典时期，还停留在孔子和亚里士多德的时代，无论是政治经济学、比较政治经济学、政治社会学还是历史社会学，都是一种社会科学一体化的学问，是政治学不容缺失的组成部分。因此，虽然我们的学科身份决定了必然要从政治学

---

① 《毛泽东文集》（第二卷），人民出版社1993年版，第407页。

出发而研究社会科学话语体系，但这里的政治学无疑是吸纳了经济学和社会学的大政治学科。

在政治学科中，对发展社会科学最有价值但在中国发展得最不好的则是比较政治研究。比较政治学与政治学理论、本国政治和国际政治的关系不待多言，很容易理解。为国内学术界所忽视的是，西方政治思想史乃至政治哲学到底是怎么来的？难道是"先验"的吗？即使是先验的，也是奥克肖特所说的"先前经验的理论化"。我们应该清楚的是，从亚里士多德到西塞罗，从马基雅维利到孟德斯鸠，从托克维尔到马克思，以及近代的白芝浩与威尔逊，这些"政治思想史上最杰出的思想家向来都是比较政治学者"[①]，他们都是针对他们时代的重大政治问题的。因此我们切不可把这些人的思想视为哲学中的"先验"，它们其实是历史语境中的"先验"即先前的经验。这就需要我们对"先前经验"（相对于比较政治研究的当下经验）有系统的理解与研究，从而才有能力做到甄别、放弃与吸纳，否则我们的政治思想史研究乃至政治哲学研究就永远停留在翻译、引介和诠释水平，诠释完一线思想家如柏拉图、亚里士多德、霍布斯、洛克、卢梭、马克思等，再诠释二线思想家如美国开国之父们，然后就是形形色色的三线乃至不上线的思想家。这种仅仅基于文本的思想解读陷入了社会科学的一元化思维，即从概念到概念，从思想到思想。社会科学至少是二维的，即理论与现实或者理论与历史。这里的现实或历史就是比较政治的经验研究。

另外，研究者如果熟悉比较政治研究中的比较政治经济学，就应该知道，很多古典思想需要得到反思甚至重构。这是因为，我们所处的社会结构既完全不同于政治化的古典城邦，也不同于近代洛克笔下的二元化结构即政治—社会，今天是政治—经济—社会的三元化结构。这就是说，"利

---

① ［美］霍华德·威尔亚达等：《比较政治研究的新方向》，台北韦伯文化公司2005年版，第4页。

维坦"不但是政治的、国家的，还有资本权力这个"利维坦"。考虑到这样完全不同的社会结构，无论是古典思想本身，还是基于文本解读而发展出来的新古典思想如保守主义政治哲学或者新共和主义等思潮，我们都需要更谨慎地对待，因为很多关于政治、关于国家、关于人性的古典命题都没有考虑到资本权力这个"利维坦"或波兰尼所说的"市场化社会"。在我看来，没有研究方法上的"新路径"，国内的政治思想史研究和政治哲学研究，就只能停留在引介与诠释阶段。要真正复兴国内的政治学理论，回到源头，即一开始比较政治研究与政治哲学就不分家的传统，或许是一个好的选择和好的路径。这也是美国政治学者阿普特（David Apter）所呼吁的。

简单地梳理这些学科之间的关系，人们应该相信比较政治学是政治学乃至整个社会科学的知识增长点。

比较政治研究的发现对既有的社会科学命题很有冲击力。在很多人的观念中，"历史终结"了，即自由民主已经彻底胜利了。但现实世界如何呢？世界上人口过亿的国家是12个，其中有3个是早工业化国家——美国、日本和俄罗斯。这3个国家靠掠夺和战争才得以发展，比如美国对印第安人的灭绝式掠夺，日本和俄罗斯就更不用说了，而其他9个是发展中大国，即中国、印度、孟加拉国、巴基斯坦、印度尼西亚、菲律宾、墨西哥、巴西、尼日利亚。在这9个国家当中，除中国实行民主集中制之外，其他8个国家都是代议制民主即自由民主。这9个国家有相同的地方，即曾经都是西方国家"分而治之"的殖民地。当殖民者撤出之后，这些地方的社会力量比较强大，国家力量较弱。而实行代议制民主更加地去国家化。所有的后发国家是需要组织化的，只有中国共产党的民主集中制政体能把整个国家有效地组织和统一起来。结果如何呢？难道不是明摆着的吗？其他8个国家在治理上能和中国相提并论吗？因此，代议制民主政体和民主集中制政体都需要重新研究。

放眼广大发展中国家，应该看到，很多国家有了经过党争民主而获得的授权及所谓的合法性，但国家治理得如何？有的甚至因选举而使得国家分裂、社会分裂。很多国家也有了宪法法院，但有宪政主义吗？很多国家的宪法法院不但不能维护民主，反而是反民主的，甚至是动乱之源。

与合法性理论密切相关的是，流行的西方治理理论给出的"善治"标准就是社会参与、公开透明、责任和合法性。这个药方具有道德上的优势，谁能否定公共参与和公开透明以及由此而达成的合法性的价值呢？但是，价值之善就一定是实践之福吗？在价值定位上，还有哪家价值比共产主义更有道德优势？还是看看世界政治的境况吧，世界上很多欠发达或发展中国家确实按照世界银行的标准去治理了，公民社会活跃起来且无比发达了，结果如何呢？地方自治需要负责任的公民社会，但林林总总的公民社会的关系之和就必然是善的吗？难道不需要强大的有责任的政府去协调公民组织吗？具体到中国，美国人孔飞力在《中国现代国家的起源》中这样说中国的地方自治：一旦超出县域范围，自治的乡绅们便不再合作。了解印度发展中的情况更让人慎思。根据张千帆教授主编的法政科学丛书中的《印度民主的成功》和《论拉美的民主》中的说法，恰恰是在印度民主社会最发达的二十几年来，印度的治理变得更差了，出现了奇怪的"托克维尔悖论"："1947年的最初几年里，民主政府运转顺畅，恰恰因为它不是发生在一个民主社会中；随着民主社会的慢慢出现，加上真正的政治平等意识的传播，它已经使民主政府的运转更加困难。"[①] 这实在是我们不愿意看到的结论，但却不是局限于印度的发展中国家的普遍现象：当一个群体最终安定下来并决定按规则行事时，其他新兴的鲁莽群体则以平等的名义公然违抗规则。或许正是因为这样的非西方性的"非守法性"文化，即使在已经发生民主转型并得以巩固的拉丁美洲国家，行政权远远大于议会的权力，

---

① [美] 科利：《印度民主的成功》，牟效波等译，译林出版社2013年版，第266页。

通常的做法是以行政法令绕开宪法，而且这是所有政党的惯例。① 更严重的是，民主化之后的巴西、墨西哥，依然有高达75%的百姓相信警察是为有钱人服务的，随时可能对百姓滥用暴力。

其实，关于公民社会的理论早就告诉我们，比如托克维尔的"民情说"和普特南的"强公民社会—弱公民社会"的区分，同样都叫公民社会，但"质"并不一样，而质具有多样性，有好的公民社会，还有意大利南部的坏公民社会，而在发展中国家更多的是印度式的碎片化公民社会、菲律宾式的封建制公民社会、尼日利亚的部族式公民社会，结果导致"无效的民主"。鉴于此，曾经放言"历史的终结"的福山，最近则在著名的《民主杂志》上发表《为何民主表现得如此差劲》，反思治理理论中的社会参与—公开透明的无效性问题，而绩效上的无效性必然伤害民主政治的合法性。而在我看来，一定程度的地方自治不但重要而且必须，但地方政治公共性之和并不等于全国政治的公共性，而将地方自治协调起来并变为行动能力的，非强大而有责任的政府不可。

这就是比较政治研究要告诉我们的，观察中国，不要眼睛只盯着那几个发达国家，还要了解更多的发展中国家。要知道，世界上有70%的人口生活在代议制民主政治之中，过得好的不过就是32个国家、地区，人口不到10%，而其余的60%呢？

因此，"回到中国"的社会科学不但要通过理论"重述"而重新理解和建构既有的社会科学命题，更要通过比较政治研究尤其是可比较的发展中国家研究而更新我们的知识。中国社会科学过去几十年的一个大问题就是美国化的问题，很多人的问题意识都是假的，中国社会科学需要转型升级，需要自主性。当大部分人跳出了美国化的社会科学话语体系之时，理论转型就已经完成了。

---

① [美]史密斯：《论拉美的民主》，谭道明等译，译林出版社2013年版，第194—199页。

最后要说的是，本套丛书在中国社会科学出版社出版最合适不过，对此本人深感荣幸。中国社会科学出版社已经是中国哲学社会科学出版重镇，而且赵剑英社长一直怀着不变的使命、坚强的定力去振兴中国社会科学。这套书系将是一种"世代过程"，由不同的主题构成，每个主题由几本书构成一个分论丛，首个分论丛（第一辑）将是人们熟悉而又陌生的"民主新论"。

2015 年 9 月
于中国人民大学

第一辑——"民主新论"推介

杨光斌

《比较政治与中国社会科学话语体系研究书系》按主题分类由若干系列构成，第一辑便是"民主新论"系列。称为"新论"，自然有理论上的道理，而不是为了吸引眼球。读者是蒙蔽不了的，很多读者有火眼金睛，有强大的鉴别能力。这一系列包括四本书，分别是杨光斌教授的《观念的民主与实践的民主：比较历史视野下的民主与国家治理》、曾毅博士的《政体新论：破解民主—非民主二元政体观的迷思》、张飞岸博士的《被自由消解的民主：民主化的现实困境与理论反思》以及杨光斌等著的《中国民主：轨迹与走向（1978—2020）》。

◇一 《观念的民主与实践的民主》：发掘民主的新常识

我把自己这些年的民主研究称为清理民主的常识，清理旧常识，发掘新常识。常识还有"新""旧"之分吗？先让我们从常识的概念说起吧。

给"常识"一个准确界定并不容易，首先是因为常识的说法实在是太流行，如犯常识性错误、连常识都不懂等，越是流行的概念越难以界定，日常生活中流行的说法就更难以界定。生活包罗万象，不同的领域有不同的常识，潘恩的"常识"是指人与生俱来的政治权利，而牛顿的万有引力则是自然界的常识。

尽管各个领域有各自的常识，但是常识都是被建构出来的。因此，所谓常识，就是对常在道理的发现并使之成为普遍观念的共享知识。成为常识的知识，事实上包括三部曲，第一是"常在性道理"即客观的潜在存在；第二是"发现"即建构，流行的常识尤其是观念上的常识都是对"常在"的发现；第三是传播"发现"，使之成为流行的观念即所谓的"共识"。

除了日常生活常识如社会规范是习惯习俗的产物，思想意义上的、学科意义上的"常识"都是对常在道理的发现、传播的结果。人类的进步形式就表现为对常在道理的认识和发现。所谓常在道理，就是客观事物运行的潜在道理就在那里，看你能不能发现，对常在道理的发现就是一项重大发现。千百年来无数农夫躺在苹果树下，苹果掉下来就吃掉了事，但牛顿却从中发现了万有引力。因此，发现"常识"是重大发现。

同样，犯常识性错误也是大错误。既然常识是人类对常在即客观事物的认识和发现，相当于人类运动的规律，违背规律必然导致灾难。"大跃进"式地进入共产主义社会，就是有违常识的灾难。当有军事评论员看到美军四辆战车进军巴格达而在电视上焦虑地呼喊"为什么不把它们吃掉"时，其实也犯了常识性错误，他不知道伊拉克人固然厌恶美军，但他们也早已受够了萨达姆的残忍统治，这就是为什么萨达姆政权不堪一击。没有认识到这一点，就是犯了常识性错误。

然而，既然"常识"是发现和建构而来，流行的常识就并不都是理所当然的正确，并非神圣到不可挑战的地步，尤其是一些政治常识。政治常识是对常在观念化加工的产物，而观念化加工就难免存在基于政治利益基础上的主观偏见，或者说这种偏见是为了保护特定利益的。但是，因为观念加工能力的不同，即西方人的概念化、科学化能力太过强大，把产生于特定国家、特定时期、特定历史经验的概念和观念，推广为普遍化的东西，即我们所说的常识。

即使是自然科学意义上的常识并非都是不容置疑的，近代以来的伪科学很常见，更何况社会科学意义上的常识？社会科学被称为"科学"，其实是人类面对科学革命的压力而不得已的妥协。社会科学必然带有观念偏见和利益分野，其科学性远不如自然科学那么可信。何况，我们所知道的社会科学基本上都是盲人摸象式的碎片化知识，是简约论的产物。以复杂性理论来看，即从概念的多样性、质的多样性、层次多样性、角度多样性、事物发生的时间性等视野看问题，很多流行的知识即常识都需要被重新认识。

遗憾的是，在政治生活中，很多人被简约论套牢，把碎片化知识甚至没有历史基础的知识视为常识，甚至当作信仰，以为自己之所读所知就是世界的全部，就是世界的规律。把知识转化为信仰并不容易，但靠谱的信仰至少应该建立在相对可靠的知识谱系上。

回到关于民主的常识问题。我们都熟悉的民主，是社会科学中的一个流行概念，很多人视之为信仰。关于民主的流行性认识即常识无外乎人民主权意义上的社会权利—个人权利，其实现形式就是选举式民主和社会自治的公民社会理论。这些固然是民主的常识，但绝对不是整全知识意义上的常识，因而不是不可以置疑的。把民主当作信仰值得称道，但问题是信仰基于什么知识基础之上。

近代以来，当我们谈论民主的时候，不是在简单的个人权利意义上的谈论民主，更是在政体意义上谈论民主制度，即相对于君主制和贵族制的政治制度。既然是一种政治制度，民主政体就不单单是选举式民主和社会自治问题，这些都是社会权利层面的东西，而政体必然包括"官"即国家层面的要素。不讲国家权力而只讲个人权利的重要性，而且个人权利的实现形式就是所谓的选举式民主和社会自治,结果一个国家会变成什么样子?政治上一人一票的平等权实现了,但在社会保障的社会权利上和经济权利上陷入更加窘迫的境地,追求平等反而落得更不平等,出现了"民主回潮""无效民主"甚至"政治衰朽"。这就是第三波民主化以来发现的"新常识"。民主的"旧常识"实现了,却导致了难以逆转的灾难性后果。而要避免国家建设中的灾难,就必须把"国家"引入民主理论。

原因很简单,个人权利不只是政治上的,还有作为社会保障的社会权利和基本财产权的经济权利,而社会权利和经济权利的实现,不是公民社会能够自动实现的,也不是靠投票能够解决的,在后发国家只能靠国家去推动。比较世界各国,不同权利实现的"时间性"很重要,好的顺序都是先有经济权利;而对发展中国家而言,在没有经济权利和社会权利时有了政治权利,而政治权利的主要功能是搞财产再分配,结果必然使社会陷入难以逆转的僵局。"观念战士"的思维可以海阔天空,但"观念战士"应该考虑到大众的实际需求,也应该把握制度变迁的基本轨迹。把个人权利区分为经济权利、社会权利和政治权利,是社会学家 T. H. 马歇尔发现的事关民主的"新常识";而个人能力的实现有赖于国家能力则是阿玛蒂亚·森的福利经济学所讲的民主的"新常识"。

历史很吊诡。历史上资本主义的第二次生命来自凯恩斯主义式"国家"进场即"罗斯福新政";同样,作为资本主义副产品的民主的重生,也需要"国家"进场来拯救。这不是你喜欢不喜欢的选择,不管你是否喜欢"国家",人类只能在成本与收益之间权衡。民主的生命力来自国家?看上去是一种悖论,却是一种历史真实,是绕不开的民主"新常识"。

国家的进场并不必然排斥被民主"旧常识"奉为圭臬的公民社会。但是,也不必迷信公民社会,有托克维尔笔下的好公民社会,也有大量的坏公民社会,如意大利南部的恩主庇护型、印度的碎片化型、中国的土围子型。公民社会有利于地方自治,但与整个国家治理的好坏没有必然联系。

信仰公民社会的人可能不愿意知道，德国、意大利的法西斯主义就是产生于发达公民社会基础之上。这在国际社会科学界已经是旧知识，但在中国则可以看成是关于公民社会的"新常识"。

关于民主的"新常识"远不止这些。西方早发达国家玩选举式民主还不错，为什么后来很多转型国家都不灵？我们常说的民主条件即旧常识太笼统了。比如，今天大家都热议的法治与民主的关系，就存在一个"旧常识"束缚问题，有些法学学者堂而皇之地说没有民主就没有法治，这样断言的西方文明史基础是什么？西方法制史基础又是什么？法治是西方3000年的传统，而大众民主则是100年的事。同样，热议的自由与民主的关系，西方自由至少是500年的历史。这样，一个简单的"新常识"就是，法治和自由都是民主的"历时性条件"，而没有这等条件的国家搞民主，必然是命运多舛。

更重要的是，西方选举式民主是发生在一族一国的"民族国家"之内，党争只不过围绕具体议程的哪个党得到多一些哪个党得到少一些的问题，这次不行下次再来。但是，对于后发国家而言，宗教冲突、种族冲突、根本信仰冲突，都是关乎一个国家的根本建制。在建国问题上搞党争，结果如何呢？就是无休止的内斗乃至国家分裂。这样，好民主需要"同质化条件"这个"新常识"。

以"同质化条件"去衡量美国，不得不说美国的民主正在变质，演变为福山所说的"否决型政体"。党派斗争极化，凡是民主党所主张的共和党都要反对，反之亦然。利益集团太多太活跃，而且能力有天壤之别，结果是有利于穷人、大众的根本利益的公共议题变不成政策，如控枪问题。

民主的"新常识"都是第三波民主化以来的故事给予我们的启迪，但却是被人忽视了的或者故意掩蔽的"常在道理"。不仅如此，民主的"新常识"还表现在对民主形式的认识上。西式民主把自由民主即选举式民主当作民主的唯一标尺，把代议制民主看做实现人民主权的唯一形式，这就是在故意掩蔽历史常在，或者说没有发现"常在"。比如，难道分权不是一种民主形式？要知道后发国家的建国路线首先是战争集权，然后才是分权化治理，这个过程就是民主化过程。原因很简单，不分权到地方政府、企业、社会组织乃至个人的话，人民主权就是一句空话，人民主权是通过分权来实现的。

如果西方人能把宪政作为民主形式即所谓的宪政民主，真正体现民主精神的分权更应该被视为一种民主形式。要知道，所谓的宪政，并不只是约束政府权力，首要的是约束大众的权利，比如美国宪法就是具有反民主性质的保护寡头利益的"宪政"。这就是西方人的高明之处，居然能把约束大众权利的宪法安排称为宪政。据此，那些能真正体现大众权利的制度安排为什么不能称为民主？分权是一种理所当然的民主形式。

和分权是一种民主形式一样，自由、自治都是民主固有的内涵和形式，只不过以前只谈选举而淡化了这些制度形式的民主性。

有了民主形式的"新常识"，对中国政治性质的认识也就完全不一样了。难道中国不是民主国家吗？没有民主哪里来的活力和奇迹？只不过中国人比较诚实，说出了一套不符合西式民主因而让西方人不爱听的理论来，如"人民民主专政"和"民主集中制"。其实，哪个国家不是以强制力政权为基础的？哪个国家的决策只有民主而没有集中？中国以自己的实实在在的民主形式而实现了民主政治的根本即"民享"。吵架是政治家和知识分子的事，而老百姓则要安居乐业，实实在在地拥有。我经常说，与人口过亿的其他八个发展中国家比较，尽管中国的难题很多，困难重重，但在治理意义上，中国输给了其他八个国家没有？我们不能只待在旧观念的笼子里而不放眼世界。

民主很重要，但更重要的还有"致治"即国家得到治理，"致治"让民主更实在、更饱满，也更可爱。没有治理的民主，民主最后必然被污名化，空喊民主最后反而败坏了民主的声誉。当然，为了让中国更美好，拿放大镜看中国问题也未必是一件坏事，执政者的治理能力也会因为社会压力的存在而得以提升。事实如此，执政者执政能力的一路提升，是应对一个又一个、一波又一波看似危机性质的事件的结果。

民主的"新常识"意味着民主并不是简单的事。民主本来就不简单，民主的简单化认识已经让众多国家陷入泥淖而难以自拔。还有难以回避的"新常识"是，近代以来，民主从自由主义的精英民主，催生了社会主义的大众民主，大众民主进而演变为民族主义民主、伊斯兰主义民主和民粹主义民主，民主与国内冲突和世界政治冲突如影随形，"文明的冲突"表现为民主的冲突。

选择已经摆在我们面前，到底要什么样的民主？不管你追求什么样的民主，大家应该明白这样一个道理，"道"可以不同，但中国只有一个，道不同者必须相谋。

二 《政体新论》：解构民主—非民主二元对立的政体观

读完《政体新论：破解民主—非民主二元政体观的迷思》，不管你信奉何种"主义"，大概都不得不停下来反思一下自己曾习以为常的、张口就来的"民主—非民主"二分法思维方式。能改变思维方式的作品，无疑是该领域的里程碑式的研究。

《政体新论》是曾毅博士的博士学位论文。对于这样的博士论文选题，当初很多人都不看好，不是题目不好，而是怀疑一个博士生如何驾驭这样一个政治学最古老、最根本也是最宏大的问题。结果让人喜出望外：匿名评审平均得分在90分以上，这在博士论文匿名评审中是罕见的。后来闲聊得知，复旦大学的陈明明教授是匿名专家之一，他说这么多年来很少读到这么博大精深的博士论文，因此毫不犹豫地写了长篇评论，并给出他评审史上的最高分。在博士论文答辩会上，来自北大、清华、人大和中央党校的大牌教授们都不再像往常那样吝啬自己的语言，思想力和语言力都极为强大的任剑涛教授评论说："这是以次级命题冲击了终极性问题"；中央党校党建部主任王长江教授的评价最生动也最意味深长：从知识上到思想上，这部作品都是一道"龙须菜"。

"龙须菜"是怎么做成的呢？我们常常教导学生要有"问题意识"，这是做好学问的第一步：提出好问题。但是，在我看来，看起来是第一步的"问题意识"其实只是结果，其前提则是"身份意识"和"时代意识"。也就是说，如果作者搞不清楚自己是谁，不清楚自己处于什么语境下，所谓的"问题意识"很可能是伪问题或者无聊问题。时代已经变化到今天，世界政治已经从城邦国家走向现代国家，中国政治已经对全能主义进行全方位的变革，但是关于政体的话语还在亚里士多德那里，甚至还不如亚里士多德，中国政治依然被标示为各色各样的"威权主义"。

也就是说，流行的关于政体理论以及由此而导致的观念（思维方式）是与时代完全错位的。不仅如此，现代人比起古典时期，甚至变得更加懒惰。我们知道，古典时期的政治共同体的结构简单得不能再简单，但是亚里士多德依然区分出三种正宗政体、三种变态政体以及由此而衍生出的20多种亚政体，而且各种政体之间是随着条件的变化而可以相互转换的，在施特劳斯看来，亚里士多德的各政体处于一个连续光谱上。但是，随着古典政体向依赖军事权力的帝国政体演变，再到中世纪的以文化权力为主的教会政体，以及中世纪后期的彰显经济权力的封建制政体，更别说我们今天的超大规模的、由多民族构成的现代国家政制了，其中不但有传统上的政治权力这个"利维坦"，更有无处不在的资本权力这个"利维坦"。相对于政治利维坦，资本利维坦对人们的影响乃至宰制更是让人避之唯恐不及。在这样一个完全"质变"的政治社会结构中，权力关系的维度乃至权力的性质也都发生了质变，研究政体怎么能不研究中央—地方关系？怎么能回避得了政治—经济关系？但遗憾的是，流行的政体理论就是视而不见！

这就是作者的"时代意识"而推演出来的"问题意识"。

那么，从什么角度来驾驭这样一个纵观古今的大问题？做学问的人都知道，越是大问题越重要，但也越难以驾驭，很多人因此却步、放弃。因此，驾驭大问题一定要有好角度，否则就会失控而失去写作的意义。有很多驾驭大问题的好标本，比如诺斯从国家理论（即政治）、产权理论（即经济）和意识形态（即文化）这三个概念解释了西方世界的兴起和世界经济史，林德布洛姆也是从政治、经济、文化的三大角度（即强制、交换和规训）比较了资本主义政治和共产主义政治。

《政体新论》的角度则如其副标题，从政治科学方法论的角度而"重述"政体理论。我们将指出，这本身就是该书的研究路径或方法论上的贡献。政治学方法论具有典型的时代性，不同的时代有不同的方法论即所谓的"新政治学"，因而其对那个时代的政治学根本问题即政体的看法也是时代性的。在正确的路子上研究重要问题，便有了一系列新的发现。

在古典政体理论即"谁统治"的基础上，政治学到了旧制度主义时期，建构的政体理论是"如何统治"，典型的政体概念有代议制下的议会制和总统制，更有美国建国之父用于解决建国规模问题的联邦制，用于解决前所未有的中央—地方关系。后来的单一制、联邦制都是回答规模问题。我们看到，政体理论已经从单纯的横向政治结构发展到回答纵向结构的权力关系。可见，从古典政体理论到近代的旧制度主义政体理论，都是真正的科学理论，即描述问题、解决问题。

但是，到了标榜"科学"的行为主义时期，西方政治学则变成了"冷战学"下的意识形态学，其中表现在政体理论上，越来越复杂的政治社会结构却被越来越简单化，而且完全的二元对立化，仅以竞争性选举而衡量政体的民主—非民主性质，其中无处不在地影响政治权力的资本权力被

"闲置"起来。也就是说，二分法政体观完全有违现代社会尤其是西方社会的基本权力关系。当事实性权力关系被掩蔽而又变成了流行的观念而改造他国之时，便立刻有了结构性后果，那就是民主回潮而导致的政治衰败。对此，自由民主理论家说有了竞争性选举的转型国家是"竞争性威权主义""选举式威权主义"等，这其实是标志着以竞争性选举为标志而划分政体理论的破产。破产是必然的，因为其只顾一个维度上的权力关系即国家—社会关系上的选举，而不顾其他权力关系如中央—地方关系、政治—经济关系，这样的建国方案焉能不败？

这种发现来自比较政治经济学的方法论。而与比较政治经济学具有高度契合性的历史制度主义，其"否决点"理论的发现是，议会制国家之间的差别甚至大过议会制与总统制之间，而且民主国家与非民主国家之间的政治过程也有很大的相似性，或者说其差别并不像行为主义政治学所建构的差别那么大。历史制度主义的政体发现几乎是颠覆性的。不是吗？沿着历史制度主义的线索，福山说美国是"否决型政体"，是不是比自由民主政体更接近政治真相？历史制度主义不仅是一种方法论，而且是世界观和认识论，而既是世界观又是方法论的方法论少之又少。

政治学方法论在经历了"正反合"后，从意识形态回到了科学。如果说旧制度主义是科学，行为主义政治学则是以科学为标签的观念学，而其后的比较政治经济学和历史制度主义则是以探究真相为使命的科学。作者的结论是，当我们谈论政体时，事实上存在两种语境和两种场域，是意识形态的还是事实性科学的？就同一种政体而言，不同的场域具有完全不同的意义。研究方法变了，世界观变了，即观察问题的角度和层次变了，结论也就不一样了。

在概述完《政体新论》后，读者是不是觉得作者对政体的"重述"使政体有了完全不同的意义？国人一直把政体当作政治哲学或思想史中的问题加以处理，研究数不胜数，但一直难有异于西方学术界的成就。在我看来，只有回到研究政体的本来语境，才能对政体理论研究有突破性贡献。政体一开始就是如何"建国"，而如何建国则一直是比较政治研究的重要范畴。因此，在比较政治学的路径上研究政治哲学或思想史上的重大命题，更有可能取得突破性成就。其实，这只是研究方法上的回归。无论是古典时期还是旧制度主义时期，政治学家们都是在比较政治意义上建构政体理论的。

在正确的路径上研究重大问题以取得突破性进展，这其实是一种抽象的经验总结。如何做得到？这不但需要研究者长期的知识积累，更需要研究者对学术的信念、对自己事业的信仰。从本科到硕士研究生再到博士生，曾毅博士一直在人民大学接受正统的或者说正宗的政治学专业训练。《政体新论》是能够代表中国人民大学博士生水准的，那些能改变人们思维方式的研究无疑是中国社会科学的傲人成就。

三 《被自由消解的民主》：第三波民主化为什么没有带来平等

《被自由消解的民主：民主化的现实困境与理论反思》，不但会让一般读者读后大有斩获，相信功成名就之士读后也定会眼前一亮，必然会有"后生可畏"之欣慰感！我的极具战略智慧的同事黄嘉树教授在张飞岸的博士论文答辩会上如是说："从来没有读过语言如此有力量的论文，男生都写不出来。"中央党校政法部前主任李良栋教授则断言：张飞岸很可能成为民主理论大家。如此纯净的语言既让为师骄傲，也看成是对自己的激励。

张飞岸博士性格鲜明，看不惯不平等、不公正现象，更不能忍受虚伪的政治理论。其博士论文就是这种性情的产物，用她自己的话说：流行的自由民主理论事实上是为了遏制大众的利益，这个发现"让我接近于愤怒，不是因为它的邪恶，而是因为它的虚伪"，立志"把自由民主请下神台"。

《被自由消解的民主：民主化的现实困境与理论反思》的第一个贡献是基本完成了对自由民主理论的解构，进而回答了为什么以追求平等为宗旨的第三波民主化非但没有带来平等，反而陷入更不平等的境地。如本书的历史分析径路上的论证，第一波、第二波民主化都是社会主义运动和大众运动的产物，不仅带来了社会的平等化，也带来了财产关系的变化即无产者第一次在政治上有了再分配财富的权利，西方以社会保障为中心的社会权利就是这样来的。因为民主化带来了财产关系即社会结构的变化，民主化不仅仅是普选权为标志问题，第一波民主化才显得如此漫长。相对于第一波民主化运动，以竞争性选举即普选权为标志的第三波民主化虽然很迅猛，但是什么都没有改变，不仅如此，社会反而更不平等了。

根本原因何在？就在于民主的去社会主义化，即过去的第一、第二波次的民主都是社会主义的社会民主，而当社会民主直接威胁到既定制度时，即 20 世纪 70 年代社会民主在西方达到高峰时，亨廷顿等人写出了《民主的危机》，认为民主需要降温；达尔写出了《多元民主的困境》，开始建构以竞争性选举为标准的自由民主理论；以捍卫自由而非民主为宗旨的萨托利的《民主新论》在冷战高峰时期如期出版。也正是在这种被我们忽视的语境下，自由民主理论成为社会民主的替代品。所谓的自由民主只是在以"民主"的话语追求"自由"，自由民主的实质是自由而非民主。

这样的理论又被 1980 年以来西方的语境所坐实，那就是撒切尔主义、里根主义所实现的哈耶克式新自由主义。我们都知道，新自由主义的核心就是市场自由化和财产私有化，事实上是一种市场原教旨主义运动。在滚滚向前的资本浪潮中追求民主？民主必然被吞噬！所以，以民主化之名而行自由化之实，民主化的结果之一倒是最终消解了政府，为资本自由流动即自由掠夺打开了方便之门。不是吗？20 世纪 90 年代，无论是叶利钦时代的俄罗斯，还是南美，赢家都是资本集团，输家都是追求民主的大众。结果，深受新自由主义之害的大众反过来就成了民粹主义者，曾经追求民主的俄罗斯人转而呼唤强人普京，南美则普遍是左翼政党当家，新自由主义与查韦斯式政治家的出现有着直接的因果关系。

《被自由消解的民主：民主化的现实困境与理论反思》的第二个贡献则是回答了西方民主巩固理论为什么失效。在第三波民主转型国家，成功者寥寥无几，原因何在？为此西方政治学界如同其前辈在冷战时期的使命性表现一样，要回答民主如何巩固即民主为什么失败或无效民主这样重大的现实问题，其中学究气的探讨有文化主义的、理性选择主义的，还有制度主义的（国内学术界也基本上是跟着西方学术界走，说难听点就是"拾人牙慧"），只有戴蒙德（Larry Diamond）的"非自由的民主"影响最大，即成功的民主都是自由的民主，而很多竞争性威权主义的产生如俄罗斯的普京、伊朗的内贾德和委内瑞拉的查韦斯是因为缺少自由。那么，自由到底是什么？难道仅仅是戴蒙德所说的我们习以为常的言论自由、结社自由吗？难道有竞争性多党制就没有这些自由吗？在《被自由消解的民主：民主化的现实困境与理论反思》这里，最重要的还是洛克式财产自由这样的根本性经济结构和社会结构问题。也就是说，如果民主巩固理论不涉及这样的根本问题，其理论本身就毫无意义。在作者看来，民主不但是政治权力结构的变化，即所谓的普选权问题，更重要的是社会结构问题。而自由民主的核心即竞争性选举追求的仅仅是政治结构的变化，而无视甚至刻意回避社会结构问题，结果，在不变的社会结构上到来的民主，最终都是失败的民主或无效的民主。

且不说第三波民主转型国家的状况，在印度这样的老牌民主国家为什么也是无效的民主？关键在于其古老的不变的社会结构。结果，在封建制社会结构内玩选举民主，社会变得更不平等，因为少数人的特权以大众选举授权的方式获得了更大的合法性，不平等得以固化甚至恶化！这就是国内很多人口口声声授权的重要性，认为没有选举授权就没有政治合法性。

到底是纸面上的理论重要还是活生生的现实更有说服力！被国内很多人认为是有合法性的印度民主政权，在著名的印裔美籍政治评论家扎克里亚看来却是千真万确的"强盗式民主"。

与第二个贡献相关，《被自由消解的民主：民主化的现实困境与理论反思》还论及了所谓的威权政权的合法性来自绩效、民主政府的合法性来自选举制度程序这样的老生常谈却被当作"真理"的说法，不能提供基本的公共服务的民选政府有什么合法性？伊拉克民选政府有什么合法性？只不过，"党争民主"是一条不归路，一旦走上了，就永无回头的可能了，老百姓也只得认栽了，难道这就是所谓的合法性？不得不说，国内学术界关于合法性的认识还非常肤浅，总是把美丽的概念与美丽的结果相联系。

谈论民主不能不涉及"治理"，这是自20世纪90年代以来国际社会上最流行的两个概念或范式。与消解政府作用的民主化相呼应，西方人的治理概念即社会治理、非政府组织的治理结果如何虽然不是该文的重点，但《被自由消解的民主：民主化的现实困境与理论反思》还是给予了深刻的剖析，指出以社会为中心的治理理论，如同以选举为核心的民主理论一样，都是祸害落后国家的坏东西。我们知道，习惯于忘却历史的世界银行经济学家们发现，联合国援助项目由社会组织管理比政府管理更有效，由此搞出一个当代的治理概念（其实这个概念在16世纪的英国就有了，指的是国家的统治权）。这到底是无知还是故意陷害发展中国家？第一，谁是世界银行项目的最好完成者？当然是中国，是中国政府，因为中国政府受世行援助最多，也是做得最好的，怎么能说社会组织就比政府做得好？第二，在无数的发展中国家，由于长期被殖民的历史，国家力量被消解了，培育了贵族、地主、军阀等社会力量，在这些国家还强调所谓的社会作用而抑制政府的作用，不是落井下石吗？其实，也不奇怪，这一时期的民主化理论和治理理论都是新自由主义的不同形式。写到这里，不得不佩服中国人与生俱来的智慧，中国人谈的治理更多的是国家治理，即由国家（政府）主导、社会参与的治理,本质上还是如何实现公共善的治国理政之道!

至此,读者应该产生更强烈的愿望去读此书,我相信读者一定会被此书的思想和语言所吸引。正本清源的使命感、深邃的思想关怀、有力的语言表达、明确的价值取向,是我对该书的总体印象。

最后要指出的是,民主不但是一个观念上的大问题,更是一个制度问题,既然是制度问题,就需要在国家建设和国家治理的维度上去研究民主,这样关于民主的认识将会更深刻,也更有针对性。国家建设—国家治理的维度是复杂而多样的,而民主制度只是其中的一个维度而已。我相信在国家建设—国家治理维度上研究民主,必然能形成不同于流行的民主理论的新概念、新话语。在我们这个大时代,因为没有自己的话语而简单地用别人的话语来"观照"中国,中国如此伟大的实践和成就却被认为是错误的,被认为不具有合法性,还有什么比这更让人担忧的呢?

四 《中国民主》:在建设民主中推进国家治理现代化

中国民主的历史已经有了一个世纪。无论是孙中山还是毛泽东领导的革命,都是在民主的旗帜、民主的理想之下推动的,因此中国人对民主的热情大概在世界上是最高的。就新中国而言,毛泽东奠定了社会主义民主的基本制度和框架,即以民主集中制为原则的人民代表大会制度,而1978年以来的改革开放不但是经济上的,更是政治社会上的深刻的结构性变化,其中民主政治的成长更值得书写。

中国制度变迁的前提往往是观念的酝酿和观念的指导。就民主观念而言,从官方到学术界,都有一个从简单化到复杂化的过程,从一种民主形式到多种民主形式的认知过程的演变。这个知识论意义上的变化往往与政治实践分不开，而这个政治实践不但是自己的，还包括其他国家民主政治的经验教训对中国人的启示。也正是在世界政治的场景下看中国政治，看中国的民主政治，很多极大的变化才能得到理解。

具体而言，中国民主观念，从20世纪八九十年代的单维度的选举论，演变为21世纪之后的国家建设语境下的民主形式多元化的多维度论，我们熟悉的自由、自治、法治、分权、参与、协商等，都是民主政治的应有之义或"原本形态"。这看上去是"量"的变化，其实是"质"的变化，即涉及中国政治的属性问题。按照以竞争性选举为根本标识来划分民主与非民主，中国显然不是自由民主意义上的民主；而按照多维度论来审视中国政治，中国当然属于民主政治。多维度的民主观，恰恰是符合大国国家建设复杂性的特性。试想，如此大的国家，以一个维度来衡量政治性质即政治的好与坏，完全不符合国家建设要处理的多维度的复杂关系，一个大国怎么可能一选了之？其实，也正是因为把单维度的民主形式等同于一切，甚至代替了复杂性的国家建设，很多发展中国家就因此而难以自拔，我们熟悉的印度、巴基斯坦、孟加拉国等，莫不如此。

所以，观念很重要，而变成思维方式的观念更重要。中国的实践，第三波民主化之后，尤其是"阿拉伯之春"之后的世界政治实践，都使得很多中国人的民主观念开始复杂化起来，也可以认为是开始成熟起来。不知不觉中，中国人的民主观念发生了"巨变"。

观念的巨变主要来自中国政治的实践。一个有趣的发现是，自改革开放以来，如果以十年为一个政治周期，每一个十年都有标志性的、新的民主形式出现，并累积而成包容性的社会主义民主政治制度。

第一个十年即从1978年到整个80年代，主要的民主形式是选举民主，并培育了协商民主。1979年修改的选举法，旨在落实差额选举。在思想解放运动的推动下，差额选举成为80年代最引人注目的民主形式。到1986年换届选举时，全国绝大多数副省级职位的产生都实行了差额选举，而且中央委员会的选举也第一次实行了差额并延续至今。在实行选举民主的同时，也在培育协商民主。那时还没有协商民主这个词，但中共十三大明确提出建立社会协商对话机制，以此来纾解社会矛盾。这个理念在当时是很先进的，"社会协商对话机制"其实就是我们今天所熟悉的协商民主概念。

第二个十年即20世纪90年代，主要的民主形式则是基层民主即村民自治。1983年人民公社体制解体以后，农村曾一度处于一种"无政府"状态，社会秩序很乱，费税收不上来。怎么办？广西的农民自发地、首创性地搞出了一套自我管理的村民自治制度。按照中国政治发展的经典逻辑，即先实验后推广，村民自治制度成为20世纪90年代官方和学术界的显学，政治学不研究村民自治似乎就没有了出路。所以有这样的宰制地位和乐观主义情绪，是按照英国式民主的逻辑来看中国政治，即先有村镇民主，再逐渐往上推演。到了21世纪，村民自治研究开始式微，因为中国政治不但没有按研究者预期的逻辑去发生，就是在实行了基层民主的农村，反而出现了普遍性的村政衰败现象。内在原因何在？其中固然有村与政治环境的关系，更重要的是有村民的民主选举而无村民的民主自治，即选举完没有治理权，选举上来的村官乱政现象必然出现——何况选举本身都是可以被操作的。在我这个没有研究过农民选举的农村出身的政治学学者看来，基层民主的未来之路不但要有村民的民主选举，更要有村民的民主自治和民主监督，没有村民自治和监督的村民选举不会使基层政治变得更好。不得不说一句，虽然村民选举是一种自发的制度创新，但并不是没有历史基因的，要知道在宋朝开始就有了村规民约的传统，皇权不下县也一直到晚清。

第三个十年即2000—2010年，"网络民主—党内民主—协商民主"齐头并进。制度变迁充满非预期性，谁也想不到1992年开放的互联网平台在十年之后变成了互联网民主，这是中国民主前所未有的课题和挑战，当然也是机遇。互联网民主让民意直达中南海，互联网再度复活了因疆域和空间而消失的直接民主。技术改变了民主形式，改变了政治生态。与此同时，作为一种前所未有的新民主，其挑战性当然也是来势汹汹，一个又一个的网络事件直指中国共产党的所谓合法性问题，而"秦火火们"则指望用互联网压垮执政者。在经历了十年的挑战之后，目前执政者基本适应了这种新型政治生态，由此可见中共的适应性能力。

如果说互联网民主是一种技术革命带来的直接民主形式的社会民主，是一种自发而非预期的民主政治，但党内民主则是一种顶层设计和民主建构。从乡镇直选实验到乡镇公推公选，再到各级党委的民主测评，都是执政者在2004年即党的十六届四中全会之后的制度设计，即以党内民主来面对执政危机感，党的十六届四中全会明确提出党的执政地位可得可失，为此期望以党内民主来应对三个深刻变化：社会结构发生了深刻变化、利益结构发生了深刻变化、观念发生了深刻变化。

党内民主原则伴随着整个党史，其间有好有差，而这一时期党内民主则变成了选拔干部的一种普遍制度，其积极性毋庸置疑。问题是，由于唯票论人，必然减弱了干部做事的勇气和创新的动力。因此，用人上的唯票论必然被纠正。

伴随着互联网民主和党内民主，一个新的民主概念引入中国，那就是被中国人转化为协商民主的"审议民主"。中国人兴奋地发现，被外国人奉为一种民主理论和民主形式的审议民主，其实就是中国一直有的协商政治，比如"三三制"、群众路线以及广义上的统一战线，而且协商政治正是共产党取得胜利的法宝。理论上有说法，历史上有实践，从此协商民主成为中国民主建设的显学，党的十八届三中全会决定在中国建设全方位、多层次的协商民主。但是，怎么衡量协商民主的进程，即一个单位的用人过程、决策过程到底体现了什么量级的协商民主，依然是一个有待回答的问题。

第四个十年即2012—2022年，推进国家治理现代化。在过去30多年的民主实践中，该有的民主形式都有了，其中有的民主形式当然需要得到完善。但是，即使在形式上所有的民主形式都很完善了，就意味着解决政治中的所有问题了吗？我们看到的普遍性的世界政治现象是，很多国家的民主形式越发达，问题和难题反而越多。原因在于，尽管民主是一种价值，民主毕竟还有工具性属性，工具性属性甚至大于价值属性；作为一种工具，民主是用来搞利益分配的，其间必然是政治斗争乃至流血的斗争。

由此给我们的启示是，民主是重要的，但更重要的则是国家治理。具有正常的实践理性和实践智慧传统的中国人认识到，形式是重要的，但更重要的还是本质和目的。为此，在党的十八届三中全会的《中共中央关于全面深化改革若干重大问题的决定》中，明确提出了"国家治理体系和治理能力的现代化"，即作为第五个现代化的"国家治理现代化"。国家治理体系的现代化当然包括现代性政治的一些基本特征，比如民主问责、权力有限、大众参与、自由、市场与法治等，但这些形式的现代化说到底要通过治理能力来实现，否则发达的政治形式只是治理的羁绊，而治理能力现代化则要求中国这样的巨型国家必须有很多发展中国家所没有的强国家能力。因此，用学术语言来概括，中国的改革是要以"有能力的有限政府"来推进国家治理现代化。

这就意味着，未来改革即到2020年的方向是：国家有能力，权力有边界，权力受约束。我们应该认识到，有能力的有限政府其实就意味着权力的人民性和治理主体的人民性，因为权力有边界和权力受约束就意味着人民与市场主体的权利范围更大了、人民的自主性事实上也更强了。

目　录

第一章　导论：在政治科学方法论的脉络里观察政体观的演变 …… (1)
　第一节　问题意识：中国关怀 ……………………………………… (1)
　第二节　研究论题与概念界定 …………………………………… (3)
　第三节　文献综述与本书的贡献 ………………………………… (13)
　第四节　研究方法 ………………………………………………… (20)
　第五节　基本结构与主要观点 …………………………………… (21)

第二章　古典主义政体理论：从多元论到二元论 …………… (23)
　第一节　谁统治及其争论 ………………………………………… (23)
　第二节　如何统治 ………………………………………………… (42)
　第三节　古典主义政体理论的蜕变：从多元到二元 …………… (55)

第三章　旧制度主义的政体观 …………………………………… (60)
　第一节　旧制度主义：世界观与方法论特征 …………………… (61)
　第二节　旧制度主义的主要政体理论 …………………………… (69)
　第三节　旧制度主义政体理论的贡献与问题 …………………… (109)

第四章　行为主义政体观 (116)

- 第一节　行为主义"政治科学"的世界观与方法论特征：在科学与意识形态之间 (117)
- 第二节　二元对立的政体观：民主与非民主 (142)
- 第三节　"结构—功能主义"范式的政体意义 (182)
- 第四节　本章小结：简单的评论 (192)

第五章　历史制度主义和比较政治经济学的政体观 (196)

- 第一节　历史制度主义与比较政治经济学的方法论特征 (197)
- 第二节　历史制度主义：对政体二分法的突破 (220)
- 第三节　比较政治经济学：不同政体下的类似政治过程 (231)
- 第四节　呼唤新的政体观 (258)

第六章　研究发现与余论 (268)

- 第一节　方法论谱系与"政体"问题再认识 (268)
- 第二节　"政体"的两套话语体系：学术场域与政治场域 (271)
- 第三节　政体是一个总体性但包含着层次性的概念 (273)
- 第四节　"政体"与"政道"之分？ (276)

参考文献 (280)

后　记 (297)

第一章

导论：在政治科学方法论的脉络里观察政体观的演变

◇ 第一节 问题意识：中国关怀

> 许多在国家间最重要的政治特征不是在于其政体，而是在于其统治的程度。这些论点中不乏言之凿凿之处。一个国家的政体并不是唯一重要的东西，甚至可能不是最重要的东西。秩序与无政府之间的分野比民主与独裁之间的分野更为根本，然而，这种分野由于几个方面的原因也仍然是至关重要的。[①]
>
> ——亨廷顿：《第三波：20世纪后期的民主化浪潮》

当今中国政治学界对于如何认知中国政治存在诸多争论。如果对这些争论进行一个简单的梳理，并探究它们背后最深层次的分歧在哪里，会发现它们实际上体现了两种不同的思维模式——"政体至上论"或者"政道至上论"。用任剑涛教授的界定，"政体至上论"最关心的是权力来源问题，

---

① [美] 亨廷顿：《第三波：20世纪后期民主化浪潮》，刘军宁译，上海三联书店1998年版，第28页。

而"政道至上论"则关心权力的运行。①

进一步地,"政体至上论者"往往借鉴西方政治思想资源,对中国民主建设和政治实践具有批判性,但是他们常常以西方政治体制的终端模型作为参照系,忽略了中国自己的"路径依赖",以西方国家历史上积淀下来的民主制度模式,来衡量中国走到了光谱的哪个位置。而事实上,这样的思维方式本身是欠科学的。而"政道至上论者"即所谓的"中式政道"论者虽然看到了中国正在发生的转型和变化,看到了中国在治理过程中所具备的民主自由要素,但由于他们过于强调从中国古典政治文化中寻找资源,也忽略了人类共通的政治文明。况且,西方政治科学领域其实也不乏以"政道"消弭"政体"差异的思想家——从"政道"的角度观察政体问题,其实从亚里士多德开始就已有之。因此,我们还有很大的空间去挖掘西方政治思想界和政治科学界的政体观,并以我们自己的传统资源与西方政治学界进行更好的对话,而非自说自话、故步自封。

正是基于这种认知,还有很多学者试图在"政体至上"与"政道至上"之间做进一步的调和,于是出现了笔者所谓第三种观点——"折中主义:政体与政道平衡论"。中国很多政治学者持这种观点,他们认为观察中国当今政治生态,既要看到"不变"的部分,更要看到"变"的部分。所谓"不变",是中国基本政治制度并没有发生根本的改变,而这一方面是保证中国政治平稳发展的前提条件;另一方面也给中国下一步政治改革带来了很大的挑战,毕竟一个更开放、更自由、更民主的政治体制是大势所趋;所谓"变",则是基于治理的视角,肯定中国政治过程中发生的种种新鲜事物,中国共产党的治理方式也在进行循序渐进的治道变革。于是,一方面从"政道"意义上肯定变革成就;另一方面从"政体"意义上呼吁增量改

---

① 任剑涛:《政道民主与治道民主:中国民主政治模式的战略抉择》,《学海》2008年第2期。

革,成为这一批学者的基本姿态。"折中主义者"既强调中国自己的国情和历史,又不以"中国特色"作为不思进步的借口;既肯定中国在政道意义上的变革,又为中国在政体意义上的渐进改革指出方向。

当下中国政治学界对于中国政治实践,存在巨大的认知分歧和理论争辩。在庞杂纷扰的政治学重大问题的争论面前,有时会让人迷糊了双眼,看不清争论的聚焦点和背后的分歧点究竟是什么。然而,正如本书一开始所言,如果从背后的方法论和世界观来思考的话,以"政体观"这个关键词来作为突破口进行观察,会发现这些分野一目了然——"政体"与"政道"谁更重要,成为这些争论背后的实质差异。

因此,政治学方法论、世界观层面的梳理,看似"形而上",其实却最能够回应重大关切,理清重大分歧,并有助于我们观察和分析现实政治。行为的背后是观念,观点的背后是哲学层面的方法论。

笔者认为,在中国政治发展的关键时刻与重大转型期,除了针对具体问题的政策分析报告,基础理论与方法论反思也尤为重要。而秉持政治科学立场(而非意识形态的立场),对诸如"政体观"这样的基础理论问题进行再研究与反思,也有助于我们提炼出学者们对于政体、政道观点中的有价值成分,更好地指导我们的政治改革实践。而看似中庸平和的政治科学理论,却恰恰是一个国家政治实践的最好指南针。

◇第二节 研究论题与概念界定

本书的研究对象基于几个关键概念,如政体与政体观、政治科学与方法论,因此对于这些概念的说明也就是对研究对象的界定。

"政体"是政治学研究的核心概念。阿尔蒙德认为,如果将政治科学发展历史比作一条曲线,那么,这条曲线要度量的,就是与政治的两个基本命题（政治制度的构成要素以及对它们的评价标准）密切相关的知识进步的速度和质量。在这里，政治制度的最初形式和最重要形式就是"政体"。他认为，古希腊和古罗马思想是西方政治科学的源头，这两个源头始终贯穿着政治理论的两个核心主题，而这两个主题推动政治科学的发展直到今天。这两个主题就是"政体的制度形式有哪些？""评价的标准是什么？"[1] 笔者认为，前者是政体本身，后者是如何看待政体，即本书所说的政体观。

政体研究从亚里士多德开始就已有之。乔治·萨拜因认为亚里士多德试图创建一门新的政治科学或政治艺术。"这门新科学应当具有普遍性；这就是说，它不仅应当探究理想的政体，而且也应当关注现实的政体；而且它还应当讲授以任何可欲的方式来治理和组织任何种类国家的艺术。"[2] 也就是说，政治学从一开始就是以政体形式、国家组织方式为核心研究对象的。

从柏拉图到马克思，古典时期的政治学者基本上都以政体研究作为自己的研究主题。整个西方政治理论的历史可以说就是一部"政体理论"的历史。19世纪末20世纪初现代政治科学产生之后，尤其是在行为主义革命的冲击下，政治科学开始向政治行为和政治文化偏移，政治制度与政体研究一度沉寂。然而，20世纪80年代新制度主义（尤其是历史制度主义）"把国家找回来"[3] 再次振兴了政治制度研究。政体研究始终是政治学最重要、最核心的主题。

---

[1] ［美］罗伯特·古丁、汉斯—迪特尔·克林格曼主编：《政治科学新手册》，钟开斌等译，生活·读书·新知三联书店2006年版，第76页。

[2] ［美］乔治·萨拜因：《政治学说史》，邓正来译，上海人民出版社2008年版，第128—129页。

[3] Peter B. Evans, Dietrich Rueschemeyer, Theda Skocpol, *Bring the State Back in*, Cambridge University Press, 1985.

第一章　导论：在政治科学方法论的脉络里观察政体观的演变

现代政治科学意义下的政体理论继承了古典时期的经典阐述，也有了一些新的进展。我们今天约定俗成的很多政治概念都来源于现代政治科学中的政体理论，比如"总统制—议会制""民主制—威权制"等。这些"约定俗成"的政体理念是如何产生的？又经历了怎样的演变？今天是否还能有效地指导我们观察世界，尤其是进行比较政治研究？

基于以上问题，本研究试图回顾评论现代政治科学视野下的政体观流变。需要注意的是，本研究的研究对象是"政体观"而非"政体"。换言之，本研究不是一一介绍各种门类的政体类型，而是以政治科学方法论为线索，评述不同时期、不同理论流派和方法论视野下的政体观是什么，又是如何演变的。这种思路，接近政治思想史的研究套路，评述学科史意义上的政体观念的变迁。不同的是，此处的研究对象，不是古典时期的政治学者的经典文献，而是现代政治科学的方法论流派。可以说，本研究是沿着学科史路径研究政治科学方法论脉络下的政体观的演变。对此，需要界定几个基本范畴：

● "政体"与"政体观"

如前，本研究锁定在对于"政体观"的探讨，而非对形形色色种类庞杂的政体进行分类和描述。但是，政体观的前提是政体问题，有必要交代一下"政体"与"政体观"的差异。

政体，处理的是"是什么"的问题；政体观，处理的是"怎么看"的问题。政体研究，是对世界上各个国家形形色色不同政治体系的客观描述，研究的是客观世界；而政体观研究，则是高一个层次，研究这些政体研究者们对政体的看法，研究的是人们的观念。

什么是政体？亚里士多德在《政治学》中这样界定："一个政体就是

对城邦中的各种官职——尤其是拥有最高权力的官职的某种制度或安排。"①

在政治学研究中,"政体"可谓是最古老最核心的研究主题。自西方政治思想史的开端古希腊时期以来,以什么样的标准来划分不同的政体类型,什么样的政体最优良,一直是政治思想家们最关注的命题。从柏拉图、亚里士多德,到马基雅维利、布丹、霍布斯、洛克、孟德斯鸠、卢梭,再到联邦党人、密尔、马克思,西方政治思想史上璀璨耀眼的思想家们,无不在思考什么样的政治形式最能够有利于民众的福祉,并力求将这种思考与设计付诸政治实践。也正是这种对于国家和政体形式的思考,在历史大变革和转型时期,为国家与社会的发展指引迷津。

政体划分从古希腊时期的"六类型说"开始,经历了复杂的演变,如果将其一一展现,并具体分析政党类型、府院关系类型、央—地关系类型,一来将超出一篇博士论文的范围,二来会将论文变成教科书般的"平庸的全面"。因此,本书不拟研究具体的政体类型划分,而是通过透视政治科学家们一个世纪以来对政体的认知的变化,从方法论、认识论的层面观察政体的变化,以期带来思想启迪。

如果说"政体"处理的是"是什么"即阿尔蒙德所说的制度形式的问题,而"政体观"处理的是"怎么看"的问题即以什么标准去看政体。"是什么"具有最大限度的客观性,但作为世界观—认识论层面的政体观则可能把客观性的"是什么"变为"怎么看"。问题是,这个带有主观性的"怎么看"却往往被后人想当然地理解为"是什么",从而,主观性代替了客观性。

政治科学的宗旨在于还原真实性和客观性,力图接近事情的真相。这正是政治科学冠以"科学"之头衔的目标所在。第二次世界大战后行为主

---

① 《亚里士多德选集》(政治学卷),中国人民大学出版社1999年版,第85页。

第一章 导论：在政治科学方法论的脉络里观察政体观的演变

义革命试图摒除价值，借用心理学、人类学、经济学等学科的科学方法，用大量的实验和数据来进行类型划分和理论模型建构，但是因为冷战中的宗教式的意识形态冲突，使得看似"科学化的政治学"，实际上却背离了"科学"的初衷。

本研究之所以不关注"是什么"，而关注"怎么看"，是想从认识论和方法论的角度，观察一个世纪以来政治科学家们认识世界的知识体系，借以反思整个政治科学界的方法论变迁。因为，政治科学同其他社会科学一样，说到底都是人的观念和思维的一部分，具有主观性。如何让主观尽可能地接近客观，从而对于我们身处其中并对我们的思想和行为产生约束力的社会结构有"实质性启示"价值，是所有社会科学努力的方向。[①] 反思政体观，也就是反思政治科学方法论的局限与进步，有助于我们更好地认识世界，并更好地选择认识世界的路径。

"政体观"是一个好概念吗？国内学术界以前只谈"政体"而没有"政体观"，这就需要对"政体观"本身加以澄清。既然是"观"，比如我们常说的大的到"世界观"，具体到"国家观"以及本书的"政体观"，就是一个怎么认识世界、怎么认识国家的问题，因此必然涉及认识论。

简单地说，认识论就是对于我们所知道的知识（概念、理论体系、观念等）知道多少，又是怎么知道的问题。我们是怎么认识世界或具体的事物与知识的？非专事学问的人可能靠自己的生活阅历而形成的经验性看法，而文史哲类的学者则可能通过知识积累而形成独特的历史哲学而认识世界，而社会科学类的学者则讲究的是方法论，即通过一定的方法论而认识世界。

在这里，对于我们社会科学学者而言，讲认识论就离不开方法论，或者说方法论是认识论的工具或机制。社会科学发展到今天，已经从过去的抽象的、模糊的"因果关系论"拓展到对因果关系的机制的研究，即原

---

① Lewis A. Coser, "Two Methods in Search of Subtance", *Amercian Sociology Review*, Vol. 40, No. 6, 1975, pp. 691-700.

因是如何导致结果的，其中内在关联机制是什么。这就使得研究结论更加接近问题的真相。无论是在知识的认识层面还是在现实的实践层面，到达美好的目标都需要一个中介性的工具，否则在认识论上所得出的结论就没有根据或者不可靠，而实践上没有中介工具的目标最终都会落空，比如很多革命的远大目标因为没有具体的或合适的制度安排而难以实现。

因此，作为认识论性质的"政体观"必然离不开"方法论"。也只有在政治学方法论意义上，我们才能理解政体理论从过去到现在为什么发生了这么大的变化，才能解释为什么理论意义上的政体与实际中的政体并不相符。

本书之所以研究"政体观"而非"政体"，主要有以下两个考虑：

第一，理论发展的需要。通过检索已有文献，本书发现：政治哲学意义上的政体讨论多，政治科学方法意义上的政体讨论非常少；政体理论本身的梳理多，而政体理论背后的世界观即政体观研究少。因此，本研究是非常必要的。

第二，中国政治发展的需要。如本书以开始所说，转型时期的中国存在诸多观念的争论，比如政体至上论和政道至上论。一个众所周知的现象是，学者用西方理论而归类中国甚至扭曲中国的学术现象非常普遍。在中国是什么政体的问题上，如果继续沿着一些旧的概念或旧的观念，就不能把握中国的脉络，比如中国台湾学者吴玉山所谓的"后极权发展型国家"[①]、各种各样的"威权主义"：包括"韧性威权主义"（Resilient Authoritarianism, Andrew Nathan）、"软威权主义"（Soft Authoritarianism, Pei Minxin）、"适应性威权主义"（Adaptive Authoritarianism, David Shambaugh）等。事实

---

① 吴玉山：《宏观中国：后极权资本主义发展国家——苏东与东亚模式的揉合》，载徐斯俭、吴玉山主编《党国蜕变：中共政权的精英与政策》，五南图书公司（台北）2007年版。

第一章　导论：在政治科学方法论的脉络里观察政体观的演变

上，在政体理论上或在如何认识政体这个问题上，西方政治学界一直在"与时俱进"或随着政治的需要而演变着。比如，针对旧制度主义的静态性认识，动态的行为主义视角出现了；但是，行为主义必须服从当时两极世界对立政治的需要，这样政体理论就意识形态化了；而到了后行为主义时期尤其是20世纪80年代以后，比较政治经济学和历史制度主义关于政体的认识和研究更注重政治过程，结果发现标签下的政体的政治其实名不副实。据此，本书考察发展和变化了的政体理论将能为更好地认识中国提供理论支持。

● 政治科学与政治哲学

国内政体研究多集中在政治哲学角度。① 从政治哲学角度观察政体理论的演变固然有它的价值所在——可以让我们对于经典文献中的政体理论有更好的了解——但是笔者认为，政体研究不应止步于此。

本书打算从政治科学角度来研究政体观。在这里有必要讨论"政治科学"的内涵。

一个最基本的问题是："政治科学"发端于哪个时间坐标？从广义上讲，正如阿尔蒙德所说，"政治科学的历史，最早可以追溯到柏拉图"②。阿尔蒙德在《政治科学：学科历史》一文中回顾了政治科学的发展历史，"用一条曲线来描绘政治科学的发展历史，这条曲线的起点则无疑始于古希腊政治科学，之后经历了如下的发展历程：在古罗马时代取得了一定的发展，经过中世纪缓慢的发展，到了文艺复兴和启蒙时代得以飞速发展，然后在19世纪取得了一些重大突破，最后在20世纪真正具备了专业特征，并在扎

---

① 详见下文"已有文献研究综述"国内研究部分。
② [美]罗伯特·古丁、汉斯—迪特尔·克林格曼主编：《政治科学新手册》，钟开斌等译，生活·读书·新知三联书店2006年版，第71页。

下牢固的根基后开始突飞猛进"①。广义上的政治科学内涵基本等同于整个政治学研究。而狭义上的"政治科学"则是阿尔蒙德所谓的"20世纪具备专业特征"之后的政治学研究,换言之,是作为一门独立学科的政治科学。

现代政治学意义上的政治科学,大致始于19世纪末20世纪初。1880年10月,美国成立了"哥伦比亚大学政治研究院",开始培养政治学博士和进行具有学科意义的政治学研究,学界一般以此作为现代政治学学科独立的标志。1903年12月30日,美国政治科学学会(American Political Science Association,APSA)成立。可以认为,该学会的成立是现代意义上政治科学产生的标志性事件。② 19世纪末20世纪初诞生的现代政治科学之所以称为"科学",是因为其大量借鉴自然科学和实证主义研究方法。《布莱克维尔政治学百科全书》将"政治理论"与"政治科学"区分开,前者指从柏拉图到马克思的经典著述的政治思想史的研究;而后者则是诞生于1903年形成的一门独立的专业学科,一种"更具分析性、描述性和解释性的科学"。现代政治科学之父查尔斯·梅里姆在方法论上极重视应用心理学和社会学等其他领域中的概念和方法,也非常推崇计量技术的发展,并将其运用于政治科学中日益丰富的事实资料,这推动了影响美国政治科学界

---

① [美]罗伯特·古丁、汉斯—迪特尔·克林格曼主编:《政治科学新手册》,钟开斌等译,生活·读书·新知三联书店2006年版,第66页。

② 参见美国政治科学学会网站http://www.apsanet.org。政治学界对于现代意义上的政治科学产生于20世纪初的美国基本达成共识,可参见王沪宁为《政治学手册精选》的序言中对政治学历史的介绍,见[美]格林斯坦、波尔斯比编《政治学手册》(上),竺乾威、周琪、胡君芳译,商务印书馆1998年版,序言部分。而罗斯金在《政治科学》中将政治学的历史大致划分为经典理论、制度理论(19世纪到20世纪中叶)和当代理论(第二次世界大战后的理论,包括行为主义、系统理论、理性选择理论、现代化理论和新制度主义)。从这个意义上讲,本书要研究的时间段就是制度理论+当代理论。参见[美]迈克尔·罗斯金《政治科学》第9版,林震等译,中国人民大学出版社2009年版。

第一章 导论：在政治科学方法论的脉络里观察政体观的演变

至为深远的"行为主义革命"的兴起。① 我们今天很多狭义意义上使用的"政治科学"概念，就是19世纪末20世纪初产生的现代政治科学，尤其是以行为主义为代表的注重模型和数理方法论的研究模式。本研究所讨论的"政治科学"，是作为一门独立学科产生之后的现代政治科学。在本研究里，政治科学在方法论的意义上包含了旧制度主义（法条主义与结构主义）、行为主义（以及理性选择主义）和新制度主义。需要说明的是，根据萨拜因的定位，由于亚里士多德被称为"新政治科学"的鼻祖，② 并且在政体研究上具有开创性和奠基性贡献，因此本研究虽然着重于现代政治科学方法论，但是也将亚里士多德古典政治科学的政体研究纳入其中，因为无论从哪个角度研究政体，都离不开亚里士多德的《政治学》，当然本书将不是简单地复述其众所周知的政体论，而是从方法论上加以探讨。

本书认为，从政治科学角度研究政体观的意义至少有如下几点：

第一，政体理论源远流长，但流行的政体理论以及其背后的政体观很多是现代政治科学产生以后的知识遗产。比如，我们耳熟能详的总统制与议会制、单一制与联邦制、政党制度、选举制度、自由民主政体与威权主义政体……这些知识或观念都产生于政治科学诞生以后。这些我们现在每天使用的概念和类型划分是否还能充分解释现实？如果不能，它们能在哪些方面进行完善和更新？笔者认为，在政治学领域，越是熟悉的概念，越有可能存在盲区和误区，越有必要进行反思性的检视，对基本问题与基础理论进行重新思考。因此，在政治科学方法论谱系下回顾并重新思考政体观，对于我们的知识和观念的更新是很有帮助的。

---

① ［英］戴维·米勒、韦农·波格丹诺主编：《布莱克维尔政治学百科全书》，邓正来译，中国政法大学出版社2002年版，第579—581页，"政治理论与政治科学"。

② ［美］乔治·萨拜因：《政治学说史》，邓正来译，上海人民出版社2008年版，第126页。

第二，作为一门独立学科的"政治科学"产生以后，冷战式的"意识形态"或思想观念影响深远。受"新政治科学运动"的影响，20世纪中期行为主义在美国政治学界大行其道，行为主义一个很大的目标，就是"发展普遍性的、内在一致的理论，用来解释各种情境下的政治现象"，而结构—功能主义和公民文化分析方法背后却带着浓厚的西方中心主义倾向。① 但是，结构功能主义是建立在帕森斯的二元对立的结构主义至上的，他断言社会可以通过模型变量和一系列的二分被理解：先赋/成就；情感倾向/情感中立；集体取向/个体取向；特殊主义/普遍主义；散漫/集中，没有模糊地带。② 而且对立性的理论赶上了对立性的现实世界，即两极对立的冷战。就这样，发达—落后、传统—现代、共产主义—非共产主义、民主—非民主、两党制—多党制这些二元对立的思维冲击了政治学界。这样的二元对立思维直到今天还影响着我们的观念，这种冷战式的二元对立思维对政体观产生了什么样的影响？是否应该得到反思？这是政治科学研究的一个重大问题。

第三，作为一门独立学科的政治科学产生以后才有今天意义上的方法论。19世纪80年代政治科学产生以后，政治科学的方法论线索依次为：旧制度主义（法条主义）、行为主义（以及理性选择主义）、比较政治经济学、新制度主义（历史制度主义为主）。今天我们进行比较政治研究，基本都离不开上述这些主要的方法论。作为政治学最重要最核心的问题，政体研究在这一系列方法论的谱系下经历了怎样的演变？

政体研究作为政治学最重要最根本的内容，应当得到政治学者的系统

---

① [美] B. 盖伊·彼得斯：《政治科学中的制度理论："新制度主义"》第2版，王向民、段红伟译，上海世纪出版集团2011年版，第12—13页。

② Atul Kohli, Peter Evans, Peter J. Katzenstein, Adam Przeworski, Susanne Hoeber Rudolph, James C. Scott, Theda Skocpol, "The Role of Theory in Comparative Politics: A Symposium", *World Politics*, Vol. 48, No. 1, 1995, pp. 1–49.

梳理和反思。选择"政体观"这一切入点，试图从方法论的层面进行梳理，可以回顾政治科学在演进过程中各个方法论视野下政体观的变迁。这样的研究视角，着重于抽离出"政体观"的特征，而不是具体描述各种"政体类型"，既避免了庞杂平庸的论述，保证线索清晰简洁，又能够为中国政治科学研究作出知识性的贡献。

◇ 第三节 文献综述与本书的贡献

只有梳理既有的研究文献，才能深刻理解本书的研究意义以及本文的贡献。

一 国内政治思想史界的"政体"研究

在中国政治学界，对于"政体"的研究以政治思想史领域较为常见。这种研究进路通过梳理思想史上的政体思想，来阐述思想家政体理论的变迁。其中，又有两种写作方式：

第一种写作方式，是以思想家为对象。具体梳理某位政治哲学家的政体理论，或者比较几位政治哲学家的政体理论。北京大学出版社的《政体学说史》是该领域一本典型的著作。[①] 该书选取柏拉图、亚里士多德、洛克、孟德斯鸠、卢梭、密尔、马克思、孙中山、毛泽东等中西方共13位思想家，一一描述、介绍他们的政体思想。该书的写作方式是思想史写法，每一章介绍一位思想家的政体理论，基本包含了思想家生活的背景、思想家的思想综述，以及对其思想的评价。又如，施雪华的论文《论西方国家

---

① 徐祥民、刘惠荣等：《政体学说史》，北京大学出版社2002年版。

政体与政体理论的演变》认为资产阶级代议民主政体之所以会取代奴隶制和封建制的君主专制政体，是受社会发展的客观要求。文中也梳理了西方政体理论的演变，将代议民主政体划分为以洛克、孟德斯鸠、卢梭、杰斐逊为代表的古典代议民主理论，以密尔、格林、霍布豪斯、杜威、罗斯福、罗尔斯为代表的现代代议民主理论，并对二者进行了比较介绍。① 这种著作是笔者检索到最多的一种政体介绍的写作方式。不过，需要交代的是，这类写作方式大多数是局限在某一位思想家，比如对亚里士多德、孟德斯鸠、联邦党人等思想家的政体思想的具体描述②，以纵向线性历史的维度进行梳理的也是寥寥无几。

第二种写作方式，是以某个问题为对象。例如，储建国的博士论文《调和与制衡的二重变奏——西方混合政体思想的演变》，就是围绕着"混合政体"这个主题，从希腊罗马时期开始，贯穿中世纪，直到现代，以柏拉图、亚里士多德、阿奎那、洛克、孟德斯鸠、联邦党人等政治思想家为线索，试图考察混合政体从古至今的发展脉络，弥合古代与现代混合政体思想之间被夸大了的鸿沟③。徐爱国的《政体与法治：一个思想史的检讨》，围绕着"法治与政体的关系"这个主题，从思想史的角度，依次梳理了柏拉图和亚里士多德的"法治工具主义论"、孟德斯鸠和戴雪的"法治目的主义论"，以及韦伯和昂格尔的"法治社会秩序论"。④ 而李剑鸣的《"共和"与"民主"的趋同——美国革命时期对"共和政体"的重新界定》则关注

---

① 施雪华：《论西方国家政体与政体理论的演变》，《武汉大学学报》（人文社会科学版）2000年3月。

② 例如，周建军的《试析亚里士多德和孟德斯鸠政体思想中的法治》，《法制与社会》2007年第4期；闫家深、代先祥的《政体与价值——孟德斯鸠政体理论评述》，《法制与社会》2008年第4期；田雪峰的《亚里士多德政体论研究》，《内蒙古大学学报》（人文社会科学版）1997年第6期，等等。

③ 储建国：《调和与制衡的二重变奏——西方混合政体思想的演变》，博士学位论文，武汉大学。

④ 徐爱国：《政体与法治：一个思想史的检讨》，《法学研究》2006年第2期。

第一章　导论：在政治科学方法论的脉络里观察政体观的演变

美国革命时期建国之父们构建的新型政体，认为这种政体实现了对古典"共和政体"的重新界定。①

当今中国政治学界关于政体研究多集中在政治思想史领域，基本上是上述两种研究方式。笔者认为，梳理古典时期政治思想家的政体理论有重要的知识性贡献，让我们对柏拉图和亚里士多德的政体类型说、马吉雅维利的君主政体论、洛克的代议政府论、孟德斯鸠的分权制衡和法治理论、联邦党人的共和与联邦政体论、马克思的无产阶级专政理论都有了系统的了解。

但是另一方面，政体研究只停留在对经典文献的归纳和整理是不够的：纵观国内政治思想史界的政体研究，大多数是只研究一位思想家的政体理论，很少有将西方政治思想史上的经典作家的政体理论串联起来进行分析的，这就妨碍了我们对历史上的政体观做一个持续性递进式的观察；另外，对经典文献的挖掘不足，比如学界非常熟悉亚里士多德的政体划分，但是对亚里士多德的研究方法论却基本无人问津，而这种科学的研究方法实际上对今天的政治科学都大有启发。因此，笔者认为，对经典作家的政体理论进行回顾是必要的（在本研究第一章将做这样的工作），因为古典理论无论在智慧上还是知识上对西方政治科学的奠基作用都是毋庸置疑的。但是，本研究对经典文献的挖掘将紧扣"政体观"，并试图从方法论的角度进行重新发现。

需要说明的是，从政治思想史角度研究政体观并不是本书的主旨，而仅仅是一个背景性质的铺垫。本书进一步关注的是，政体理论在近代政治科学的脉络下有什么样的发展？如何从方法论和认识论的角度看待政体观的变迁？本研究试图从政治科学史、具体而言就是方法论谱系的角度来研究政体观。这在国内政治学界是比较新颖且有创新意义的。

---

①　李剑鸣：《"共和"与"民主"的趋同——美国革命时期对"共和政体"的重新界定》，《史学集刊》2009 年第 5 期。

二 国内政治科学界的"政体"

国内关于政体理论的研究，除了上述政治思想史的路径之外，还有一个很重要的领域：政治科学界的研究。政治科学是讲究方法论或政治事实的，因此，这个路径也主要有两种研究方式：

第一，"政治事实的"研究方式往往是描述性的，对当今世界的政体类型进行划分和介绍，往往以区域或国别为单位。① 另外，还有相当多的比较政治制度著作也属于这一类。这些研究虽然涉及"政体"，但是几乎都是探讨某个（或某几个）国家、某个区域的政治体制和政治运作，是在"政体"这一概念的层级之下进行次级描述的，例如，在威权政体的标签下，描述东南亚国家的政治转型和政治生态；或者，就某个政体类型（比如议会制或总统制）描述属于该类型的国家的政治体制。因此，虽然这类研究也可以算作是政体研究，但是与笔者的研究思路相差甚远。笔者拟研究的是"政体"这一层级之上的东西：不是"政体"之下的具体政治机制，而是"政体"之上的政体观和方法论。

第二，政治科学方法论下的政体观研究。国内学术界关于方法论的研究或介绍并不少见，旧制度主义、行为主义、理性选择主义、历史制度主义都有系统的介绍或一定的研究，但用这些"主义"或方法去观察"政体"的研究成果非常之少，因为很多人没有这样的角度即没有从方法论的角度检视理论，把方法论和政体研究隔离开来，更多的是方法论运用于具体而微观的现实问题研究。但是，总结起来，用方法论检视政体理论，至少有以下几个方面的初步成果：

---

① 例如，赵士国的《俄国政体与官制史》，湖南师范大学出版社1998年版；罗杰的《威权政体：东南亚民主化必经阶段》，博士学位论文，北京大学，2003年；孙代尧的《台湾威权体制及其转型研究》，中国社会科学出版社2003年版，等等。

1. 对行为主义方法论的批评。认为它对政治制度研究的忽视而导致的西方政治学的整体衰落。①

2. 对历史制度主义视野下政体研究的梳理。发现不同政体存在相似的政治过程，而相同的政体却可能存在不同的政治过程。②另外，系统介绍历史制度主义的何俊志博士在其论著《结构、历史与行为——历史制度主义对政治科学的重构》中也涉及政治制度或权力问题，但关注点不是方法论视野下的政体。③

3. 从方法论角度探讨亚里士多德的政体类型，并系统考察现在流行的政体理论为什么偏离了亚里士多德的以事实为根据的政体理论。④

从上述研究可以看出，在中国政治科学界，旧制度主义方法论下的政体观、比较政治经济学视野的政体观都没有得到充分研究；而行为主义视野下的政体观和历史制度主义视野下的政体观虽然得到关注，但也是刚刚开始，有待深入研究，比如行为主义旗帜下的主导的结构—功能主义下的政体观到底意味着什么，而历史制度主义的"折中主义"特征在政体层面意味着并没有得到深入研究，因此，上述研究既是本书的基础，也是本书的出发点。

三　国外政治科学方法论下的政体研究

在方法论意义上，亚里士多德的政体理论在萨拜因的《政治学说史》

---

① 曾毅：《行为主义的政治制度研究：革命或倒退》，《政治学研究》2012年第3期。
② 曾毅：《历史制度主义与比较政治制度研究的新方向》，《学海》2012年第4期。
③ 何俊志：《结构、历史与行为——历史制度主义对政治科学的重构》，复旦大学出版社2004年版。
④ 杨光斌：《政体理论的回归与超越》，《中国人民大学学报》2011年第4期。

和施特劳斯主编的《政治哲学史》中都有涉及。

在现代政治科学方法论的脉络上，即旧制度主义——行为主义（理性选择主义）——历史制度主义（比较政治经济学），其旗帜下都有不少经典的政体或与政体相关的政治制度研究，例如，旧制度主义之下的《国会政体》《英国宪法》《政党与政党制度》，行为主义之下的《比较政治学：体系、过程和政策》《现代政治分析》《政治社会学：政治学要素》《民主新论》，历史制度主义之下的《否决者论》，政治经济学之下的《政策制定过程》《政治与市场：世界的政治—经济制度》，利普哈特的《民主的模式》，以及大量的论文。

但是，这些孤立的文献，需要串联起来，在一个完整的方法论谱系的脉络下进行考察。这些文献构成了本文的研究对象。然而，要提炼出每一种方法论之下的政体观，还需要在阅读这些文献的基础上进行进一步的提炼和整理——而这正是本研究试图完成的工作。只有如此，我们不但在方法论意义上理解政体理论的研究，更重要的是有助于得到认识社会结构的"实质性启示"和对于现实政治的重大关切，即为什么政体名称下的政治与名称上的政体不一致？

四 本文的可能性贡献

第一，研究路径或研究方向问题。九年的政治学专业学习使笔者认识到，在一些最基本的政治学理论问题上，国内学术界和思想界存在不同程度的认识误区。因此，"大问题"或政体这样的政治学的根本问题依然有重新认识的必要。但是，要对这样的问题的研究有所突破，必须寻求新的研究路径或研究方向。如前，国内学术界主要是以人物或问题来认识某个问题。笔者认为这两个路径都很难在政体研究上取得新进展，因为"人物"太多，而且"政体问题"更是源远流长，一篇博士论文不可能从这两个路

第一章　导论：在政治科学方法论的脉络里观察政体观的演变

径来驾驭政体问题。于是，本书试图将政体置于政治科学方法论谱系下加以梳理和考察。

在研究角度上，国内以政治科学方法论谱系这个维度来考察某个主题的研究非常少，最具代表性的是何俊志的《结构、历史与行为——历史制度主义对政治科学的重构》，但该文只是方法论流变的研究。与此不同的是，本书将是方法论谱系下的某一问题研究，有方法论的"线"，但着眼点是政体这个"点"。相较而言，国外对政治科学（比较政治学）方法论谱系的介绍性著作非常多，以比较政治学者威亚尔达的一系列著作为代表。然而，以"政体观"为主题进行方法论意义上梳理的却几乎没有。

因此，综合国内外从研究对象/研究方法两个层面的已有文献研究，本研究认为，从政治科学方法论的纵向谱系下，考察政体观的流变，有助于系统、完整地梳理政体观的流变，试图澄清我们今天习惯于使用的与政体相关的概念和观念到底是怎么回事。也正是在这些意义上，本书对政治科学的几大方法论采取等量齐观的态度。

第二，认识论上的突破。本研究基于经典文献的梳理，从政治科学发展史的角度，梳理旧制度主义的政体观、行为主义革命下意识形态化的二元对立的政体观以及历史制度主义和政治经济学的新政体观。笔者初步认为，历史制度主义关注同样政体下不同的政治运作；比较政治经济学关注不同政体下类似的政治运作。二者共同突破了旧制度主义结构化的政体观和行为主义意识形态化的政体观，给政体观注入了新鲜的内容。本研究试图挖掘这种"新政体观"的内容、价值与解释力。本研究认为，这种"新政体观"由于更接近一种"中观理论"，更有助于解释当今世界复杂的国家—社会互动、政治—经济互动，有助于我们更好地观察各国政治运作。较之旧制度主义僵化而空泛的结构主义政体观，以及行为主义革命下二元对立的意识形态的政体观，这种"新政体观"更有解释力和生命力。当然，无论是旧制度主义的政体理论还是行为主义的政体理论，都深深地影响着今天的政治学的基本结构，甚至深深地影响着人们的观念和思维方式，比如总统制—议会制、单一制—联邦制这样的基本命题，再比如民主—非民主的政体命题，都是政治学基本理论，甚至是日常生活中的基本观念。但是，对于这些流行的观念需要正本清源。

◇ 第四节　研究方法

一　哲学层面的知识论追问

现有关于政体的研究大多关注"我们已经知道什么？"即关注政体本身的分类和描述。但是，还有一个背后的问题，即"我们是怎么知道的？"这个问题需要深入发掘认知世界的方式——世界观与方法论。正如本书最开始提到的，世界观与方法论直接决定了人们对于纷繁复杂的政治事实的判断和认知，绝非空中楼阁，具有支撑性和根本性的作用。厘清了人们认知世界的世界观和方法论，才能够更加准确、全面地把握事实。为此，本研究沿着方法论谱系，追问政体观的演变，而非具体的政体事实。

二　文献研究

本研究的主要研究方法是文献法，基于大量经典文献进行梳理、归纳、串联和评论。笔者认为，政治学界有许多有价值的文献需要进一步梳理，我们对西方政治学界的了解既需要全面，也需要有一个线索性的纵向梳理。因此，本研究将兼顾横截面与纵切面，一方面从政治科学方法论谱系下梳理文献；另一方面也对文献进行深度分析，力求全面深入。

◇◇第五节 基本结构与主要观点

本书由六个部分构成：导论—古典主义政体理论的遗产—旧制度主义政体观—行为主义政体观—新制度主义政体观—研究发现与余论。

第一章：导论。导论部分主要交代选题的初衷，本问题研究的现状，笔者的研究思路与研究框架。梳理政体问题的研究现状发现，尽管政体是一个最古老的政治学问题，研究成果汗牛充栋，但绝大多数是探讨某一思想家的政体学说，从政治科学方法论视野研究这个问题的还没有。初步认为，对于大家耳熟能详的"大问题"，只有寻求新的研究路径或研究方向，才可能获得一些新认识。

第二章：古典主义政体理论。"政治科学"无疑是现代学科意义上的说法。但是，现代政治科学中的政体理论直接来源于古典主义政治学，或者说在政体问题上，现代政体理论与古典政体理论的血源性最强，因此现代政治科学视野下的政体理论讨论自然离不开古典主义政体学说。当然，这不是本文的重点，而是必要的知识铺垫。

第三章：旧制度主义的政体观。根据西方政治科学的学科史划分，当政治学作为一门专业或学科而独立出来时，"政治科学"才诞生——虽然这样的划分很有问题。据此，旧制度主义是"政治科学"初期的主导性方法论。众所周知，旧制度主义是在"确定的"资本主义制度的前提下研究政体，即在"确定的"谁统治之下来研究政府体制问题，其基本成就是我们今天用得最多的议会制—总统制、单一制—联邦制。

第四章：行为主义政体观。一般人都认为行为主义政治学是关于"政治行为"的研究，传统的政体理论不是主要研究对象。这可能是巨大的认识误区。根据相关的文献阅读和资料整理，这一时期的"一般理论"比如结构—功能主义就是追求普世化的、一般性的政体理论。不仅如此，行为主义研究方法值得再认识，它不但有科学的方法，更有观念的嵌入，行为主义方法论充满着科学与意识形态的张力。这样，行为主义方法论强化了当时的冷战世界中的意识形态对立化，由此而诞生的对立性政体观即民主—非民主二分法依然在流行。

第五章：历史制度主义和比较政治经济学的政体观。到 20 世纪 80 年代中期以后，新制度主义尤其是历史制度主义开始成为一种主流性的政治科学方法论。谈到新制度主义就离不开比较政治经济学，因为二者的亲缘度很高，比如制度自然包括政治制度和经济制度以及二者之间的互动关系。这些既是比较政治经济学的方法，也是历史制度主义的重要内容。无论是比较政治经济学还是历史制度主义，共同的方法论特征是研究制度之间的关系，尤其是通过政策过程分析而谈论不同性质制度之间的关系。常见的政治现象是，不同的政体却有着类似的政治行为或者国家发展模式，相同的政体却有着不同的公共政策。这是为什么？本书试图从比较政治经济学和历史制度主义的方法论寻求答案。

第六章：研究发现与余论。以政治科学方法论线索来贯穿政体理论或者打通不同时期的政体理论，最后应该有所发现。本书希望能纠正一些认识论上的偏见，能厘清一些似是而非的问题，寻找到一些认识误区的根源，并最终能够抛砖引玉而提出一些问题。当然，这一切都是美好的学术抱负。

第 二 章

古典主义政体理论:从多元论到二元论

要了解当代西方政治科学视野下政体观的演变,对古典政体理论进行简要梳理是必要的。这不仅因为古典政体理论奠基了当今政体观的知识基础,还由于古典主义政体观本身也经历了一个知识论上的演进过程。从西方政治学的起源古希腊时期到19世纪末大众权利时代的到来,千百年来,经典理论家笔下的政体理论的内涵和寓意经历了怎样的变化?这些变化对我们今天的政治科学有什么启示?本章基于政治学经典文献,勾勒古典主义政体理论的变化轮廓,试图重新描绘"政体"这一政治学基本概念的演进。

◈第一节 谁统治及其争论

一 亚里士多德的政体理论及其方法论遗产

说到"政体",必须要回到亚里士多德的《政治学》,尽管柏拉图的《理想国》其实也可以翻译为《政体论》,但政体论上影响最大的还是《政治学》。这本经典之作可以被称为"政体学"的代名词。亚里士多德将"政体"界定为"一个城邦的职能组织,由以确定最高统治机构和政权的安排

（下划线为作者所加），也由以订立城邦及其全体各分子所企求的目的"①。在这里，我们发现，政体的内涵不仅包括最高权力的归属问题，还包括权力的组织和安排，以及权力之间、城邦与全体分子之间的关系。也就是说，政体包含了两个基本的维度："谁统治"（最高统治机构），以及"如何统治"（政权的安排或如何安排政权）。

由于古典时期的政治共同体以城邦形式表现出来，规模小，人口少，政体也就比较简单，"谁统治"和"如何统治"两个要素常常合二为一，表现为权力所有形式与权力行使形式的一致性。因此，亚里士多德的政体论主要是探讨最高权威所在（即权力归属问题）。实际上，自亚里士多德以降一直到20世纪初，古典主义政体论主要都围绕着"谁统治"这个核心命题展开的。

首先我们来回顾一下亚里士多德的政体类型学。亚里士多德延续了柏拉图的传统，对158个城邦国家进行了经验分析和比较。他依据两个标准来划分政体类型：第一个标准是统治者人数。据此，他把政体划分为一人统治的君主政体、少数人统治的贵族政体，以及多数人统治的共和政体；第二个标准是该政体是否以城邦的善为宗旨。根据这一标准，若政体以城邦善业为己任，便是正宗政体；反之便成为变态的僭主政体、寡头政体和平民政体："依绝对公正的原则来评判，凡照顾到公共利益的各种政体就是正当或正宗的政体；而那些只照顾统治者们的利益的政体就是错误的政体或正宗政体的变态。"② 按照这一标准，前述的王制（君主政体）、贵族政体和共和政体就是正宗政体，而"僭主政体为王制的变态；寡头政体为贵族政体的变态；平民政体为共和政体的变态。僭主政体以一人为治，凡所设施也以他个人的利益为依归；寡头政体以富户的利益为依归；平民政体则以

---

① [古希腊]亚里士多德：《政治学》，吴寿彭译，商务印书馆2008年版，第181页。

② 同上书，第135页。

穷人的利益为依归。三者都不照顾城邦全体公民的利益"①。

亚里士多德的政体类型学有两个划分标准，一是统治人数多少；二是统治的原则是否符合城邦的善。基于这两个标准，政体被划分为六个类型。至此，我们最为熟悉的亚里士多德政体论已基本展示了它的全貌。然而，这是一种大大被简化了的认知。事实上，亚里士多德的政体论绝不仅仅包含六类型说，还有要素论、阶级论、良政论、法治论、变革论等。另外，亚里士多德的科学分析方法论也包含着许多智慧的启迪，例如，将六大政体类型下划分出若干"亚政体"，再如，谈及政体变更时，亚里士多德充分考虑了经济结构和阶级关系的变化，以及政治过程变化对于政体类型的影响。这些都表明，亚里士多德不是一个机械的类型学家，而是一个高度现实主义和富于变通精神的政治科学家。遗憾的是，我们仅仅记住了他的六类型说，或者说，仅仅是记住了君主制、贵族制和共和制这简单的三类型说。

在知识论层面，我们一直将政体论等同于"谁统治"，其实这是被大大简化了的政体知识。事实上在亚里士多德那里，已经有了"如何统治"即关于"政权的安排"。显然，如何组织政权，就是正宗的政体论的一部分。在"政权的安排"上，其实就是亚里士多德的要素论。亚里士多德说："一切政体都有三个要素，作为构成的基础，一个优良的立法家在创制时必须考虑到每一要素，怎样才能适合于其所构成的政体。倘使三个要素（部分）都有良好的组织，整个政体也将是一个健全的机构。各个要素的组织如不相同，则由以合成的政体也不相同。三者之一有为城邦一般公务的议事机能（部分）；其二为行政机能部分——行政机能有哪些职司，所主管的是哪些事，以及他们怎样选任，这些问题都须一一论及；其三为审判（司法）

---

① ［古希腊］亚里士多德：《政治学》，吴寿彭译，商务印书馆2008年版，第137页。

机能。"① 这就是著名的"三权分立"思想的雏形。

后来洛克的分权思想、孟德斯鸠的三权制衡思想，都深深地打上了亚里士多德思想的烙印。不仅如此，笔者在本书后面将指出，到资产阶级革命以后，三权分立已经成为政体理论的主轴。因此，要素论其实就是亚里士多德所说的"政权的安排"，谈论亚氏的政体论，不但要谈三个正宗政体，还要谈三要素。

因此，政体论绝不是简单的统治者人数即谁统治和最高权威问题，"政权的安排"是实现最高权的如何统治的问题，而这一至关重要的方面往往被淡化甚至被忽视。而且"政权的安排"在不同的时代有着不同的意义。同时，作为最高权威的社会基础即政治社会结构，更不为后人所关注，而它的变化则根本性地改变了最高权威的单一性特征。

不仅如此，谁统治与政权如何安排，还有其他的支撑性知识体系和相关论述。比如，政体的条件问题：虽然政体有好坏之分，但不同的政体需要不同的条件，好的政体并不一定适用于有些城邦。② 亚里士多德关于政体实现的条件论深深地影响着后来者。关于阶级论，作为城邦"各分子所企求的目的"，政体类型是阶级关系的反映，政体是以财产关系为基础的社会阶级的权力关系。③ 用今天的话说，政治社会结构影响着政体类型。关于法治论，法治与政体的关系在《理想国》和《政治学》中得到最明确的阐述，为后人津津乐道。首先，法治是政体的延伸，而不是相反；其次，法治是一切政体的基础，法治优于人治。④ 希腊化的罗马人秉承了法治传统，波里比阿将之视为罗马共和国兴盛的原因之一。有了罗马共和国的经验基础，西方人从此便更信奉"法治优于人治"的信条。

---

① [古希腊] 亚里士多德：《政治学》，吴寿彭译，商务印书馆2008年版，第218页。
② 同上书，第180、213、175页。
③ 同上书，第137—138、208—209、212页。
④ 同上书，第181、150—151、171—173、194、201页。

另外，同样重要但一直被国内学术界所忽视的则是其方法论遗产。学界在讨论亚里士多德的研究方法时，常常列出比较方法和归纳法，而笔者认为，还有一些研究方法更值得挖掘。

第一，政治经济分析法。我们注意到，在亚里士多德那里，财产占有状况是政体的基础，这可以被视为最早的以阶级关系分析政治形态的路径。这样，以人数多少的政体形式不仅在于执政者的人数，而在于财产关系为基础的社会阶级。也就是说，不论何种政体，其基础都是财产关系和以财产关系为基础的社会阶级，比如寡头政体其实是富人的统治，而平民政体则为穷人的统治，并提出中产阶级为基础才能组成最好的政体。正如施特劳斯在评价亚里士多德时所说："民主政体与寡头政体的实质性区别不在于统治者人数的多少，而毋宁说在于贫富。"[1] 这种为人们所熟悉的论述，事实上体现了对政体的双重分析方法，[2] 即不但对政体做政治力量上的分析，还做体现为经济利益的阶级关系的分析。而经济利益和阶级关系的变化，会使政体名不副实，比如一个农业国的民主政体，却因增加了一个庞大的在城市中从事贸易的阶级，不变的政治结构事实上也就发生了巨大变化。这样，一个在形式上是民主制的政府所实施的却有可能是寡头制的统治，而一个在形式上寡头制的政府所实施的则有可能是民主制的统治。

第二，政治过程分析法。在亚里士多德看来，在平民政体中，如果"他们为政既不以'法律'为依归，就包含着专制君主的性质。这就会逐趋于专制"[3]。寡头制与平民制之间的分野也不是绝对固定的："在许多城邦的

---

[1] [美] 列奥·施特劳斯、约瑟夫·克罗波西主编：《政治哲学史》，李天然等译，河北人民出版社1998年版，第148页。

[2] [美] 萨拜因：《政治学说史》（上），邓正来译，上海人民出版社2008年版，第147页。

[3] [古希腊] 亚里士多德：《政治学》，吴寿彭译，商务印书馆2008年版，第194页。

实际政治生活中，往往凭法制而论，原来不是民主政体，但由于人民的教育和习性，那里却保持着民主的作风和趋向。反之，有些订立了民主法制的城邦却由于人民的教育和习性，实际上竟趋向于寡头统治。"① 在亚里士多德对于中产阶级的讨论中，他认为所有政治体系都必定是两种重要因素之间的平衡。正如萨拜因观察到的，他把这两种因素描述成质量（quality）和数量（quantity），质量包括由显赫的财富、出身、地位和教育等所产生的各种政治影响；而数量则纯粹是由人数所产生的影响。如果第一种因素占优势，政体就变成寡头制；如果第二种因素占优势，政体就变成民主制。② 可见，在亚里士多德那里，贵族制（寡头制）与民主制之间的分野并不是截然固定的，而是变动的，关键在于政治过程中哪种因素（力量）占了上风。我们随后会讨论，这种政治过程分析法在意识形态化的政治科学家那里荡然无存，直到比较政治经济学和历史制度主义才使其得到了复兴。

第三，政体分类是量变而非质变。换言之，是在一个序列光谱上观察政体的类型，而非严格种类对立。正是由于上述两点——政体不仅仅是宏观的统治人数和统治性质，还包括财产状况和经济阶级的变动，以及政治过程的复杂性——因此，政体之间的差异并非绝对泾渭分明的种类对立，而更多是一种序列程度差异。亚里士多德没有把问题简单化，他依据统治人数将政体划分为三类，接着根据正宗与变态的统治性质，将三类增加到六类；然而，他仍然觉得这六种类型说还不够说明事情的真相，于是又在大类下面划分出若干"亚政体"，参见下表：③

---

① ［古希腊］亚里士多德：《政治学》，吴寿彭译，商务印书馆2008年版，第196页。
② ［美］萨拜因：《政治学说史》（上），邓正来译，上海人民出版社2008年版，第152页。
③ 徐祥民、刘惠荣等：《政体学说史》，北京大学出版社2002年版，第80页。

表 2-1　　　　　　　　　亚里士多德政体类型

正宗政体	君主政体	史诗时代王位公推的政体
		野蛮民族君主世袭的政体
		古代希腊的民选总裁政体
		斯巴达式诸王的政体
		全权君主政体
	贵族政体	以善德为主的政体
		以财富、善德、多数平民三者为依据的政体
		兼顾才德和平民多数的政体
		具有显著的寡头主义倾向但仍以善德为主要依据的政体
	共和政体	
变态政体	僭主政体	野蛮民族的专制君主政体
		古代希腊的民选总裁政体
		绝对君主政体
	寡头政体	中产阶级性质的寡头政体
		富有者的寡头政体
		巨富者的寡头政体
		权门政治
	平民政体	一切具备必要资格的公民权都参加的平民政体
		以低微额财产为任官资格的平民政体
		族裔上无可指摘者的平民政体
		自由人一律参加的平民政体
		群众占优势的平民政体

由此可见，亚里士多德在处理政体分类时是非常谨慎的，绝没有大而化之地将政体简化为"君主制—贵族制—共和制"三个类别，还加入了三个"变态政体"。这还不够，他在归纳的基础上又加入了若干"亚政体"试图进一步囊括全部事实。这种研究方式是试图涵盖所有事实的"科学的"研究方式，"政体亚种之间的差别不单单具有极大的政治重要性，这些差别

有时在一些关键方面比政体种类本身之间的差别还要大。例如,一个温和的民主政体与一个温和的寡头政体相比,可能与一个激进的民主政体相比具有更大的共同点。一旦考虑到政体的亚种,政体的种类便更多地表现为单一的序列,而较少地表现为政治上或意识形态上的排他性的种类,这确实是亚里士多德所关心的中心问题:在某种程度上淡化政体间的界限具有实质意义,假如渐进的政体改革方略要获得成功的话。"[1] 这种政体观类似一个连续光谱上的政体序列,而非严格的类的对立,而不同的亚政体之间是可以转换、变更的。这种智慧和科学研究法却被后世遗忘和摒弃,是政体学一个大大的蜕化。

二 古典政体理论的实践与大争论的展开

在亚里士多德政体理论的基础上,后世的政体理论家的著作大多围绕他的基本命题进行讨论。到文艺复兴及资产阶级革命以后的相当长一个时期,西方政治思想史经典作家的政体理论大多依然是在讨论权力归属问题。结合世界历史的发展,不难理解这一基本命题为何长盛不衰:整个近代史是围绕着资产阶级革命展开的,而从绝对君主制向贵族共和制的转变过程中,资产阶级作为革命的"急先锋"着重是为了解决"谁统治"的问题,统治权问题甚至一直蔓延到资产阶级革命之后。因此,结合语境与文本,以政体观(更确切地说是政体观中"谁统治"这一命题)来纵观千百年来西方政治思想界的经典论述和争论,也许可以让我们对西方政治思想演化有一个全局性的宏观认识。特别强调的是,这里要照顾到所有重要思想家的政体思想是不可能的,比如黑格尔、康德、休谟等人的政体论都不得不"遗漏"掉,只能在"常识"范畴内归纳出大致的线索和类型。

---

[1] [美]列奥·施特劳斯、约瑟夫·克罗波西主编:《政治哲学史》,李天然等译,河北人民出版社1998年版,第152页。

第二章 古典主义政体理论：从多元论到二元论

在政体观这一视角下，我们可以发现西方政治思想史上的重要人物的传承和对话关系：首先，马基雅维利和霍布斯的脉络对应的是一人统治的君主制；其次，影响西方主流思想界最为深远的，是由少数精英统治的贵族共和制，这一思想脉络由洛克、孟德斯鸠和美国开国之父所传承并进而神圣化；最后，由多数人（大众）统治的民主共和制，在卢梭和马克思那里得到发扬，然而需要注意的是，这一思想线索在西方主流思想中却始终处于被贬义、被妖魔化的位置。与亚里士多德不同的是，西方政治思想史上的佼佼者们所秉持的某一类型政体理论之间已经不再是亚里士多德式的宽容和变通了，而是把自己的主张绝对化并努力否定其他政体形式的合理性。让我们回顾一下这些具体的政体主张。

君主制。除开文艺复兴时期的马基雅维利以及国家主权论的首倡者布丹，一人绝对统治权即绝对君主制的鼓吹者非霍布斯莫属。混乱求秩序，谁能带来安定的秩序？沿着布丹的主权思想即最高统治权思想，尽管自然状态的个人享有同样的自由和权利，但鉴于英国资产阶级革命以后的失序状态，"把大家所有的权力和力量付托给某一个人或一个能通过多数的意见把大家的意志化为一个意志的多人组成的集体。这就是等于说，指定一个人或一个由多人组成的集体来代表他们的人格，每一个人都承认授权于如此承当本身人格的人在有关公共和平或安全方面所采取的任何行为，或命令他人做出的行为，在这种行为中，大家把自己的意志服从于他的意志，把自己的判断服从于他的判断。这就不仅是同一或者协调，而是全体真正统一于唯一人格之中；这一人格是大家人人相互订立信约而形成的，其方式就好像是人人都向每一个其他人说：我承认这个人或这个集体，并放弃我管理自己的权利，把他授予这个人或这个集体，但条件是你也把自己的权利拿出来授予他，并与同样的方式承认他的一切行为"。达成这样的契约后，国家就形成了，一个"伟大的利维坦"诞生了，它是"活的上帝的诞生；我们在永生不朽的上帝之下所获得的和平和安全的保障就是从它那里来的"。用一个定义来说，利维坦

"就是一大群人相互订立信约、每人都对他的行为授权,以便使它能按其认为有利于大家的和平与共同防卫的方式运用全体的力量和手段的一个人格"。"承当这一人格的人就称为主权者,并被说成是具有主权,其余的每个人都是他的臣民。"① 不仅如此,授予的权利不可收回,也只能是一次性授权,否则就陷于循环的混乱。主权者的"像这样一种无限的权力,人们也许会觉得有许多不良的后果,但是缺乏这种权力的后果却是人人长久相互为战,更比这坏多了。人们今生的状况是不可能没有弊端的,然而任何国家之中最大的弊端是由于臣民不服从和破坏建立国家的信约而来的。不论是谁,要是认为主权过大,想要设法使它减小,他就必须服从能限制主权的权力,也就是必须服从一个比主权更大的权力"②。

和亚里士多德一样,霍布斯认为主权者的不同决定了国家的不同,当主权的"代表者只是一个的时候,国家就是君主制;如果是集在一起的全部人的会议时,便是民主国家或平民国家,如果只是一部分人组成的会议便称为贵族国家"③。按照代表者的私利与公共利益结合的紧密程度,霍布斯推崇君主制。"在公私利益结合的最紧密的地方,公共利益所得到的推进也最大。在君主国家中,私人利益和公共利益是同一回事。君主的财富、权力和尊荣只可能来自人民的财富、权力和尊荣。因为臣民如果穷困、鄙贱或由于贫乏、四分五裂而积弱,以至于不能作战御敌时,君主也就不可能富裕、光荣与安全。然而在民主政体或贵族政体中,公众的繁荣对于贪污腐化或具有野心者的私人幸运说来,所能给予的东西往往不如奸诈的建议、欺骗的行为或内战所给予的那样多。"④ 君主制的流弊是存在的,但是霍布斯这样辩护

---

① [英]霍布斯:《利维坦》,黎思复、黎廷弼译,商务印书馆 2008 年版,第 131—132 页。
② 同上书,第 181 页。
③ 同上书,第 142 页。
④ 同上书,第 144 页。

第二章　古典主义政体理论：从多元论到二元论 | 33

道，"一般来说，在君主之下生活的人认为这是君主制的毛病。而在民主国家的政府或其他主权集体之下生活的人，则认为这一切流弊都是由于他们那种国家形式产生的。其实一切政府形式中的权力，只要完整到足以保障臣民，便全都是一样的。人类的事情绝不可能没有一点毛病，而任何政府形式可能对全体人民普遍发生的最大不利跟伴随内战而来的惨状和可怕的灾难相比起来，或者跟那种无人统治，没有服从法律与强制力量以约束其人民的掠夺与复仇之手的紊乱状态比起来，简直就是小巫见大巫了"①。

这样，比马基雅维利的君主论更具思想性、体系性因而也更具震撼性的绝对君主制理论诞生了。至于其绝对君主制理论所明示的国家主义与个人主义到底是什么关系，也需要重新认识，但这不是本文的任务。霍布斯社会契约思想演绎的绝对君主制思想真正开启近代政治学，摆脱了中世纪的神学政治观。他的政体观和亚里士多德一样，既是对混乱现实的批判，也是对英国资产阶级革命后理想秩序的渴求。霍布斯的论证很有力量。乱世中求稳定和权威的思想，既是一般人的正常的心理诉求，也是后来相关思想的来源，比如亨廷顿基于发展中国家而形成的"权威—秩序—发展"逻辑②。

贵族共和制。1688年光荣革命真正解决了统治权和秩序问题，英国"由一人组成的利维坦"转向"由多人组成的利维坦"，而为现存秩序辩护的洛克的《政府论》适时而出，这就是其中的"议会主权"思想。

对于洛克来说，无论何种形式的政制，权力都来自人民的委托。③ 而政制形式取决于立法权，"制定法律的权力归谁这一点就决定国家是什么形式"④。

---

① ［英］霍布斯：《利维坦》，黎思复、黎廷弼译，商务印书馆2008年版，第141页。
② ［美］亨廷顿：《变化社会中的政治秩序》，王冠华、刘为译，上海人民出版社2008年版。
③ ［英］洛克：《政府论》（下），叶启芳、瞿菊农译，商务印书馆1986年版，第80页。
④ 同上书，第81页。

"立法权，不论属于一个人或较多人，不论经常或定期存在，是每一个国家中的最高权力。"① 这就是我们通常所说的"议会主权"。议会享有最高权力，是因为：

> 人们参加社会的重大目的是和平地和安全地享受他们的各种财产，而达到这个目的的重大工具和手段是那个社会所制定的法律，因此所有国家的最初的和基本的名文法就是关于立法权的建立……这个立法权不仅是国家的最高权力，而且当共同体一旦把它交给某些人时，它便是神圣的和不可变更的；如果没有得到公众所选举和委派的立法机关的批准，任何人的任何命令，无论采取什么形式或以任何权力做后盾，都不能具有法律效力和强制性。因为如果没有这个最高权力，法律就不能具有其称为法律所绝对必须的条件，即社会的同意。除非基于他们的同意和基于他们所授予的权威，没有人能享有对社会制定法律的权力。因此，任何人受最严肃的约束而不得不表示的全部服从，最后总是归结到最高权力，并受它所制定的法律的指导。②

洛克的社会契约论处处流露出人民作为权力来源的思想，但并不能因此而把洛克"议会主权"视为民主政制，也不是共和制，③ 而是为了反对民

---

① ［英］洛克：《政府论》（下），叶启芳、瞿菊农译，商务印书馆1986年版，第83页。

② 同上书，第82—83页。

③ 高全喜教授称英国为"立宪共和制"，也有一定道理，因为法治论是亚里士多德政体论的重要组成部分，且中世纪以来就有了根深蒂固的立宪主义传统。（参见高全喜《现代政制五论》，法律出版社2008年版，第81—106页）只是如此一来，划分政体的标准就乱了。更重要的是，至少在这一时期，政体的根本问题还是"谁统治"，即政治权力主体而不是政治的实质是认识英国光荣革命以后的政体的根本指标，因此笔者称为"贵族共和制"。另外，把光荣革命以后的英国政制称为共和制也有一定的风险，因为一般认为克伦威尔时期是共和主义或民主主义的一场失败的实验。

主政制或共和制的贵族政制。且不说英国革命的性质，第一，人民是谁？按照当时英国的政治体制和政治状况，有委托权的"人民"即有选举权者只是人口中的极小一部分有产者。第二，与此相联系，当时的议会立法者是谁呢？英国社会中的贵族。18世纪后期，保守的柏克还在试图复兴由贵族构成的辉格党政府的权威，黑格尔晚年也最终确认英国政制属于贵族既得利益集团的政体类型。① 甚至到了1824年，老密尔还估计到，下院实际上是由200个左右的家族选出来的，而英国国教牧师和律师是这些家族的帮手。② 第三，人民也只能通过委托立法机关而实现自己的意志，自己并不能直接实现自己的意志。立法机关又是如何构成的？"在组织完善的国家中，全体的福利受到应得的注意，其立法权属于若干人，他们定期聚会，掌握有由他们或联同他人制定法律的权力，当法律制定以后，他们重新分散，他们也受他们所制定的法律的支配；这是对于他们的一种新的和切身的约束，使他们于制定法律时注意为公众谋福利。""立法机关的经常集会和没有必要的长时间持续的集会对于人民不能不说是一个负担。"③ 也就是说，在洛克时代，立法者还不是一个专门的职业，是土地贵族的事，或者说他完全不能想象没有财产或财产较少的人（即社会中的多数人）能进入议会并以政治为职业。

因此，议会主权就是贵族共和制。把光荣革命后的英国当作是贵族共和制，并不十分准确，不但是因为它实质上还是贵族制，还因为克伦威尔时期的政治被认为是共和主义的，而之后共和主义在英国就式微了。布丹早就说过，如果一个所谓的国王为等级会议的法令所约束，那么主权实际

---

① [美]萨拜因：《政治学说史》（下），邓正来译，上海人民出版社2010年版，第301、305页。
② 同上书，第381页。
③ [英]洛克：《政府论》（下），叶启芳、瞿菊农译，商务印书馆1986年版，第89—90、95页。

上属于议会，而且政府也属于贵族制的范畴。① 孟德斯鸠说："共和政体是全体人民或仅仅一部分人民握有最高权力的政体"，"共和国的全体人民握有最高权力时，就是民主政治。共和国的一部分人民握有最高权力时，就是贵族政治"②。孟德斯鸠所说的贵族政治显然具有混合性质，即贵族制与共和制的混合体。至少在"光荣革命"以后的 150 年里，英国还是一个典型的贵族政制，而 1832 年尤其是 1867 年的两个选举改革以后，较多的人才能够参与到政治中来，共和制的成分才多起来，成为名副其实的贵族共和制。

我们看到，亚里士多德政体理论中所说的作为最高权威的"统治机构"，在洛克这里变成了立法主权，即相对于霍布斯君主主权的议会主权，说到底还是论证权力的归属即统治权问题。但是，我们已经不能简单地把洛克的三权思想（立法权、执行权、对外权）与亚里士多德的三要素对应起来。对亚里士多德来说，作为议事机能、行政机能和司法机能的三要素是任何统治者所需要的，即三要素上面还有一个统治者。而到光荣革命以后，尽管还存在一个立宪君主，作为统治者的君主最终是名义上的，或者说"王在法下"，而事实上的统治者变成了立法机关，执行权和对外权从属于立法权。

在"光荣革命"确立秩序以后即生命安全有保证以后，自由权首先就是财产权，用洛克的话说，"人们参加社会的重大目的是和平地和安全地享受他们的各种财产"，虽然其"财产"包括生命、特权和地产。③ 洛克《政府论》的核心就是论证"政府的首要任务是保护财产"，因而《政府论》几乎可以理解为"财产权论"，"议会主权"主要功用也是界定和保护早已存

---

① 参见［美］萨拜因《政治学说史》（下），邓正来译，上海人民出版社 2010 年版，第 83 页。
② ［法］孟德斯鸠：《论法的精神》，张雁深译，商务印书馆 1987 年版，第 8 页。
③ ［英］洛克：《政府论》（下），邓正来译，上海人民出版社 2010 年版，第 77 页。

在的财产权。理解这一点很重要，因为财产权是少数人的特权，也是贵族政制的基础。要知道，当洛克鼓吹财产自由的时候，他正在贩卖奴隶；他鼓吹宗教宽容，但对无神论和天主教并不宽容。因此，洛克的法哲学反映了从1688—1945年统治英国的贵族和公民"绅士"的新世界观，他的原意并不认为他的思想适用于每一个人。① 一个世纪后，保守主义的鼻祖柏克把英国的政体看成是一种约定俗成的安排，其权威性来自其长期时间的积累。显然，这一思想来自洛克一样，把英国政体视为一种事实久远的贵族政制。②

以英国政制为版本而抒写《论法的精神》的孟德斯鸠，对民主政治的鄙视众所周知，而他对英国政治的解释也恰好说明"光荣革命"的贵族制性质。"在20世纪，英国人要给自己建立民主政治；他们未能获得成效的努力，可称奇观。因为那些参与政事的人毫无品德；因为那位最大胆的人的成功激起了他们的野心；因为宗派主义浸透了一个又一个的得势的党派，所以政府不断地更迭；惊愕了的人民寻求民主政治，但却什么地方也找不到。最后，在经历许多动乱、冲击、震荡之后，他们不能不重新回到他们所废止了的那种政体之下去休息。"③ 这里的"政体"显然就是传统的贵族制。

将孟德斯鸠思想付诸制度建设的美国人更是反对纯粹民主制，直截了当地鼓吹少数人统治。因此，美国人开创的实际上是孟德斯鸠所谓的"贵族共和国"，即仅仅一部分人民握有最高权力的政体。他们将民主政体与党争、动荡等同起来。"一种纯粹的民主政体——这里我指的是由少数公民亲

---

① [奥] 弗里德里希·希尔：《欧洲思想史》，赵复三译，广西师范大学出版社2007年版，第394页。

② 参见 [美] 萨拜因《政治学说史》（下），邓正来译，上海人民出版社2010年版，第300—310页。

③ [法] 孟德斯鸠：《论法的精神》（上），张雁深译，商务印书馆1959年版，第10页。

自组织和管理政府的社会不能制止派别的危害。几乎在每一种情况下,整体中的大多数人会感到有共同的情感或利益。联络和结合是政府形式本身的产物;没有任何东西可以阻止牺牲小党派或可憎的个人的动机。因此,这种民主政体就成了动乱和争论的图景,同个人安全或财产权是不相容的,往往因为暴亡而夭折。"①

"杰弗逊式民主"似乎在修补着开国之父们建立的贵族制政体,但并没有将美国变成一个民主国家。受法国大革命的影响,杰弗逊特别强调人民主权思想,而且还强调多数决原则。"共和主义的第一原则是多数法则(lex mmauoris parties),是由权利平等的个人所组成的一切社会的根本法则。""就维护我们的自由来说,人民是唯一可靠的靠山。归根到底,我们的原则是大多数人的意志应该起主导作用。"②但不能因此而简单地把杰弗逊的民主主义当作自由主义民主的思想来源。第一,多数是什么范畴的多数?人民又是什么范畴的人民?因为不同的集团在不同时期都可以自称是"人民"或人民的代表,从古希腊到今天都是如此。第二,也是最重要的,杰弗逊的代议制和分权与制衡设计说明他对大多数人深深的不信任。他指出,权力集中在同一些人手中,这些人即使是多数,也会产生专制;"选举产生的专制政府并不是我们所争取的政府,我们争取的政府不仅仅要建立在自由原则上,而且政府各项权力必须平均地分配给几个政府部门,每个政府部门都由其他部门有效地遏制和限制,无法超越其合法范围"③。第三,作为总统的杰弗逊不但没有为其民主主义思想而推动美国的民主化,反而实行了臭名昭著的"政党分肥制"。也就是说,人民主权和多数决只是一个总体

---

① [美]汉密尔顿、杰伊、麦迪逊:《联邦党人文集》,程逢如等译,商务印书馆2007年版,第48—49页。

② 《资产阶级政治家关于人权、自由、平等、博爱言论选录》,世界知识出版社1963年版,第86、65页。

③ [美]杰弗逊:《杰弗逊选集》,朱曾汶译,商务印书馆1999年版,第229页。

性原则，而落实这一总体性原则的则是其作为中介原则的代议制和三权分立，甚至还有失败的政党分赃制。

美国政体依然具有贵族制本色，难怪亨廷顿称美国政治结构为"都铎政体"①。就是这样的一个明明白白的贵族制政体或贵族共和制，被后来者说成是自由民主政体，并以事实上的贵族制反对人民主权的共和制政体。

民主共和制。如果说霍布斯颠覆了神学政治而开启了现代政治学，洛克颠覆了君主制而奠定了自由主义传统，那么卢梭则根本性地颠覆了西方主流思想中一直排斥平民政治和大众政治的精英政治和等级制观念，第一次把"人民"上升为"主权者"，将共和制改造为孟德斯鸠所说的"民主共和国"，从而成为一个无论是共和主义、自由主义还是社会主义、马克思主义都绕不开的一位伟大的思想家。

这里没有必要陈述卢梭的个体与整体、个人与公意的关系，而依照其公意假设必然导出一个"人民主权"理论，而人民主权的实现形式就是民主共和国，即孟德斯鸠所说的"全体人民握有最高权力"。卢梭主张在保护公共利益的前提下，由人民自己制定法律，由人民自己安排政府。这是因为，由公意构成的主权不可被代表，因而也不可转让，否则公民就会丧失其美德与自由，而代议制能做到这一点。② 卢梭以英国为例说，英国人民只有在选举国会议员时，才是自由的；选举之后，人民就等于零，只有等着做顺从的奴隶的份儿了。

卢梭的人民主权思想和民主共和国政治在法国大革命中得到体现，也正是因为法国大革命是对欧洲传统体制的一次真正革命，才招致自由主义者的强烈批判，进而诞生了柏克的保守主义。由此也可以认为，无论在政治制度上还是在政治思想史上，卢梭都是一个分水岭。

---

① ［美］亨廷顿：《变化社会中的政治秩序》，王冠华、刘为译，上海人民出版社2008年版，第98—110页。

② ［法］卢梭：《社会契约论》，何兆武译，商务印书馆1997年版，第125页。

比卢梭更具有冲击性和革命性的是马克思。西方著名的新马克思主义者克莱蒂（L. Colletti）认为马克思的主要政治著作，比如《黑格尔法哲学批判》《论犹太人问题》和《论法兰西内战》，"没有在卢梭的思想上添加任何东西"，"都重复了卢梭早已发现的主题"。① 这显然是书生之见。在理论上，尽管马克思的人民主权思想直接来自卢梭，但是马克思的"人民"已经不是卢梭的"人民"了，此"人民"非彼"人民"。卢梭说人数最多的阶层是最值得尊敬的"人民"，但也说各阶层的人都是同等地位的，② "人民"并不排除其他阶层的人；而马克思的"人民"则特指下层的无产阶级。由此，马克思的人民主权思想下的民主共和国则是指无产阶级专政即无产阶级共和国，即巴黎公社。马克思说巴黎公社"给共和国奠定了真正民主制度的基础"，"实质上是工人阶级的政府"③。在此基础上，恩格斯这样诠释道，"我们的党和工人阶级只有在民主共和国这种政治形式下，才能取得统治。民主共和国甚至是无产阶级专政的特殊形式"④。恩格斯还指出："对无产阶级来说，共和国和君主制不同的地方仅仅在于，共和国是无产阶级将来进行统治的现成的政治形式。"⑤ 这样，经典作家回到亚里士多德传统，明确指出民主共和国的阶级属性。事实上，这是建立在对民主的阶级本质的认识上。在马克思看来，民主制度的背后是阶级性质，因为就马克思时代的对宪章运动的镇压、对工人政权的围剿、对普选权的限制，都意味着资产阶级共和国"表示一个阶级对其他阶级实行无限制的专制统治"⑥。因此，马克

---

① 转引自吴春华主编《西方政治思想史》第 4 卷，天津人民出版社 2005 年版，第 270—271 页。
② 参见［法］卢梭《爱弥儿》，彭正梅译，上海人民出版社 2011 年版。
③ 《马克思恩格斯选集》第 3 卷，人民出版社 1995 年版，第 58—59 页。
④ 《马克思恩格斯选集》第 4 卷，人民出版社 1995 年版，第 412 页。
⑤ 同上书，第 734 页。
⑥ 《马克思恩格斯选集》第 1 卷，人民出版社 1995 年版，第 593 页。

思强烈批评那种视民主共和国为"千年王国"的民主派是庸俗的。①

在实践形式上,卢梭的思想表现为美国革命和美国革命以后的"杰弗逊式民主",以及资产阶级的法兰西第一共和国,等等。马克思的思想则在巴黎公社以及后来的俄国革命和中国革命中得到实践,作为无产阶级专政的特殊形式的民主共和国成为改造世界的影响最大的学说。

无论是在思想上还是在实践上,马克思都比卢梭走得更远。比较而言,卢梭否定了君主制(霍布斯)和贵族制(洛克),把社会契约说向前推进了一大步,是一种为自由主义,尤其是保守主义难以接受的激进的自由主义。马克思在卢梭的基础上,运用亚里士多德的阶级政治传统,把人民主权还原为作为大多数人的下层阶级的权利,这是对欧洲千百年来的以等级政治和贵族制政治为主导的政治社会秩序的一次根本颠覆,而无产阶级民主共和国实践中的问题又为西方主流思想界提供了讨伐的素材。因此,无论是卢梭还是马克思,都被污称为"极权主义"的鼻祖。

小结。亚里士多德的命题——"君主制、贵族制、民主制"构成了传统政体论的主体。当革命导致混乱时,人们渴求利维坦式的君主,但一人统治的君主制是一种不合时宜的政体,尽管它偶尔为人所向往。贵族政制与民主政制就成为争论的焦点。资产阶级革命以后确立的贵族共和制似乎真正解决了革命者的统治权问题,因而为其辩护的理论适时而出;但是,贵族共和制所引发的问题又带来对这一制度的否定性主张和实践,那就是民主共和制;而民主共和制无论是理论和实践都难以为当时甚至是后来的西方主流思想所接受,以自由主义、保守主义之名而实为捍卫贵族共和制而批判民主共和制的思想又甚嚣尘上。尽管存在如此激烈的话语战争,因资产阶级革命以后的贵族共和制一直存在,如何统治和治理就成为问题的核心,因而为捍卫统治权的"政权安排"的设计就构成政体

① 《马克思恩格斯选集》第3卷,第315页。

理论的主要部分。

◇第二节 如何统治

无论是什么样的政体，即无论谁统治，都有一个如何统治的问题，即亚里士多德所说的"政权的安排"或者今天通常所说的"政权的组织形式"。如前所述，资产阶级革命后事实上继承了传统贵族制，并把贵族制拓展为贵族共和制。资产阶级革命是现代民族国家建立的一个分水岭，或者是现代国家建设中的一个新阶段，即不再有古希腊那种小而美好的城邦国家，而是若干个城邦的政治共同体。现代国家在横向规模上的空前扩大也必然导致纵向程度的不同。这就意味着，无论"主权"归谁，必须有一套将主权落地的工具，即贡斯当所说的"中介原则"。

鉴于法国大革命中理想与现实的激烈冲突，本杰明·贡斯当在最高原则与现实之间设计了一个中间阶段，"如果我们把一个同一切中介原则脱离关系的原则扔进人类社会，我们就会造成极大的混乱。正是这些中介原则把那一原则带给了我们，并使它适用于我们的环境。当那一原则断绝了同其他事物的一切关系，失去了所有支持时……它就要起破坏和颠覆的作用了。但是错不是出在最高原则上，而是出在我们忽视了中介原则"[1]。中介原则使得绝对性最高原则用于现实世界。如果说贵族共和制是一个最高原则，而让贵族共和制运转起来的中介原则就是以代议制为核心的关于横向权力结构的三权分立和关于纵向权力结构的单一制——联邦制。

代议制。理解西方政治文化与政治组织形式的一个重要源头是基督教。西方历史上近一个世纪的中世纪对于后来民族国家组织形式有很深远的影

---

[1] 转引自［美］萨托利《民主新论》，冯克利、阎克文译，东方出版社1993年版，第71—72页。

第二章 古典主义政体理论：从多元论到二元论

响。如今人们已经越发注意到基督教与选举和代议制之间的关联。在中世纪最重要的一个思想家马尔西利奥的教会理论中，宗教大会是解决纷争的最高机构，其构成是代议原则，即各教区都按照其统治者的命令并按照其基督教居民人数的比例选出各自的代表。① 事实上，中世纪"各宗教教团的选举规章达到了无比精细和复杂的程度，这种规章中持久的核心要素是怎样把多数人同较优秀或较出色的人联系在一起并肯定受后者的制约。尽管宗教教团是同最佳条件联系在一起，僧侣们仍然很清楚自己并不是天使，因此他们对于如何才能选出最出色和最适当的人物，如何才能在不让坏人的多数压倒好人的少数感到放心的问题上，进行了不懈的努力"②。可见，即使在中世纪，多数人问题已是宗教制度的关切。不仅如此，中世纪的世俗政治也到处可见代议制，从13—15世纪，议会制度在英格兰、法兰西、伊利比亚半岛等地纷纷出现，英国因而有"议会之母"之称。

"光荣革命"之后，洛克式自由主义的委托—代理理论为英国代议制在理论上作了注脚。洛克说，当人民发现作为最高权力的立法机关的"立法行为与他们的委托相抵触时，人民仍然享有最高的权力来罢免或更换立法机关"③。"关于立法者由于侵犯人民的财产，从而辜负他们所受的委托时，人民有以新的立法机关重新为自己谋安全的权力这一学说，是防范叛乱的最好保障和阻止叛乱的最可靠的手段。"④ 需要注意的是，洛克此处的"人民"是有所指的，并没有将全体公民包含在内。因此，洛克代议制理论的

---

① 参见［美］萨拜因《政治学说史》（上卷），邓正来译，上海人民出版社2008年版，第358—359页。
② 宗教制度与选举制度的演进关系，见墨林《最优秀的多数》，《法国及海外法学史评论》第3—4卷，第368—397页。转引自萨托利《民主新论》，冯克利、阎克文译，上海人民出版社2009年版，第144—145页。
③ ［英］洛克：《政府论》（下），叶启芳、瞿菊农译，商务印书馆1986年版，第91页。
④ 同上书，第136页。

本质是贵族制而非民主制的，因为当时英国代议制的主体是贵族和精英，严格按照财产限定代表资格，距离今天的民主政治相去甚远。

洛克式自由主义代议制与哈林顿式共和主义设计有异曲同工之妙。哈林顿明确地将宗教制度中的选举权引入他的"共和国"。哈林顿把国家划分为若干区，从小到大依次为区、百代表辖区和部族，区每年选出一定的代表到百代表辖区，百代表辖区选出一定的代表到部族，部族则选举出部族代表团到国家，其中包括两名骑士和七名代表；在国家范围内，各部族选出的骑士组成元老院，代表构成人民大会。在这里，统治权交给少数人，而人民则拥有选举权以制约和平衡少数统治者。借鉴威尼斯共和国投票方法，哈林顿系统地论证了选举办法，认为秘密投票是最可行的选举制度。①

代表选举制的必要性被孟德斯鸠系统论证。"在一个自由的国家里，每个人都认为具有自由的精神，都应该由自己来统治自己，所以立法权应该由人民集体享有。然而这在大国是不可能的，在小国也有许多不便，因此人民必须通过他们的代表来做一切他们自己所不能做的事情。""代表的最大好处，在于他们有能力讨论事情。人民是完全不适宜于讨论事情的。这是民主政治重大困难之一。"② 显而易见的是，孟德斯鸠的代表选举制也是旨在预防民主制的弊端，而更偏向贵族制下的法治和自由的。

进一步地，孟德斯鸠对于具体的代表产生方法也有所讨论。因为人们了解自己身边的人和事，"所以，立法机关的成员不应广泛地从全国人中选举；而应在每一个主要地域由居民选举代表一人"。但是，人是分等级的，大多数人是平民，少部分人以出身、财富和荣誉而高贵，贵族和平民不应该放在一个立法机关中，否则就会形成冲突。"因此，贵族团体和由选举产生的代表平民的团体应同时拥有立法权。二者有各自的议会、各自的考虑，

---

① ［英］哈林顿：《大洋国》，何新译，商务印书馆1996年版。
② ［法］孟德斯鸠：《论法的精神》（上），张深雁译，商务印书馆1987年版，第157页。

也各有自己的见解和利益。"① 这事实上是根据英国立法机关而确认的两院制。在英格兰,"立法机关由两部分组成,他们通过相互的反对权彼此钳制,二者全都受行政权的约束,行政权又受立法权的约束"②。

在美国政治制度中,代议制得到了进一步的发展。在麦迪逊看来,平民政府的不治之症是不安定的混乱状态和不公正的腐败,全体公民中的多数或少数为共同情感和利益驱使,形成党争,反对其他公民的权利或反对社会的永久的和集体利益。因此,"一种纯粹的民主政体——这里我指的是由少数公民亲自组织和管理的政府——不能制止派别斗争的危害"。为消除党争,必须实行共和政体,即麦迪逊说的代议制政体。在麦迪逊看来,"民主政体和共和政体的两个最大区别是:第一,后者的政府委托给由其余公民选举出来的少数公民;第二,后者所能管辖的公民人数较多,国土范围也较大"。在第一种情况下,"由人民代表发出的公众呼声,要比人们自己为此集会,和亲自提出意见更能符合公共利益"③。麦迪逊的代议制秉承了贵族制政治的传统,既限制了多数人的权利,又维护了作为代表的贵族的统治权。不仅如此,即使是作为多数人的"人民"的选举权利,在立宪以后的很长时期内都没有得到实现。这是后话。

不仅如此,孟德斯鸠的两院代表制设计也被美国开国之父照单全收。"众议院将从美国人民那里得到权力;人民和在各州议会里的情况一样,以同样的比例,依据同样的原则选派代表。就这点来说,政府是国家性的政府,而不是联邦性的政府。另一方面,参议院将从作为政治上平等的团体的各州得到权力;在参议院,各州根据平等的原则选派代表,正如目前的国会一样。

---

① [法]孟德斯鸠:《论法的精神》(上),张深雁译,商务印书馆1987年版,第158—160页。

② 同上书,第163—164页。

③ [美]汉密尔顿、杰伊、麦迪逊:《联邦党人文集》,程逢如等译,商务印书馆2007年版,第44—51页。

就这点来说，政府是联邦政府，不是全国性政府。"① 由此可见，美国的代议制设计考虑到了对平民的多数原则的限制，美国政治不应该被冠以完全的"民主制"之称。事实上，除了参议院对众议院的制衡，美国政治制度的诸多方面都体现了对于民主政治的制约，特别是司法体系和法治精神对于"多数暴政"可能性的限制。这在托克维尔的司法主义国家观里有明确的体现。②

无论是洛克的社会契约论假设还是哈林顿虚构的"大洋国"，或是麦迪逊的代议制理论，都是建立在历史经验的信息遗传基础之上；反过来，这些遗传信息在英国和美国政治中传递，最终约翰·密尔成为代议制的集大成者。密尔指出，"理论上最好的政府形式就是这样一种政府：主权或作为最后手段的至高控制权力归属于整个整体；任何一个公民不仅对行使这种最终主权有发言的权力，而且，至少在某些时候，被要求能在政府参政议政中发挥作用，亲自履行某种地方的或一般的公共职责"。"完全的平民政府是能够宣称拥有这种特质的唯一政体。"但在国家的横向规模和纵向结构已经发生巨大变化的情况下，平民政府又是不可能的政府形式。他这样说："能够充分满足社会一切要求的唯一政府是全体公民参加的政府；任何参与，即使是担任最小的公共职务也是有好处的；这种参政的范围大小，应该始终和社会一般进步程度所允许的范围一样；只有允许所有的人在国家主权中都享有一份才是最终让人向往的。但是，既然在面积和人口超过一个小城镇的社会里（除公共事务的某些极次要的部分外），所有的人亲自参与公共事务是不可能的，因而我们就可以得出结论：一个完美政府的理想类型一定是代议制政府。"③

---

① [美] 汉密尔顿、杰伊、麦迪逊：《联邦党人文集》，程逢如等译，商务印书馆2007年版，第195—196页。

② [法] 托克维尔：《论美国的民主》（上），董果良译，商务印书馆2009年版。

③ [英] 约翰·密尔：《代议制政府》（英汉对照全译本），段小平译，中国社会科学出版社2007年版，第79、81、103—105页。

密尔之所以如此否定平民政府而为代议制辩护，是因为1848年革命颠覆了千年以后的欧洲等级制和贵族制，大众权利意识空前高涨，社会主义和民主主义的平等权运动势不可当。在英国，1832年的第一次宪政改革也进一步推动了下层阶级的权利意识，宪章运动推动下的工人权利已经是不容回避的现实政治。由此，我们才能理解密尔为何还在论证其前辈的代议制政府理论。

代议制，顾名思义就是由人民选举出的代表来行使权力。"代议制政体的内涵就是，由全体人民或大部分人民，通过他自己定期选举的代理人行使最后的控制权。"密尔细致地论证了议会和行政的分工，尤其是议会的功能和代议机关的害处。"代议制议会的职能不是管理（这完全是不合适的），而是制衡和控制政府：把政府的行为透明化，促使其对公众认为存在问题的一切行为作出完整的解释和辩护……代议制议会的确拥有广泛的权力，它足以确保民众的自由。此外，议会还有一项职能，其重要性不亚于上述职能：它既是民众的诉苦委员会，又是民众表达诉求的大会。"[①] "它的对手往往讥笑代议制议会是一个纯粹清谈和空谈的地方。很少有比这更大的误会。当谈论的议题事关国家巨大公共利益的时候，我不认为除了在谈论中工作外，代议制议会还有比这更合适的方式，因为谈论中的每一句话，要么代表着某个重要团体的观点，要么代表着某个重要团体所信仰的某个人的观点……这样一个地方实质上就是（如果它不是为了其他目的的话）任何地方所能有的最重要的政治制度之一，它也是自由政府的最重要的好处之一。这种'谈论'，如果不会阻碍'行动'，就绝不应该低估它。"[②] 在密尔看来，议会不但要立法，更重要的是监督、利益表达和达成共识的场所。

但是，在密尔看来，代议制政府是需要条件的，"这些条件是：1. 民众必须愿意采纳它；2. 民众必须愿意并且能够为了保持它所必须做的事情；

[①] ［英］约翰·密尔：《代议制政府》（英汉对照全译本），段小平译，中国社会科学出版社2007年版，第155页。

[②] 同上书，第157页。

3. 民众必须愿意并且能够履行它赋予他的义务和职责"①。归根结底,民众既要服从又不能屈从,这是代议制政府对民众的美德要求。但是,基于对作为人民的大多数人深深的不信任,密尔提出了著名的"多数暴虐"和"阶级立法"思想。

代议制民主"与一切其他政府形式一样,其最大的危险之一在于当权者恶意的利益;这是阶级立法的危险,即为统治阶级的当前利益服务(不管是否真正实现)而损害整个社会利益的政府的危险"②。所谓"阶级立法"的危险,就是担心穷人对富人的剥夺。

> 按通常构想的方式去看看民主制吧,作为多数人的统治,统治权力完全有可能出于地方或阶级利益的支配之下,不按对人民利益不偏不倚的关怀所要求的原则来行事……在所有国家穷人都是多数,而与之相对的被称为少数的富人。这两个阶级,在很多问题上都有全然不同的利益。我们将假定这个多数有足够的智力知道削弱财产的安全是不符合他们的利益的,而任何肆意地掠夺都会削弱财产的安全。但是他们将不公平的赋税分担,甚至将整个赋税分担,都加到所谓的实际财产拥有者以及拥有较大收入的人的头上,并且一旦这么做了,就毫不顾忌地增加支出数额,以被认为有助于劳动阶级的利益与好处的方式耗费这笔收益,这难道就不会有相当大的危险吗?③

这和密尔所推崇的托克维尔的思想如出一辙。托克维尔忧虑"多数的暴政"认为"民主政府的本质,在于多数对政府的统治是绝对的,因为在

---

① [英]约翰·密尔:《代议制政府》(英汉对照全译本),段小平译,中国社会科学出版社2007年版,第107页。
② 同上书,第189页。
③ 同上书,第179页。

第二章　古典主义政体理论：从多元论到二元论 | 49

民主政治下，谁也对抗不了多数"①。而"多数暴政"主要表现为对富人的财产的剥夺，即密尔所说的"阶级立法"。托克维尔这样说：

> 普选制度事实上使穷人管理社会。
>
> 制定法律的人大部分没有应当课税的财产，国家的公共开支似乎只能使他们受益，而决不会使他们受害；其次，稍微有钱的人不难找到办法，把赋税的负担转嫁给富人，而只对穷人有利。这是富人当政时不可能出现的事情。因此，在穷人独揽立法大权的国家，不能指望公共开支会有显著节省。这项开支经常是很大的，这是因为立法抽税的人可能不纳税，或者因为他们不让赋税的负担落到自己身上。换句话说，民主政府是唯一能使立法抽税的人逃避纳税义务的政府。②

那么如何才能消解"阶级立法"的危害呢？密尔提出了比例代表制，即少数派也有自己的代表在立法机构，以平衡多数派。"在一个真正平等的民主政体里，每个部分或者任何部分都会有其代表，这些代表与他们的人数不是不成比例的，而是成一定比例的。"③ 不仅如此，基于比例代表制，密尔甚至还设计了让富人、有教养的人多次投票的选举制度，以保证少数派有更多比例的代表。

到 19 世纪中叶，即以密尔的《代议制政府》为标志，代议制理论的建构基本完成。我们注意到，一方面，自洛克到密尔，经典理论家笔下的代议制民主和今天的大众民主政治相去甚远，很多时候都是在论证如何保护

---

① ［法］托克维尔：《论美国的民主》（上），董果良译，商务印书馆 1988 年版，第 282 页。

② 同上书，第 238—239 页。

③ ［英］约翰·密尔：《代议制政府》（英汉对照全译本），段小平译，中国社会科学出版社 2007 年版，第 197 页。

少数人并限制多数人，因而其代议制政府论其实还是贵族政制论；另一方面，经典文献中的代议制理论主要关注的是立法机关如何产生以及如何运作的问题，对行政机关与立法机关的关系论述较少涉及。

三权分立（议会制与总统制）。提到代议制，就离不开三权分立原则，三权分立原则也是由代议制为纽带。随着资产阶级革命在世界范围内轰轰烈烈地展开，贵族共和制大范围的确立和巩固，"谁统治"的问题基本尘埃落定，政体观便转向"如何统治"这个同样重要的领域。到20世纪，当人们谈论政体时，心中所指已经不再是古典主义的按统治权所划分的君主制、贵族制和民主制，更多的是"政体三要素"（亚里士多德语，即议事、行政、审判，亦即后世著名的立法、行政、司法三要素——作者按）之间的关系，其中立法权与行政权之间的关系尤为重要，由此衍生出人们常说的政体意义上的议会制和总统制（下一章将论及）。

根据人性论和英国政制的蓝图，孟德斯鸠第一次系统地把"三要素"说论证为三权分立和三权制衡思想。孟德斯鸠下面的话尽人皆知："一切有权力的人都容易滥用权力，这是万古不易的一条经验。有权力的人们使用权力一直到遇到有界限的地方才休止。说也奇怪，就是品德本身也是需要界限的。从事物的性质来说，要防止滥用权力，就必须以权力约束权力。"[1]接着，孟德斯鸠根据英国的实践，提出了著名的三权制衡思想。

> 当立法权和行政权集中在同一人或同一个机关之手，自由便不复存在了；因为人们将要害怕这个国王或议会制定暴虐的法律，并暴虐地执行这些法律。
>
> 如果司法权不同立法权和行政权分立，自由也就不存在了。如果

---

[1] [法]孟德斯鸠：《论法的精神》，张雁深译，商务印书馆1987年版，第154页。

第二章 古典主义政体理论：从多元论到二元论

司法权同立法权合而为一，则将对公民的生命和自由施行专断的权力，因为法官就是立法者。如果司法权同行政权合而为一，法官便握有压迫者的力量。

如果同一个人或是由重要人物、贵族或平民组成的同一个机关行使这三种权力，即制定法律权、执行公共决议权和判决私人犯罪或争诉权，则一切便完了。①

沿着孟德斯鸠的三权制衡思想，美国的开国之父们又精心地设计了一个三权制衡的政体。如前所述，美国的制度设计者倾向把政府委托给公民选举出来的代表，但是，代表和代理人也有可能背叛公共利益。"173个专制君主一定会像1个君主一样暴虐无道。"也就是说，选举也会产生专制政体，"政府的一切权力——立法、行政和司法，均归于立法机关。把这些权力集中在同一些人的手中，正是专制政体的定义"②。

他们反对议会主权，"最高立法权所在之处，可以设想也存在着改变政体的充分权力。甚至在政治自由和公民自由的原则讨论得最多，和我们所说宪法权利也最多的大不列颠，仍坚持议会的权力就立法条款的一般对象和宪法来说，都是至高无上和不受管束的。因此他们在某些情况下，通过立法令确实更改了关于政府的某些最基本的条款"③。

为此，必须实行分权和制衡，这是新政治学的发现，即"把权力均匀地分配到不同部门；采用立法上的平衡的约束；设立由法官组成的法院，法官在忠实履行职责的条件下才能胜任；人民自己选举代表参加议会"④。

---

① [法]孟德斯鸠：《论法的精神》，张雁深译，商务印书馆1987年版，第157页。
② [美]汉密尔顿、杰伊、麦迪逊：《联邦党人文集》，程逢如等译，商务印书馆2007年版，第254页。
③ 同上书，第273页。
④ 同上书，第40—41页。

相对于议会主权，三权分立更讲究权力的平衡与制衡，这构成了被联邦党人称为的"复合共和制"的重要组成部分。

议会制是在议会主权思想下发展起来的，当初的制度设计者并没有"议会制"之说，只是因为立法机关与行政机关有联合的现象、内阁产生于立法机关，直到1885年法学家戴西才在其《英宪精义》中使用议会制，议会制政体之说便留传下来。① 同样，把美国充满权力制衡的复合共和制称为"总统制"也是后来的事，1789年宪法虽然出现了总统、总统制、总统制政府等字眼，直到1867年沃尔特·白哲特第一次使用总统制以后，作为政体意义上的总统制才出现。② 相对于国会的权力，虽然使用了总统制，总统的权力还是很有限，否则就不会有威尔逊的《国会政体》：当时美国还是一个由国会资深议员和国会专门委员会居主导地位的政体。③ 今天意义上的总统制应该是"二战"以后的事，随着国家的权限越来越广泛，总统的权力才逐渐大起来。

无论是议会制还是总统制，讲的都只是行政权的来源与归属问题，并不是完整意义上的政体理论。就国家权力的横向结构而言，讲政体应该指三权分立或三权制衡。

单一制与联邦制。 现代民族国家形成就是从封建制下分散的多元的权力中心向单一权力中心转移的过程，因而才有后来流行的"单一制（即中央集权制）是一种普遍现象"的说法。这一说法意味着，单一制是一种历史演进形态，即欧洲民族国家形成过程中的一种自然形态，最终形成一个统一的最高权力，即王权或中央集权。梯利（C. Tilly）所说的"战争制造国家，国家制造战争"，真实地描述了欧洲民族国家形成的历史过程。欧洲

---

① 《布莱克威尔政治学百科全书》，中国政法大学出版社1992年版，第518—519页。
② 同上书，第599页。
③ 参见［美］威尔逊《国会政体：美国政治研究》，熊希龄、吕德本译，商务印书馆1986年版。

第二章 古典主义政体理论：从多元论到二元论

现代国家形成是自上而下的建国历程，是通过战争而实现中央集权制的过程，因此在这个意义上说"单一制是一种普遍现象"也不错。

在理论或文本意义上，笔者认为，中央集权制与主权思想密不可分，也可以说理论上的中央集权制来自布丹的主权思想。布丹的国家主权思想并不同于今天所说的对内最高对外独立的规定。也就是说，今天是在国际法意义上谈论主权，而布丹的国家主权讲的是国内政治。因为布丹生活在封建制开始解体、统一的民族国家开始形成的时代，布丹渴望国家的统一，并为此提供理论论证。布丹把主权定义为"在一个国家中进行指挥的一种绝对的、永恒的权力"，它是"超乎公民和臣民之上，不受法律限制的最高权力"。[①] 在规定最高权力的同时，布丹还具体论证了最高权力与其他权力的关系：第一，议会从属于主权者即君主；第二，国家内部所有的法人团体（包括宗教团体、市政机构和商业团体等）的权力和特权，来自主权者的意志和同意，其成立须经主权者的批准。[②] 这些显然就是今天意义上的单一制的理论雏形。

与欧洲的建国过程和由此而形成的国家主权理论不同，美国则是一个自下而上的建国过程，在保障地方自治自主基础上的"联邦"而不是"全国"，即今天所说的中央—地方关系上的联邦制。对于美国人来说，代议制、三权分立处理的还只是横向层面的权力规范问题，他们面对的是一个比欧洲各国还大、空前广袤的国家，怎样更好地处理这个历史的新问题呢？于是，美国人发明了一种体制，让全国政府与地方政府共同分享权力，这就是伟大的制度贡献——联邦共和国。

"在美国的复合共和国里，人民交出的权力首先分给两种不同的政府（联邦政府和地方政府——作者注），然后把各政府分得的那部分权力再分

[①] 转引自高健主编《西方政治思想史》第3卷，天津人民出版社2005年版，第73—74页。

[②] 参见［美］萨拜因《政治学说史》（下），邓正来译，上海人民出版社2010年版，第83页。

给几个分立的部门。因此，人民的权利就有了双重的保障。两种政府互相控制，同时各政府又自己控制自己。"① "对共和主义来说，可喜的是，通过对联邦原则的合宜修正和混合，可以把实践范围扩充到极大的范围。"共和政体所能管辖的公民人数较多，国土范围较大，从而能包容更多的党派和利益集团，全体中的少数有侵犯其他公民权利的共同动机的可能性减少。② 总之，"在民主政体下，人民会合在一起，亲自管理政府；在共和政体下，他们通过代表和代理人组织和管理政府。所以，民主政体将限于一个小小的地区，共和政体能扩展到一个大的地区"③。要知道，"普布利乌斯"的导师孟德斯鸠曾认为共和国只适宜于小范围的国家。而联邦制则将共和国的适用范围大大扩展了。可以认为，联邦制是美国人政治智慧的重要贡献。

小结。伴随民族国家或现代国家的形成，政治统治或国家治理的需要迫使后来者在"亚里士多德命题"的基础上有所突破和发展，因而讲最高权力归属（即"谁统治"）的政体理论开始转向权力体系安排（即"如何统治"）。换言之，古典政体理论的讨论主体从个体统治者意义变为国家意义的机构统治者。正是在国家意义上，围绕如何统治，政体理论也就拓展为"政权的安排"意义上的代议制、三权制衡、中央地方的关系。不仅如此，当面临漫无边际的新大陆时，国家的横向结构和纵深结构都是对传统国家理论的空前挑战，美国开国之父们逆当时流行的国家理论而建构了一个联邦制。通过以上经典文献的梳理，我们发现，古典政体理论起码分为两个部分，即围绕着"谁统治"而进行的"亚里士多德的战争"，以及围绕着"如何统治"而建构起的代议制理论、三权制衡理论和中央地方关系理论。后者经过进一步发展，成为支配19世纪末20世纪初政治科学的旧制度

---

① ［美］汉密尔顿、杰伊、麦迪逊：《联邦党人文集》，程逢如等译，商务印书馆2007年版，第265—266页。
② 同上书，第49—50页。
③ 同上书，第65—66页。

主义方法论的主要观点。这种只关注硬性制度结构，而忽略动态政治过程的观察政治的视角和路径，影响了我们今天对于政体的分类和认知。殊不知，这种机械、僵化的结构主义政体观实际上是对亚里士多德的一种蜕化，因为亚里士多德曾在《政治学》中构建了一种动态、多元的政体观。因此，在回顾了西方政治思想界几千年的政体观演化之后，我们有必要重新回到政体理论的源头——亚里士多德那里。

第三节　古典主义政体理论的蜕变：从多元到二元

将古典主义政体理论划分为"谁统治"和"如何统治"两个范畴是启人心智的。如上所述，在"政体观"的维度下，借助这两个"镜头"，让我们对自亚里士多德以降至《联邦党人文集》的一幅西方政治思想史的浩瀚画卷有了一个提纲挈领的总括认识。通过梳理，我们发现，从亚里士多德开始，政体理论经历了一个从"多元"之间的相互转换到"二元"之间的对立的过程，具体来说，就是从亚里士多德的混合至上，到"贵族制—民主制"二元划分。笔者认为，对于政治科学研究来说，这种转变是一种知识论上的蜕化，或者说"政体论"从思想性知识变成了施密特所说的区分敌我的"政治"。

之所以将"谁统治"的争论比拟为"亚里士多德的战争"，是因为后世围绕着最高统治权的归属问题，将君主制、贵族制和民主制严格对立，在自由主义、保守主义、社会主义等主要的思想阵营里掀起了轰轰烈烈的论证和辩论。更重要的是，这些观念上的论证直接或间接地引发了人类近代史上几次至关重要的革命：由君主制和贵族制之争引发了17—18世纪的资产阶级革命，而民主制和贵族制之争则在19世纪末至20世纪中叶点燃了社会主义革命。从这个意义上来讲，"亚里士多德战争"不仅是观念意义上的，更是由观念所推动的制度变迁。

事实上，在亚里士多德那里，政体类型划分是比较宽容、变通的。亚氏并没有完全推重哪个具体的政体类型，更多的是赞赏一种糅合了各种政体类型的"混合政体"。在当时，中产阶级尚未形成，更多的是穷人与富人的两极划分。既然政体是建立在阶级基础上的，是为了调和利益，那么能容纳所有阶级的政体自然是最好的政体。为此，亚里士多德指出："的确有些思想家认为理想的政体应该是混合了各种政体的政体，因此他们就推崇斯巴达式的制度。这些思想家把斯巴达政体看作是君主政体（一长制）、寡头（少数制）和民主（多数制）政体的三者的混合组织。"① 斯巴达政体可以被认为是一种共和政体，即各阶级的人都参加了政体。"一种政体如果要达到长治久安的目的，必须使全邦各部分（各阶级）的人民都能参加而怀抱着让它存在和延续的愿望。"② 进而，亚里士多德还设想如何建立和维系优良的共和政体。因此，亚里士多德心目中的"良政"，不但是人们通常认为的政体的善业目的，还是一种具体的政体形式，即共和政体。

亚里士多德的混合政体思想是其中庸思想的典型反映，笔者认为也是其政体思想中最有价值的地方。原因在于，无论是君主制、贵族制还是民主制，都是一部人在主导政治，其他人的利益都可能受到侵害，而混合制则可以避免这一点，让所有的阶级都在政体组织中实现自己的利益，"行以每个人都能达到的中庸"，从而达到政治的平衡和稳定。

这一伟大思想被罗马人继承并付诸实践。波里比阿认为，任何单一政体的缺点，在于它只能体现一个原则并容易蜕变为自己的反面，如君主蜕变为暴君，民主制蜕变为暴民统治，从而导致政制的不稳定性。为此，应该实行混合政体，即将君主制、贵族制和民主制的特点集中在一起，使各

---

① ［古希腊］亚里士多德：《政治学》，吴寿彭译，商务印书馆2008年版，第66页。

② 同上书，第89页。

种政治要素调整为和谐、平衡状态的一种政体。波里比阿认为，公元前3—前2世纪稳定下来的罗马共和国体制中的执政官、元老院和人民大会，各自分别代表了君主制、贵族制和民主制，这种相互钳制的关系防止任何一种权力机构过分强大，制止了单一政体自发的衰败倾向，使得罗马共和国得以持续性稳定与强盛。[1]

事实上，任何一个运转良好的政体都包含了多种要素，例如英国政体和美国政体，都是混合政体的典范。然而，亚里士多德的智慧在后来的思想论争中却逐渐被遗忘。19世纪末20世纪初轰轰烈烈的大众权利时代来临之后，民主制更是作为一个"政治正确"问题走上历史舞台。今天，当我们讨论政体类型时，常常以"贵族制—民主制"的二元对立来简单化地处理，冷战后又演化为"民主—非民主"的二元对立。

笔者认为，"谁统治"的问题，直接关系到政权的归属，因此具有"革命"学说意味；而"如何统治"则要考验治理和"建设"能力。社会科学，尤其是政治科学，从来就不是价值的真空与净土，因此西方思想史上的三大"主义"最后都充当了政权争夺的主力军。资产阶级革命和社会主义革命都具有"破旧立新"的功能，必须在现实中和思想领域树立绝对优势权。正因如此，在观念—历史二重交错下，兼容并蓄的亚里士多德式混合政体观蜕化为一种非此即彼的二元对立政体观。

贵族制和民主制的争论影响深远，它包含了自由和民主之间的张力：我们知道，提及"自由民主"的内涵，其中既有古典的洛克式个人权利之上的自由主义，也有强调平等优先的新自由主义和集体权利的社群主义；既有最强调最少参与的精英主义民主，也包括多元参与的多元主义民主，以及罗尔斯德和沃金等政治平等主义优先论者。但是，达尔后期因更多地强调"经济民主"和平等，而有了社会主义论的嫌疑；政治平等优先论者

---

[1] 参见王乐理主编《西方政治思想史：古希腊—罗马》第1卷，天津人民出版社，第394—395页。

也吸收了社会主义的主张，倡导以更积极的政府而实现社会正义与资源平等。

到了冷战时期，这种二元论争得到了进一步的强化，演化为社会主义与资本主义之争、威权主义与民主主义之争。从宽泛的意义上讲，这些争论都可以看作贵族制—民主制二元对立的衍生物。

"谁统治"意义上从多元到二元的蜕化给我们的启示是：第一，多元主义政体观是科学意义上的思维方式，而二元主义政体观则是"革命"学说的思维方式。无论是"亚里士多德的战争"中体现出的资产阶级革命和社会主义革命，还是冷战时期威权主义—民主主义之争、社会主义—资本主义之争，都是二元对立政体观下的产物。而真正的政治科学或者有效的国家治理，所信奉的应该是混合至上的多元主义，避免意识形态上的二元极端化，而这种二元化思维在冷战时期达到高峰，直到今天还在影响我们的思维模式。

应该看到，政体理论从多元到二元的蜕变，事实上已经不再是知识论的问题了，而是"政治"（the political）问题了，虽然一开始"政体"就是关于政治的学说。但是，二元化下的政体所反映的是历史的急剧变迁，既有现代性中的同一性问题，更有长程历史中不断的革命的故事。现代性中的同一性意味着世界越来越简单化，即不是贵族制就是民主制的极化思维；而不断的革命事实上是利益的对立，各方具有强烈身份意识的思想家在革命式的急剧制度变迁过程不可能妥协，因而必然是一种非此即彼的政体思想。但是，后来的实践证明，无论所谓的"同一性"下的政体，还是追求革命者自己的政体，其实都不纯粹，都多少具有亚里士多德所说的混合性质。

第二，观察政体应该突破"唯名论"，更多地从"唯实论"的角度进行判断。在西方政治思想史上，民主制长期被当作一个贬义词使用，从洛克到联邦党人都在思考怎样限制多数，防止民主制的弊端。"贵族制—民主制"的价值优先顺序直到经过 19 世纪大众权利运动的冲击之后才有了逆转，到了"二战"后民族解放运动高潮和社会主义国家的建立，彻底改变了人们对于"民主"的态度，西方主流政治学界也开始重新建构民主理论，"民主共和制"在政治正确的意义上开始超越"贵族共和制"。大众权利运动与社会主义国家建设的政治实践，对于推动以"平等"为内核的民主主义功不可没，然而战后美国政治学构建的"自由民主"范式却树立了"民主—非民主"的政体二元论，以单一要素来衡量后发国家的政治发展，实际上背离了实质民主的要义，也背离了亚里士多德式的"多元政体观"。因此，观察和理解政体呼唤一种新的视角，不应该仅仅停留在旧制度主义的结构分类上，更不应该被意识形态化二元对立的行为主义所遮蔽，需要更多地从政治过程和政治经济互动等多元视角来切入，更加接近事情的真相。这就要求我们重新思考、归纳亚里士多德的政体理论，尤其是在方法论层面上。

第三章

旧制度主义的政体观

> 任何民族，如果不了解自己政府的实质，就不能长久地保持自由和自由的制度，再也没有比这更有生命力的真理。
>
> ——威尔逊《国会政体》

无论是政治实践塑造了观念，还是观念指导着政治实践，西方政治跌跌撞撞地走进了我们今天所指称的"自由民主"——尽管事实上都是精英主导的混合制或复合共和制。在英国和美国这样的"自由民主"国家，尽管其政治历经挫折，比如英国第二次工业革命以后的宪政危机以及由此而展开的若干次宪政改革（1832年第一次选举改革、1867年第二次选举改革、1884年第三次选举改革、1918年第四次选举改革以及1928年关于男女平等权的改革）、美国进步主义时代的治理危机，似乎都不会挑战"谁统治"这个资产阶级革命已经完成的大课题。在这个大前提下，思想家和政治学的主要任务自然是沿着"如何统治"即如何顺应时代挑战而展开论说，这样就出现了我们今天所熟悉的所谓英国式的议会制政体和美国式的总统制政体。然而这只是英美的政治实践和思想观念。作为现代化和国家建设的后来者，试图摆脱专制政体的德国，在第一次世界大战以后进行了人类政治史上最大胆的制度创新：魏玛共和国——学习和照搬英国式"自由民主"的议会制政体，结果导致危机和灾难。为此，这一时期的思想家如卡尔·施密特对议会制民主进行了猛烈而深刻的批判。因此，在政治学上所指的旧制度主义时期，关于政体论的讨论和发展，不但要重视来自"赢家"如英国和美国的学说（事实上"赢家"一直主导着政治学话语权，也主导着世界性观念），同样还不能忽视、事实上曾被忽视的来自"输家"如德国的思想。这样，旧制度主义时期的政体理论的代表学者既有英国的白芝浩、詹宁斯和美国的后来成为总统的政治学家威尔逊，又有德国的卡尔·施密特，他们共同奠定了今天政治学的议会制、总统制这样的政治学流行话语和政体理论。[①]

理论具有连续性，理论创新离不开理论传承。要理解总统制和联邦制这样的政体概念，必然离不开上一章已经涉及的《联邦党人文集》。也就是说，无论是议会制—总统制的中央政府形式的分类，还是单一制—联邦制这样的涉及中央—地方关系的国家结构形式的分类，都是在"谁统治"似乎不再是问题后产生的"如何统治"问题，是代议制和三权分立这样的"政权的安排"的实践丰富和理论延伸。明白这一点很重要，政体理论到了旧制度主义时期，更多的是具体的制度安排和制度建设问题，西方政治学从"谁统治"这样的"革命性"学说转移到"怎么办"这样的建设学说。

本章的结构是，首先，阐述旧制度主义时期的方法论特征，以便我们加深对这一时期政体分类的认识论上的理解；其次，按经典文本梳理出作为二分法下的议会制—总统制、单一制—联邦制；最后，对二分法下的政体理论做出评论。

◇ 第一节 旧制度主义：世界观与方法论特征

在西方政治科学诸多研究范式中，最古老也最富生命力的，是制度主

[①] ［美］戴维·阿普特：《比较政治学：旧与新》，载［美］罗伯特·古丁、汉斯—迪特尔·克林格曼《政治科学新手册》，钟开斌等译，生活·读书·新知三联书店2006年版，第532页。

义的研究路径。美国政治学者戴维·阿普特认为:"直到二战时期,在某种程度上我们都可以说制度主义是比较政治学唯一的研究方法,甚至二战结束之后一段时间也是如此。"① 赋予制度主义如此重要的地位,是因为制度研究是西方政治学最源远流长的研究方法,正如鲍·罗斯坦所说,"古典政治理论讨论的对象并不仅仅限于政治理想与个人责任。对于柏拉图和亚里士多德——还有马基雅维利、洛克、卢梭、霍布斯和秉承这一传统的其他人,其中最主要的一个问题是确定哪种政治制度能造就最好的社会和社会成员"②。也就是说,古典政治学理论的研究不仅仅是规范意义上的,更应当从经验意义上去考察——从"政治制度(政体)"意义上讲,将古典政治学与现代政治科学进行沟通是可行的,也是有价值的,这正是本书在上一章重新发掘古典政治理论资源的初衷。

19世纪末,政治学作为学术分殊有了学科上的独立性。"此前,政治学是历史学中的一种,或者说,也许是道德哲学中的一种,它反映着理解当下政治现象时,历史教训和规范观念的重要性。随着学科的形成,它的主要问题仍旧是制度的和规范的。"③ 制度主义是西方政治科学产生以来的第一种主流范式,学者维恩·朗德斯甚至论断20世纪50年代以前,"制度主义就等于政治科学"。他认为:"除了政治理论,政治科学内的核心研究活动是对宪法、法律制度与政府结构进行描述,并对它们进行历史性的与跨国性的比较。"④ 为了跟新制度主义形成区分,我们将行为革命前的制度主

---

① [美] 戴维·阿普特:《比较政治学:旧与新》,载 [美] 罗伯特·古丁、汉斯—迪特尔·克林格曼:《政治科学新手册》,钟开斌等译,生活·读书·新知三联书店2006年版,第529页。

② 鲍·罗斯坦:《政治制度:综述》,载 [美] 罗伯特·古丁、汉斯—迪特尔·克林格曼:《政治科学新手册》,钟开斌等译,生活·读书·新知三联书店2006年版,第201页。

③ [美] B. 盖伊·彼得斯:《政治科学中的制度理论:"新制度主义"》第2版,王向民、段红伟译,上海世纪出版集团2011年版,第4页。

④ 维恩·朗德斯:《制度主义》,载 [英] 大卫·马什、格里·斯托克《政治科学的理论与方法》,景跃进、张小劲、欧阳景根译,中国人民大学出版社2006年版,第87页。

义称为"旧制度主义"。

19 世纪末 20 世纪初,旧制度主义的主要文献著作有沃尔特·白芝浩(Walter Bagehot)的《英国宪法》(*The English Constitution*)和戴雪(Albert Venn Dicey)的《英宪精义》(*Introduction to the Study of the Law of the Constitution*)、伍德罗·威尔逊(Woodrow Wilson)的《国会政体:美国政治研究》(*Congressional Government*)、《国家:历史和实践政治的要素》(*The State: Elements of Historical and Practical Politics*)、伍尔西(T. D. Woolsey)的《政治学:理论和实践中的国家》(*Political Science: or the State Theoretically and Practically Considered*),以及德国的卡尔·施密特对议会制民主的批判性研究。20 世纪以来,尤其"二战"后则有一系列研究著作如迪韦尔热(Maurice Duverger)的《政党》、萨托利(G. Sartori)的《政党与政党制度》、艾伦·韦尔(Alan Ware)的《政党与政党制度》以及惠尔(K. C. Wheare)的《联邦政府》,等等。它们关注的是政府的基本权力结构,横向上立法机关与行政机关的关系如何?纵向上中央政府与地方政府的权力分配如何?政党在政治生活中扮演什么角色?是否能够以政党数目进行政党制度划分?可以说,这些旧制度主义著作奠定了我们今天津津乐道的政体理论的雏形。

在研究制度主义的美国学者彼得·盖伊斯看来,旧制度主义虽然一贯被认为是"非理论"和"描述性"的,但是作为一个研究流派,它背后仍然潜藏着一些元理论,"就像莫里哀笔下的绅士,他们嘴里说着理论却未必意识到它"[①]。

笔者认为,盖伊斯所说的"元理论"与本书所探讨的范畴比较接近,都是方法论背后的思维模式,是比方法论再深入一个层次的世界观,通过探讨这个层次的"元理论"或世界观,可以看出方法论的价值关怀,方法论是如何产生或演进的。在笔者看来,在政治科学研究中,应该区分这样几个层次:第一个层次是事实层面的,例如政治制度,政治行为;第二个层次

[①] [美] B. 盖伊·彼得斯:《政治科学中的制度理论:"新制度主义"》第 2 版,王向民、段红伟译,上海世纪出版集团 2011 年版,第 6 页。

是方法论层面的,例如制度主义,行为主义,理性选择主义;第三个层次则是方法论背后的世界观、本体论,是一元还是多元?是线性还是隔断?是整体还是个体?从某种意义上讲,事实层面与方法论层面是难以完全区分开的,例如,制度主义和行为主义,既是研究对象和研究范畴,又是一种研究路径和方法论;再比如,比较政治学既表明了其跨国比较研究的内容,又标注了其比较的方法,内容与方法是统一的。而第三个层次,即世界观和本体论层面的探讨则相对比较少,但它却是解开西方政治科学演进迷宫的一把"钥匙"。西方政治科学庞大规范的体系,就是建立在它对事实、方法、理论三个层面的有机统一的基础上的,正因如此,它才称为一个完备的体系。

旧制度主义的"元理论"有哪些呢?盖伊斯认为,它包含了法律主义、结构主义和规范分析,等等。[①] 具体来说,旧制度主义的第一个明确特征是它关注法律以及治理中的法律的核心地位。众所周知,法治的传统在西方根深蒂固,古希腊和古罗马都强调"法治是一切政体的基础"。在1882年出版的一篇题为《作为政治学分支的英国法制史》的报告中,英国法学家弗雷德里克·波洛克爵士写道:"法律之于政治制度,犹如骨骼之于身体。"[②] 法律对于政治的两个最重要的部分都是至关重要的:对于公共部门自身,法律建立了它的框架和运作规则;对于公共部门与公民之间的互动,法律是规范二者关系的主要方式。

旧制度主义的第二个假设是结构的重要性,换言之,结构决定行为。它关注政治体系的主要制度特征(例如是总统制还是议会制,联邦制还是单一制,等等),它对这些术语的定义多是宪法性和正式制度的。此外,它

---

① 〔美〕B. 盖伊·彼得斯:《政治科学中的制度理论:"新制度主义"》第2版,王向民、段红伟译,上海世纪出版集团2011年版,第6—11页。
② 〔美〕加文·德鲁里:《政治制度:法律的视角》,载〔美〕罗伯特·古丁、汉斯—迪特尔·克林格曼《政治科学新手册》,钟开斌等译,生活·读书·新知三联书店2006年版,第282页。

只关注国家的宏观政治制度，而对制度其他结构方面的概念（如连接国家与社会的法团主义或协商政治）置若罔闻。

至于规范分析，则是把"好政府"的关注与他们的政治描述评论联系在一起。而这种分析的规范性，正是"二战"后行为主义政治学批判的靶子。

一般认为，旧制度主义方法论体现为静态的法条主义与宏大的结构主义相结合。对宪法和法律条文的热衷，仅从白芝浩《英国宪法》和戴雪《英宪精义》的书名中就可见一斑；而结构主义研究方法则使他们关注一个国家最高层最宏观的政治体制，并提出了一系列二元化的政体划分概念——这些概念我们今天仍然耳熟能详：在横向的权力划分方面，有最流行的"总统制—议会制"；在纵向权力划分方面，有"联邦制—单一制"；在政党体制方面，有"两党制—多党制"。在一篇介绍政治制度研究现状的文章里，学者鲍·罗斯坦从政治系统的10个最基本的层面，给出了区分现代西方资本主义民主的1024种可能方法[①]：

表3–1　　　　　　　西方资本主义民主的制度变体

政党制度	两党制与多党制
选举制度	比例代表制与多数代表制
立法议会	一院制与两院制
政府结构	单一制与联邦制
中央政府	议会制与总统制
法院系统	司法审查与司法预审
地方政府	弱自治与强自治
公务员	分肥制度与择优制度
军事力量	职业化与征招制
国家与经济的关系	自由主义与法团主义

---

① ［美］鲍·罗斯坦：《政治制度：综述》，载［美］罗伯特·古丁、汉斯—迪特尔·克林格曼《政治科学新手册》，钟开斌等译，生活·读书·新知三联书店2006年版，第200页。

尽管作者罗列此表是为了表明：即使被认为是"铁板一块"的西方资本主义民主制度内部也存在这么多种具体制度类型，但是从每一项政治制度的指标下面的具体内容看来，作者的思维方式是典型的二元化逻辑，尽管这篇文章作于20世纪末，但是仍然能看出100年以来旧制度主义的烙印：简而化之的二元类型划分。既然这样的结构主义与二元逻辑如此根深蒂固，我们不禁要问，它是如何产生的？在笔者看来，有如下几个因素催生了旧制度主义的方法论特征（尤其是结构主义的二分法）：

第一，科学革命与工业革命的影响。

历史学家斯塔夫理阿诺斯认为18世纪中期到20世纪初期是西方占据优势的时期，这一时期也正是西方"现代化"进程加速之时，这引发了三大革命——科学革命、工业革命和政治革命。这些革命对欧洲和世界的影响都是巨大的。① 因此，在考察旧制度主义的方法论特征时，必须回到当时的时代背景中去。

16、17世纪以降的科学革命以牛顿万有引力定律为代表，它的影响是轰动性的，人们开始相信，"自然界就仿佛一个巨大的机械装置，按照可以通过观察、实验和计算来确定的某些自然法则在进行运转。……然后人们就开始把牛顿的物理学分析方法应用于包括思想和知识在内的所有领域"②。被称为"近代哲学奠基者"的笛卡尔接过培根的衣钵，"为了达于对人类理智自身的把握，我们必须屈尊去学习机械艺术，只有这样我们才能像机械一样把握所有自然的高度"③。这种机械主义的研究方式从自然科学辐射到

---

① ［美］斯塔夫理阿诺斯：《全球通史》，董书慧、王昶、徐正源译，北京大学出版社2005年版。

② 同上书，第481页。

③ ［美］列奥·施特劳斯、约瑟夫·克罗波西：《政治哲学史》，李天然等译，河北人民出版社1998年版，第498页。

哲学界，再波及其他各个领域，政治学也不例外。像研究宇宙天体、物理学、医学一样去剖析政治机构的组成和结构，便成为旧制度主义的题中之意。而西方近代"哲学思维方式的基本特点是从主客、心物、灵肉、无有等二元分立出发运用理性来构建形而上学的体系"①。从笛卡尔到黑格尔皆如此。笛卡尔被称为典型的二元论，他奠定了"心物二分"的结论，其哲学思维方式是"非此即彼、非彼即此"的二元对立方式；黑格尔虽然试图通过"实体就是主体"的命题去克服主客分立，建构辩证的两极矛盾观取代二元分立，但是，辩证的两级矛盾观的基本形态只是"矛盾辩证"，它并不能包容复杂系统形态，揭示多彩世界的真实图景，何况它仍然建立在主客、心物、灵肉、无有二元性的基础上，最终也未能逃出二元分立的樊篱。② 因此，黑格尔哲学体现出一系列的冲突：个体与普遍的对立、特殊意志与普遍意志的对立、私利与公益的对立、资产者与公民的对立、需要的满足与牺牲的对立、权利与义务的对立、热情与理性的对立、消极的内在本质与实际确证的对立、批判的意识与认可法律的对立，总之是黑格尔所谓"主观的自由"（即个体意识，追求的是特殊目标）与"客观的自由"（实体的普遍意志）之间的对立。③ 这种辩证法深深影响了卡尔·马克思。马克思所做的一项工作是颠覆黑格尔命题：比如黑格尔说家庭和社会是特殊性，国家是普遍性，国家决定社会；而在马克思看来，国家来自社会，社会最终决定国家。但是无论是黑格尔还是马克思，都是二元对立的世界观，其知识谱系上的很多命题也是二元对立的，比如国家与社会、经济与政治、无产阶级与资产阶级，等等。

---

① 刘放桐：《新编现代西方哲学》，人民出版社2000年版，第11页。
② 冯毓云：《二元对立思维的困境及当代思维的转型》，《文艺理论研究》2002年第2期。
③ [美]列奥·施特劳斯、约瑟夫·克罗波西：《政治哲学史》，李天然等译，河北人民出版社1998年版，第853页。

18世纪中后期以来欧洲的工业革命给欧美国家带来了滚滚财富,并确立了西方世界的支配地位。工业革命给欧洲带来的社会影响包括人口的增长、城市化和消费主义,但最深远的影响恐怕要数与财富增长相伴而生的贫富差距,以及由此形成的社会结构分化:有产阶级与无产阶级的对立。贫富分化与阶级对立更进一步地强化了这种二元对立的思维方式。

第二,启蒙运动的影响。

17—18世纪欧洲的"启蒙之光"使"进步"与"理性"两面旗帜深入人心。"进步"这一火种从启蒙运动一直燃烧到20世纪。人们普遍相信,人类的整体状况会稳步改善,每一代的状况都会比前一代更好。日本现代化学者薮野佑三认为西方存在两种历史观,第一种是自然主义的历史观。这种历史观起源于法国大革命后的市民社会,认为历史是朝一定方向发展的;同时,先进与落后处于同一时间序列,因此历史上落后的社会可以赶超上先进的社会;反过来说,落后的社会与先进社会相比处于一种劣势地位。而第二种是历史主义的历史观(德意志历史观)。它认为,无论什么样的社会,不管处于什么样的历史发展阶段,都有其作为历史的个体存在的理由。落后性本身也有价值,不能被先进性所否定。[①] 而这种对于进步的推崇则形成了"进步—落后""现代—后发"二元思维,这种根深蒂固的思维模式对西方政治科学的影响至今仍然不可小觑:主导西方比较政治学界近半个世纪的发展主义就体现了这种思维模式。[②] 而"理性"则被用来检验一切事物——所有的人、制度和传统,他们发展出一系列"革命性"的原则,包括挑战重商主义的"自由放任"、挑战上帝支配人类命运传统的"砸烂可耻的东西"的宗教怀疑,以及卢梭具有人民革命意义的"社会契约论",这

[①] [日]薮野佑三:《现代化理论的今天》,载罗荣渠《现代化理论与历史经验再谈讨》,上海译文出版社1993年版。

[②] 曾毅:《比较政治研究中的发展主义路径》,《社会科学研究》2011年第1期。

些口号都颠覆了传统制度和习俗。① 而革命化的思维以及实践则进一步鼓励了这种二元对立的思维。

二元对立的思维方式和世界观在冷战政治中和行为主义科学中得到系统拓展，在政体理论上回到古典主义时期的"谁统治"问题，最为经典的二分法命题就是"民主—非民主"。这个问题将在下一章得到系统阐述。对于二分法，费耶阿本德说："不应该在客观世界和（用其思维和感觉）探索世界并逐渐增加对世界认识的有知觉的主体之间，假设一个二分法。几乎所有科学都以这种二分法为先决条件，它是人们日常行为本能的基础，至少在西方社会是如此。它已经被一些思想家用几乎是宗教般的狂热来信奉，否则这些思想家自己就会因为已经把批判作为科学的和哲学的原则而自负了。然而，难道这个观点不会错吗？难道它不可能会忽视或歪曲一种中间性的现象吗？而这些中间性的现象证明这个界限划错了，或许它根本不存在。"②

尽管有很多人在反思二分法世界观和方法论，然而，西方人一直摆脱不掉二分法的陷阱，不得已把它称为"必要的恶"。这种"必要的恶"同样体现在政体理论和看待政体的认识论与世界观上。

◇ 第二节　旧制度主义的主要政体理论

谈论近代世界政治体制的一些基本概念，比如本部分将要涉及的议会制与总统制、单一制与联邦制，不得不从英国开始。哈佛大学 W. B. Munro

---

① ［美］斯塔夫理阿诺斯：《全球通史》，董书慧、王昶、徐正源译，北京大学出版社 2005 年版，第 512—515 页。

② ［美］P. K. 费耶阿本德：《反对方法——无政府主义知识论纲要》，周昌忠译，上海译文出版社 1992 年版，第 136—137 页。

教授的论述非常经典，值得引用以飨读者：

> 自由政制的治术是盎格鲁诺曼（Anglo-Norman）种族对于世界文明的最大贡献。本来现代文明，以构造论，最为复杂；因之，现代文明中人常从殊方异国得到各种文化的渊源。譬如，宗教来自东方；字母来自埃及；代数来自摩尔人（moors）；艺术与文学大概来自希腊；法律来自罗马；诸如此类，不一而足。唯有关于政治组织之基本概念，现代文明种人在势必要请教于英国的宪政制度；于是，在世界各国许多宪法中往往有许多通名与成语，除却引用英国政治的理论及实际所有典故外，无从解释明白。平心而论，代议制并非创始于英国；但使我们追论此项政治在各国中之进展过程，我们却不免失望。因为首创此制的一切国家并不能令其有继续发展机会。卒之，只有英宪能成为各国宪法之母；英吉利巴力门亦成为各国巴力门之母。不管巴力门的名称在各国中，如何立异，例如，Congress, Chamber, Reichstag, Rigstag, Storthing, 或 Sobranje；他们在实际上都具有这位母亲的肖像。诚如是，我们虽谓在盎格鲁诺曼人的领导下产生现代世界的平民文明实为政治学上最显赫事迹，亦不为过。倘若不明此旨，学者即不能领会政治学中之玄要。①

事实上，这些"玄要"就是我们经常接触到的白芝浩、戴雪等人的作品。

一 议会制—总统制

在英国学者沃尔特·白芝浩 1867 年的《英国宪法》中，"总统制"这

---

① ［英］戴雪：《英宪精义》，雷宾南译，中国法制出版社 2001 年版，第 1 页。

一概念被率先得到使用①,尽管它的美国实践者们自己并不这么称呼。虽然按照1789年美国宪法,美国规定了总统的选举、职能和任期,却并没有"总统制"的概念,总统的权力只是作为三权之一与立法权和司法权并立的。实际上,曾任美国总统的政治学者威尔逊在《国会政体》里恰恰是用"委员会政府(国会政府)"来指称美国政体的。② 至于议会制政府这一说法,则亦是19世纪末的产物,因为尽管代议制理论和实践在欧洲都由来已久,但是旧制度主义中广泛使用并流传至今的作为一种政体的"议会制",则是"一种既区别于美国(和其他地方)的总统制,又区别于苏联(和其他政府占支配地位的共产党所领导的社会主义国家)的制度的体制"③,是在与美国政体比较的基础上建构起来的。因此,要了解"总统制—议会制"的说法,我们需要回到旧制度主义的经典文献中去。

19世纪中后期,工业革命从英国传播到欧洲大陆和美国。到1880年,美国超越英国打破了后者长期的工业领先地位。在当时的资本主义经济强国英国、美国、法国、德国中,法国近一个世纪的大革命阴影带来了频繁的政权更迭和社会震荡,而德国则一直深陷四分五裂的图圄,直到1871年普鲁士才最终实现了统一。因此,作为新大陆上一颗冉冉升起的新星,美国由于其迅速发展的经济实力和在政制创制方面的独到之处,自然格外受到关注。法国学者托克维尔在考察美国政治时充满羡慕地说,在19世纪这场轰轰烈烈的革命浪潮下,美国是"经历过这场革命的国家中使这个革命

---

① [英]戴维·米勒、韦农·波格丹诺:《布莱克维尔政治学百科全书》,邓正来译,中国政法大学出版社1992年版,第599页。

② [美]威尔逊:《国会政体:美国政治研究》,熊希龄、吕德本译,商务印书馆1986年版。

③ [英]戴维·米勒、韦农·波格丹诺:《布莱克维尔政治学百科全书》,邓正来译,中国政法大学出版社1992年版,第519页。

发展得最完满最和平的国家"①，并试图从美国身上为自己的祖国寻找可借鉴的经验。美国人在政治制度上有许多开拓性的发明，它的政治体系根植于英国却又迥异于英国，而这对"同胞兄弟"在19世纪中后期又是世界最耀眼的两大强国，两国学者的互相比较便是题中之义了。

于是，白芝浩在《英国宪法》的导言部分便开宗明义地指出自己研究的主题是对英国政体进行描述和评价，尤其是对它在民主化浪潮的时代变迁背景下所能做出的应对进行讨论，而这种讨论是基于比较的视野——"我的大方向是将作为行政首脑的美国总统职位与英国首相职位进行比较。"②事实上，他认为这两种政体是采取代议制度的"一流国家"唯一可以采取的选择："一流国家对政府形式的实际选择就在总统制和议会制之间。如果不存在一个通过协商产生的政府，那么任何国家都不可能成为一个一流的国家。而现存的政府类型只有这两个。一个不得不选择其政府形式的国家必须在这两个类型之间进行选择。因此，对二者进行比较，并依据事实和经验证据评判二者孰优孰劣就是至关重要的事情了。"③而这部作品流传到美国后，美国人的反响也是积极热烈的，他们开始反省自己在比较政治学方面的欠缺，并对白芝浩对"内阁制政府和总统制政府"所作的比较涉及自己的部分格外留意。④可以说，无论在英国还是美国，议会制（内阁制）与总统制的划分，随着这部作品慢慢确立下来。

要了解"总统制—议会制"的渊源，就需要回到第一个提出这种划分的作品《英国宪法》中去。在这部作品中，白芝浩明确表示，英国制度远

---

① [法]托克维尔：《论美国的民主》（上），董果良译，商务印书馆1988年版，第16页。
② [英]沃尔特·白芝浩：《英国宪法》，夏彦才译，商务印书馆2010年版，第42页。
③ 同上书，第53页。
④ 同上书，"美国版序言"。

胜于美国。这个判断的第一个主要原因是英国的责任内阁制。在英国，立法机关与行政机关互相配合，而在美国，二者是互相钳制的："由议会选举产生并可由这个立法性机构中占多数席位的党派撤换的英国首相肯定依凭于这个议会。如果他想让立法机关支持他的政策，他就能够得到这种支持并进而推行他的政策。但美国总统得不到这个保证。总统是某个时候用某种方式产生的，而国会（无论是哪一院）是在另外某个时候用另一种方式产生的。二者之间没有什么东西将其捆绑在一起，且从事实上讲，二者之间不断地产生冲突。"①

具体而言，"英国宪法的有效秘密可以说是在于行政权和立法权之间的紧密联合，一种几乎完全的融合。……其连接点就是'内阁'。这是一个新词汇，意即一个被立法机构选以充任行政机构的委员会"②。这种政体最强有力的对手就是美国的总统制。"其特征是，总统由民众通过一个程序选出，而众议院又是通过另一个程序选出的。总统制的特征是立法权和行政权相互间的独立，恰如二者的融合构成内阁制征服的精确原则一样。"③ 就立法权与行政权的关系，白芝浩详细对比了两种体制的优劣④：

第一，立法机构与行政机构的融合，使内阁制比总统制更有责任、更有效率。他认为日常治理中很重要的一点是行政部门需要立法部门给予不断的立法协助。而行政与立法部门之间沟通的最重要一个事务便是税收。在美国，立法机关与行政机关形成了半牵连关系，当联邦政府的财政部部长需要征收某种税种时，他会就此与国会财经委员会主席协商，二人在编制预算时很难做到完全一致，因此这种分歧会导致税则的难产，"财政部

---

① ［英］沃尔特·白芝浩：《英国宪法》，夏彦才译，商务印书馆2010年版，第42—43页。

② 同上书，第62页。

③ 同上书，第66页。

④ 同上书，第66—80页。

长—委员会主席—委员会—国会"之间的沟通摩擦重重,更糟糕的是,难以追究责任。结果,美国的立法机构与行政机构之间各执一词、互不相让。而英国则不然。英国内阁在重要场合可以通过内阁辞职或者解散议会迫使议会通过立法。

第二,总统制的弊端在于削弱了立法机关。白芝浩认为强有力的立法机关需要经过充分的辩论才能得以实现。在英国,立法机构是盛大的辩论平台、强力的民众指引和政治争论机器。内阁制保留了辩论,经过精彩辩论后形成政治分野,并达到唤起民众、启蒙民众、教育民众的效果。然而在美国这样的总统制国家,会发现老百姓并不是特别热衷政治,因为他们缺少这样的公众舆论。总统制下的国民除了大选时刻之外,不能形成任何影响,"他们面前没有投票箱,他们的德行已经失去,只能等待专制时刻重新来临"[1]。虽然在美国国会中也有辩论,但是这种辩论是没有结果的,因为它们不能让政府出局。

第三,总统制不仅削弱了立法机关,同时也削弱了行政机关。这是为什么呢?既然立法机关与行政机关在美国处于互相制约的关系,那么,削弱了立法机关难道不是加强了行政机关吗?白芝浩认为不是。因为行政机关怎样被选择出来,直接决定了行政机关的优劣。内阁是由立法机关选举产生的,当立法机构由合适的人选组成时,这种选举行政机构的模式是最理想的。什么样才是"合适的人选"呢?一个良好的议会也是一个首要的选择机构,因为议会成员代表了该国一般平均知识水平,是一个"同质而公正的团体",这样的团体不仅适合于制定法律,也是最好的行政机构选择者。在英国正是如此。下院需要选出内阁,但还不限于此,它还要不时地对它选出的统治者进行监督、选择或更换。而美国则不然。美国的总统是依靠独立于国会的选举人团选出来的,选举人团在选举之后就自行解散,

---

[1] [英]沃尔特·白芝浩:《英国宪法》,夏彦才译,商务印书馆2010年版,第70页。

与他们选上来的行政机构之间没有任何责任关系。白芝浩认为，美国总统看似是由"全体选民"（而非英国的议会）选出来的，但是"在几乎所有其他情形下，总统是由政党秘密选举会议机制以及复杂得难以让人全然知晓的混合机制选出来的……他不是国民选择的结果，而是幕后操纵者选择的结果。……一个人除非他作为某个庞大组织的一部分而进行投票，否则的话，他不可能意识到他不是在乱投选票；而如果他是作为这个组织的一部分在投票，那么他就放弃了他自身的选举功能以支持该组织的管理者。……而且，由于整个国家的选择能力比不上议会的选择能力，因此前者所能选出的人就要差劲些"①。

第四，在突发性危机时刻，更可以显出内阁制的优势。白芝浩称为"适合于处理极端紧急事件的权力储备"。换言之，他认为内阁制更加有力量，能够在重大危机时刻显示出它的决断力和决断水准。在英国，最高权力（即政治事项的决定权）掌握在人民手中——这里的"人民"，不一定是全体人民或多数人，而是一批被挑选、被选定的人手里，这些人在关键时刻可以选择一个统治者。而在总统制下，在一个需要主权决断的时候，人们找不到拥有主权的人。国会一经选举便有固定任期，总统也是，这些安排都有铁定的时间性，缺乏弹性，"总统制政府的规范和通常运行的相对缺失远小于其在突然灾难降临时表现出来的缺失——缺乏灵活性、不能形成某种专政以及完全缺乏一种革命性保留"②。

除了能够形成责任政府，英国议会制的第二个优势是它的充分辩论对公众形成的教育意义。内阁制政府教育国家，总统制政府则不，甚至还有可能使国家腐化。在议会制国家，"亮光将从上照下来，而不是从下往上照——它会从议会照到民众那里，而不是从民众照到议会。但发生在美国

---

① ［英］沃尔特·白芝浩：《英国宪法》，夏彦才译，商务印书馆2010年版，第74—75页。

② 同上书，第80页。

的情形则恰恰相反"①。

> 议会制政府的典型特征是：公共交易的每一个阶段都伴随着讨论；公众参与这种讨论；行政部门所作所为不受议会欢迎的，议会可以将这个部门换掉，并代之一个其所作所为受它欢迎的样子。而总统制政府的特征则是：在多数情况下，不存在这种讨论，即便有这种讨论，政府的命运也不取决于这种讨论，因而人民也不参与这种讨论；行政部门自身总的来说大可为所欲为——它只受一种约束；它不能过多地得罪全国的民众。民众通常不参与，但是如果你铸成大错而迫使他们参与的话，他们就会记住这一点，时机一到便将撵你下台。②

可以说，白芝浩很像是一个"霍布斯主义者"，在这本作品的最后，他提及了自己的"精神导师"的理念——一个国家必须有一个至高无上的权威、终局性权力。而白芝浩引以为豪的英国政体正符合霍布斯的教诲：权威单一。白芝浩认为，美国人1787年创造的宪法看似是抄袭英国宪法，事实上却创造出一种与英国宪法相对应的东西。"就像美国的政制是一种复合性的政制，在这种政制下，最高权力被分放在诸多的实体和职能机构中一样，英国政制是一种简单的政制，在这种体制下，解决所有问题的最终权力掌握在同一些人的手里"③。最后，白芝浩注意到，他那个年代世界各地在不断兴起新的国家，当被殖民的新社会不得不选择政府时，他为它们开出了"立宪君主制"的处方，尽管他认为"世袭君主制"并不是必需的东西，各个新兴国家只需在非皇室型议会制政府形式下确立那种现成的、经

---

① [英]沃尔特·白芝浩：《英国宪法》，夏彦才译，商务印书馆2010年版，第51页。
② 同上书，第44—45页。
③ 同上书，第240页。

过妥协安排的、与属于英国宪法的权力态势相同的政制即可，但有一点是肯定的——美国式的权力分立总统制肯定不是一个新的国家应该采取的好选择。①

沿着白芝浩的道路，在比较意义上认识英国议会制与其他制度的关系，还有英国著名的法学家戴雪。首先，戴雪认为，白芝浩只从典则和政治上认识议会制并不足够，英国宪制是由三个密切关联的部分构成：第一，议会用立法工具，可以统治全国，就此而言，议会地位至高无上，即所谓的"议会主权"。② 第二，英宪受法律精神所支配。于是，在英格兰的四境之内，寻找法律以绝对的和普遍的现象运行于全国，用学术的话说就是"法律主权"（"法律主权"的英文是 rule of law，就是我们常说的"法治"——作者）。第三，宪典即政治惯例依托于法律而运行。③ 显然，戴雪关于英国政体的研究显然比白芝浩更进一步，因为白芝浩探讨最多的是"宪典"，而对英国处处弥漫的"法治"较少涉及。离开"法律主权"，我们就很难理解英国的议会主权和政治惯例。

其次，戴雪比较了议会制与非议会制（含总统制）。戴雪认为有两种主要的政权组织形式，英国式的议会制即内阁产生于议会和非议会制的政权即执政者（如总统、皇帝或内阁）不受命于立法机关。但是，戴雪认识到，如果依据宪法规定而进行两大类型的政权分类，势必会产生一些认识上的混乱。第一，依照宪法规定的政权产生方式，英国和法国为一类，而美国

---

① [英]沃尔特·白芝浩：《英国宪法》，夏彦才译，商务印书馆2010年版，第262页。

② 戴雪的"议会主权"思想受到詹宁斯的批判。在詹宁斯看来，议会主权是一种政治概念而非戴雪所说的法学概念，其依据乃普通法院不能否定议会之立法；戴雪只是在实证层面而非价值层面论证议会主权，其所秉承的依然是密尔式自由主义。事实上，享有最高权力的议会的立法也受到价值约束；而且，议会不能做的事情也大量存在。[英]詹宁斯：《法与宪法》，龚祥瑞、侯健译，生活·读书·新知三联书店1997年版，第100页。

③ [英]戴雪：《英宪精义》，雷宾南译，中国法制出版社2001年版，第112页。

和德国为一类。即使在议会制一类，法国不同于英国；在非议会制政权中，德国是皇帝执政而美国是民选总统。因此，这种二分法，对当时的政治状况实在有些滑稽。第二，即使宪法上同样属于政权产生于议会的议会制，纸面上的权力和实际上的权力可能完全不同。第三，戴雪区分出了议会制和非议会制政权的各自优缺点。在议会制中，内阁与议会合作融洽而无冲突，但因此，内阁"过度柔顺"；相反，非议会制政权中的执政者与议会可能会冲突，但执政者可能强悍有力，决策果敢。

最后，戴雪认识到二者之外的政体即半议会制。戴雪提出一种介于议会制和非议会制之间的政治制度，"所有执政，不论是巴力门式（即议会——引者注）的，或非巴力门式的，一经任用之后，可以不受罢免于议会。这就是一种半巴力门式的执政制度。此项制度虽未尝有极大成功，然而值得仔细研究"。戴雪根据法国大革命以后的统治史所说的"半巴力门式"，直到法兰西第五共和国才得以稳定下来，形成了今天流行的"混合制"——兼具议会制和总统制的特征。[①]

不但英国人自认为自己的制度是最好的，旧制度主义时期的美国人也以英宪为样板。作为旧制度主义的一个代表人物，曾任美国第28届总统的威尔逊的第一部著作《国会政体》也表达了类似的观点。这是一部描述美国政治制度的经典之作，其中除了对美国国会组织架构以及与行政机构的关系进行详尽描述之外，也有系统地与英国政体的比较。可以说，这部著作与白芝浩的《英国宪法》时代接近、主题对应，是19世纪后期旧制度主义比较政治制度的两部代表性作品。虽然威尔逊的旨趣也是对英、美两国政体进行比较，但是不同于白芝浩"总统制—议会制"的划分，威尔逊眼中的美国政体毋宁用"国会制"（委员会制）称呼更为贴切。

[①] ［英］戴雪：《英宪精义》，雷宾南译，中国法制出版社2001年版，第476—485页。

我国政府和其他伟大的政府制度的重要区别，正是我国立法和行政机关造成的。现代政治中最显著的差别，并不在于总统制政府和君主制政府，而在于国会制政府和议会制政府。国会制政府是委员会政府，而议会制政府是责任内阁制政府。这就是自身说明研究现实政治的现代学者的教导有两种主要类型：一个是由服从立法机关和支配而又不对它负责的半独立的行政官员组成的政府，另一个是由实际上高于一切的立法机关认可的领袖和负有责任的公仆的行政官员组成的政府。①

威尔逊认为任何制度都有一个权力中心，观察一种制度需要找到这个权力中心所在，而对于美国政体来说，"支配和控制的力量，一切主动和正常权力的中心和源泉都是国会"②。有趣的是，当远在大洋彼岸的白芝浩把美国贴上"总统制"的标签时，美国人自己却并不这样认为，在威尔逊的著作里自始至终都将美国政体描述成以国会为核心的"委员会制政府"。

美国政治以分权制衡为特色，为什么单单将国会视为美国政体的核心呢？在威尔逊看来，尽管美国宪法最突出的特征是"平衡"——平衡州与中央之间的权力关系、平衡参众两院、平衡行政机关与立法机关、平衡司法权与其他权力、平衡参议员与总统、平衡人民与人民代表，等等——但是，通过考察美国实际政治运作，"宪法中的平衡大部分只是理想，实际上，联邦政府高于各州政府，国会大大高于所谓与它同等的部门"③。

首先，联邦—州的权力关系。事实上，19世纪正是美国联邦政府逐

---

① ［美］威尔逊：《国会政体：美国政治研究》，熊希龄、吕德本译，商务印书馆1986年版，"前言"部分。
② 同上书，第11页。
③ 同上书，第32页。

步扩大和巩固权力的时代。1790年12月,财政部部长汉密尔顿向国会提交了一份建立国家银行的计划。为此,他发表了著名的关于银行法案"合宪性"的意见。在这份意见里,他第一次提出了宪法的"默许权力"(或"不言而喻的权力"),而1819年马歇尔大法官对马卡洛诉马里兰州案的判决,则从实践上进一步巩固了宪法的"默许权力"。根据美国宪法第1条第8款国会的"必要且适当权力",以及根据宪法第6条的规定——宪法和联邦法律都是全国的最高法律(史称"第6条最高条款"),马歇尔成功地维护了联邦政府的权力,奠定了联邦扩大权威的基础。正如威尔逊所说,这种"默许权力学说"对联邦与州的权力平衡造成了极大的影响,它使州的州宪处于极其不利的地位。联邦政府权力慢慢遍及千家万户,使全国都感觉到联邦的权力是"权中之权",确立了联邦的权威。①而最终决定性打乱联邦和州权力平衡的是战争。南北战争之后,美国真正成为一个统一主权和政治原则的国家。宪法修正案第13、14、15条相继出台,联邦政府在保护公民权利的同时扩大了自身的权威,联邦权力进一步巩固。

其次,司法权—立法权关系。在威尔逊看来,尽管司法部门具有很重要的"平衡摆"作用,但是大部分联邦法院的权力仍然掌握在国会手中,即使最高法院也不能越出国会的控制。因为立法机关的特权在增加,它可以增加最高法院的法官人数,也有权取消法院对案件的裁判权以避免不利的判决结果。威尔逊说道:"法院的权力只有在政治稳定时期才有保障,这时各党派没有出现激情,不为无法抗拒的多数派的命令所触犯。"②

最后,行政权—立法权关系。威尔逊认为,总统特权虽然被视作最有

---

① [美]威尔逊:《国会政体:美国政治研究》,熊希龄、吕德本译,商务印书馆1986年版,第16—22页。

② 同上书,第26页。

可能对国会权力实施约束的权力,但这种情况在他那个时代已经发生了变化,总的变化趋势是:总统权力在缩小,国会权力逐渐处于支配地位。在美国政府刚成立的前25年间,由于国家忙于调整对外关系,而总统在这个领域具有主导地位,再加之早期美国总统具有统帅性格、公认的能力、受过彻底的政治训练,因此,总统可以被视作最高权威和联邦制度的核心。因此,总统的诸多特权引起一些学者和作家的兴趣,夸耀总统的特权大大超过英国国王。我们也有理由认为,正是总统这些耀眼的特权使得当时的学者热衷于将美国与英国进行比较,并得出"总统制—议会制"的划分,将美国的政治核心落脚在"总统"身上。不过,需要注意的是,威尔逊对这种"总统中心论"是不赞成的,他认为当时的情况是国会通过常设委员会,以及委员会广泛而完全的立法动议权和控制权,可以有效地管理政府。加之总统只是理论上的行政首脑,而各部部长才是实际上的最高行政官员,而这些部长却要受制于国会的各个委员会,可以说"国会已经越来越深入管理的细节,直到把征服的实权牢牢控制在自己手里。它并不凌驾于总统之上,但是却使各部部长成为它的恭顺的仆人"[1]。综上所述,威尔逊得出结论:"正如研究英国宪法时,下议院是主要的考察对象一样,研究我国宪法时,国会也是主要对象。"[2]

既然国会是美国政体中最核心的机构,威尔逊就对美国国会的具体运作进行了详细描述。美国国会是以委员会为载体进行运作的。有多少主要立法类别,就有多少常设委员会。这些常设委员会并不像英国内阁那样相互配合,而是各行其是。这些委员会包括筹款委员会、拨款委员会、银行和通货、所有权、商务、公共土地、邮政和邮路、司法、公共开支、制造业、农业、军事、矿业、教育和劳工、专利,等等,以及几十个同立法有

---

[1] [美]威尔逊:《国会政体:美国政治研究》,熊希龄、吕德本译,商务印书馆1986年版,第28页。

[2] 同上书,第34页。

关的分支机构。① 可以说，美国国会的立法过程是由委员会完全主导的，"国会——至少是众议院——实际上不仅将立法权，而且也将审议权交给了常设委员会。在众议院的严格的和强制的规则的限制下又进行的很少的公开辩论，形式多于实际效果。立法是在委员会的讨论中产生的"②。"委员会的裁定不受任何阻碍。"③

委员会明显的优点不仅仅表现在方便的分工。作为一个整体，国会只处理它的一部分事务——它包括在税收和供应等特殊的项目内。众议院不经适当审议，从不接受筹款委员会和拨款委员会的提案；但是它几乎让所有其他常设委员会实际为它立法。形式上，委员会只能细心地汇集和整理各个议员提交的各种问题，经过彻底的调查和研究，最后交众议院审议通过。但是，实际上它们提出该采取的方针，不仅为众议院制定决议，而且还根据自己的意愿，估量辩论和审议的时机。众议院开会，并不是为了要认真地讨论，而是要尽可能迅速地批准委员会的决议。它的立法在委员会的办公室产生，不是由多数人决定，而是根据少数特殊任命的人的意志。因此，国会开会不过是装装门面，而国会在委员会的房间里才正式工作这种说法，并不太多脱离事实。④

在托克维尔看来最体现"多数道义"的美国立法机构，事实上在运作中并不完全是由多数决定的，而是由具体拆分成的委员会单元决定的。威

---

① ［美］威尔逊：《国会政体：美国政治研究》，熊希龄、吕德本译，商务印书馆1986年版，第40页。
② 同上书，第47页。
③ 同上书，第43页。
④ 同上书，第46页。

尔逊指出，很多作家并没有意识到，国会中的常设委员会是美国政体中最重要的机器，进而，他用"国会常设委员主席的政府"来描述美国政体，这与"总统制"的描述相去甚远。美国政体的核心在国会，并且在国会的常设委员会。"议长和强大的拨款委员会对立法和当前大事的强有力的控制，加上众议院严厉的规章制度，使得议员个人在立法上留下有影响力的记录的机会越来越少。独立性和聪明才智受到规则暴君的压抑，国会各分支的权力，实际上都集中在议长和少数（极少数）议会专家的手中。……我们众议院里只有三种势力：筹款委员会的文人雅士不是众议院智囊，而是众议院的贵族，拨款委员会的白纽扣高官，所谓规则委员会的傲慢的寡头，众议院的议长，以及印第安人中出类拔萃的人物。"[1]

威尔逊认为，这种局面的形成，主要是因为美国的政党体制比较松散，国会中没有作为政党代言人的权威性领袖人物。而这种权力的分散，正是美国的政体所有意设计的。"权力不集中，被有意识地分散到了许多小头目的手中，这是有既定政策可循的。可以说，它被分散到了47块领地里。在每一领地，常设委员会就是宫廷贵族，委员会主席就是领主。……对有些人来说，这种分散权力的体制和分散的规则，似乎是一种极好的方法，可以使我们避免危险的'个人权力'和不适当的职能集中。……他们喜欢各种委员会，就因为他们多而软弱，甘愿它们在自己的小天地里横行无忌。"[2]但是，在威尔逊看来，这种分散的体制，同时也带来了不负责任的后果。"每一委员会领导中的小人物，通过使委员会的职责变得索然无味，而促成委员会的专横。"[3]

与白芝浩一样，威尔逊接着对比了美国国会和英国议会。与美国国会

---

[1] [美]威尔逊：《国会政体：美国政治研究》，熊希龄、吕德本译，商务印书馆1986年版，第62页。

[2] 同上书，第52—53页。

[3] 同上书，第53页。

委员会对等的英国机构是内阁。两种制度存在诸多差别：首先，就立法机构中体现的党派原则而言。内阁既握有大权，又承担全部责任，集中了党派集体精神。英国下议院的辩论是公开深入的，每一次辩论都是反对党责难内阁，都是一次重要的表决。因为辩论的结果直接决定了政府的活动；相反，美国国会的辩论就显得没那么重要，就委员会报告进行辩论，背后并没有党派色彩，两党成员是被打散了混合安排在各个委员会中的，报告的通过或者夭折，并不反映党派的利益和观点，因此也没有党派集体负责制的因素。"全国党派在国会的行动并不受迫切责任感的约束。责任分得太细，在任何表决和辩论中都不能使它集中。党的责任不如个人的责任大，而立法出现错误时，又无法追究个人的责任。"①

其次，就立法机构与行政机构的关系而言。英国内阁由多数党领袖构成，不仅是政府的顾问，而且是下议院的最大常设委员会或"立法委员会"，指导下议院工作，解决下议院的重大立法问题。英国内阁提交下议院的议案总是体现政府的具体计划。又由于内阁任期取决于他们建议的立法是否成功，因此，辩论显得至关重要。内阁虽然领导下议院，但是这种领导却并非易事，他们时刻受到反对派的批评和攻击，这种批评和攻击涉及一切行政细节和政策倾向。下议院的议员个人能够对内阁的立法计划提出修正案，以有效地影响立法，这保证了每个议员都能在立法过程中发挥自己的作用。这种形式使行政部门与立法部门之间协调合作，又不互相混淆职能；而在美国，国会与行政各部之间则尽量疏离，立法与行政部门完全分离。总体上讲，国会牢牢控制着行政机构，行政机构里的各部对国会唯命是从，不仅要遵循国会制定的法律，还要定期向国会汇报工作、接受监督。但是，这种控制手段是有缺陷的："国会和总统的交道仅限于行政咨文；它和各部的交道，没有更为通畅的渠道，只有行政官员同各委员会之

---

① ［美］威尔逊：《国会政体：美国政治研究》，熊希龄、吕德本译，商务印书馆1986年版，第55页。

间的私人咨询、部长们和国会的个别成员间的非正式会见和内阁官员定时地，或为答复咨询的正式决议而向两院领导官员递交的文书。"① 可以说，国会只能下达命令，却无法确切监督命令的执行。行政机构的任期是有固定期限的，这并不由国会决定，他们的职位也不是国会给的，因此不会由国会撤除。国会和各部之间的关系，缺乏相互信任和密切合作，在各自的领域行事。在威尔逊看来，这都是美国政治权力分散精神的后果，权力分散是为了防止任何一个部门的专权独断，但它的副作用便是——无人负责。

最后，就国会对民众的教化和启蒙作用而言。与白芝浩相似，威尔逊表达了对美国国会缺乏充分辩论的忧虑。英国议会中的辩论由于决定了内阁的去留以及政策的倾向，因此往往吸引民众的关注，并通过媒体广为传播，使民众在这种政治氛围中了解国家的运作、培养政治素养，也起到了监督的作用，人民与政府之间的关联非常紧密；而美国由于是委员会内部讨论决定立法过程，辩论的实际意义不大，而辩论对行政机关任期也全无影响，"辩论是没有目的性的，其原因正是因为立法缺乏连贯性。立法是各种因素的混合物"②。立法与行政环节的截然分立，使国会辩论没有实际的政策意义，因此不会引起民众的关注。在这个意义上，威尔逊认为美国政体既以分散权力消弭了责任制，降低了美国政治家和政治机构的权威性，还有更糟糕的一个后果就是：使民众对政治过程的参与和监督也大大降低。

> 一般民众将治理国家充其量尊之为碰运气的事，是可以理解的。因为在这件事情上，民众的选票和影响都起不到什么作用。例如，某个人对国家政策中的某些问题最为关心，而这些问题是归常设委员会

---

① [美]威尔逊：《国会政体：美国政治研究》，熊希龄、吕德本译，商务印书馆1986年版，第149页。
② 同上书，第180页。

主管的，如果他所选的人进不了常设委员会，那么，他选哪个代表进入国会对他所最关心的那些问题又能起什么作用呢？谁当选为总统又有什么不同呢？在关键性的政策问题上，总统能有很大权限吗？要想保证总统投的票对主要的行政方针哪怕是微乎其微的影响，也几乎是不可能的。往全国这锅肉汤中添加佐料的厨师太多了，一次换掉一个厨师是无济于事的。①

没错，美国政体是一锅复杂多元的"大肉汤"，而威尔逊时代的国会是"主厨"，总统不过是其中一个"厨子"，那么"总统制"的标签又能对理解美国政治有多少意义？我们必须意识到，"总统制—议会制"的划分与流行不过是一种话语建构。当我们对这样的划分习以为常、坚信不疑时，却忘记了它是怎样来的：它源自19世纪末的英国学者白芝浩，而同时代深谙美国政治的威尔逊却称美国政治为"国会制"。而这么界定的原因，是寻找政治制度中居于核心的机构——这种思路已突破经典旧制度主义对法条的刻板分析，带有"政治过程研究"的因素了。这一点启示我们抛弃政治科学中的"唯名论"，关注概念产生的渊源，以更好地从"唯实论"的角度理解政治事实，而非政治概念。

概念与理论来自事实——而且是变化着的事实。威尔逊在分析美国立法权与行政权之间的动态关系时，注意到19世纪末的美国总统较之一个世纪前已经削弱了很多，取而代之的是国会的兴起，这个政治事实是他将美国定义为"国会制"的主要原因。有意思的是，威尔逊之后的20世纪，伴随着工业化进程，以及随后的两次世界大战，再一次慢慢改变了美国立法权与行政权的关系：国会的优势慢慢下降，行政权日益扩大——现代社会的复杂景象需要国家扩大管理职能和服务功能，"行政国家"由此而来，可

---

① [美]威尔逊：《国会政体：美国政治研究》，熊希龄、吕德本译，商务印书馆1986年版，第184页。

以说，总统逐渐戴上了"主厨"的帽子。然而，不要忘记美国政治的多元主体特质，各个权力主体之间的此消彼长是动态的、历史的，"往汤里加佐料的厨师"仍然不只总统一人！因此，比较符合政治科学的做法是，描述出所有这些厨师对于最后这道菜的贡献，而不是仅仅聚焦在某一位厨师身上。

从美国建国初期到威尔逊的时代，再到今时今日，美国的基本政治框架并没有改变，但是行政权和立法权的对比却在微妙调整。既然威尔逊的时代能够根据彼时的政治事实提出"国会政体"（委员会制）的概念来描述美国政治，那么今天的我们更有理由突破任何概念束缚，根据事实（而非既定概念框架）来解释变化着的政治现象。

笔者认为，概念是一把双刃剑，既能形成认知上的共识，又会带来束缚，因为概念是静态的、静止的，永远没办法穷尽全部事实、跟上变化的事实脚步。因此，旧制度主义政体论的最大贡献和最大局限是同样的，都在于他们贡献了一些（二元的）基本概念。这些概念奠定了政体研究的基石，却也形成了唯名论的束缚，更严重的是，正如后来行为主义所展现的那样，试图价值中立的政治科学革命反而包含太多价值取向，以至于偏离了政治科学的客观包容性。正如学者安德鲁·海伍德所说，"概念，在此意义上，实际上是构建人类知识大厦的基石。然而，概念也可能耍滑头，而政治概念尤其如此。政治概念造成的问题包括：它们常常负载着价值；它们的含义可能会成为争辩的主题；有时它们被赋予的实质内容和重要性比其实际具有的更多、更大"[①]。相较于概念，理论、路径和方法论在解释动态多元的政治事实上更有包容力和生命力。比较政治学者奇尔科特认为，政治学和比较政治学是集理论与方法于一体的学科。"理论指的是有系统地关联的一整套概括……方法论包括用以测试理论和指导研究的方法、程序、

[①] ［英］安德鲁·海伍德：《政治学核心概念》，吴勇译，天津人民出版社 2008 年版，第 5 页。

工作概念、规章等，以及对现实世界的问题寻求解决方法。"① 理论与方法论是对概念的因果关联进行阐述的一套逻辑系统。这种逻辑机制能够突破概念的静态局限。以逻辑机制替代概念，恐怕也是后来新制度主义对旧制度主义最大的超越。

不过，尽管旧制度主义者最大的贡献在于提供基本政治概念，在研究道路上，他们还是会注意到文本与现实之间的差距，以及现实的动态变化特质。这一点，较之他们的后继者行为主义者显然是更胜一筹的。后文将会涉及，行为主义者虽然是以价值中立和反规范主义自我标榜，却陷入了更深的教条主义和意识形态化。我们注意到，在威尔逊写作《国会政体》的19世纪末，距离美国建国已经有一个世纪之久，这一个世纪正是美国联邦与州权不断博弈的世纪，也是美国试图理顺立法、行政、司法各种权力关系的世纪。当时威尔逊注意到美国的联邦制度仍然保留建国时的"躯壳"（即宪法和基本制度没有变），而"内部"（即实际政治运作和权力平衡）已经发生了改变。这种改变，一言以蔽之，就是"立法和行政权逐渐集中于下院，以致现在人们有时说，政府已成为下议院的政府了"②。这种不光看"躯壳"更着重看"内在"的研究方法是值得借鉴的；白芝浩也表达过类似的研究思路，他认为，"一部古老而处于不断变化中的宪法就像一位处于执着的钟情而仍然穿着他青年时代流行的衣服的老汉：你在他身上所看到的没有什么不同，而你所没能看到的东西已经完全变了"③。一个国家的法律条文和基本政治框架可能没有变，但是框架内各个行为体的权力关系平衡却可能在发生微妙的变化，威尔逊眼中的时代较之美国建国初期是这

---

① [美]罗纳德·奇尔科特：《比较政治学理论：新范式的探索》，高铦、潘世强译，社会科学文献出版社1997年版，第3页。
② [美]威尔逊：《国会政体：美国政治研究》，熊希龄、吕德本译，商务印书馆1986年版，第34页。
③ [英]沃尔特·白芝浩：《英国宪法》，夏彦才译，商务印书馆2010年版，第55页。

样，那么我们今天在观察政治现象时难道不更应该使用"历史的、时间的"焦距么？我想，历史制度主义便是沿着这个传统走下去的。

英美政体比较在19世纪末是个引人入胜的话题，它的简化形式就是"总统制—议会制"孰优孰劣的话题。事实上，这个话题一直到20世纪都经久不衰，20世纪90年代起重新兴起对这两种制度优劣的探讨，参与的学者包括胡安·林茨、萨托利、斯蒂芬、霍罗威茨、利普哈特等一大批著名学者，在西方政治学界又一次掀起了政体比较的热潮。本部分的重点是旧制度主义时期的政体问题，因而并不想系统地介绍20世纪90年代以来的争论。①

在本章所考察的旧制度主义的阵营中，白芝浩、戴雪与威尔逊都对议会制赞赏有加。但是，一定要意识到，他们并不是在今天的"民主"意义上而歌颂议会制的。偏爱英国议会制而事实上特别反感大众民主的白芝浩，已经指出了议会内阁制的精英政治特征，只不过后来有了大众选举，议会制才与民主制彻底联系在一起，成为议会制民主或代议制民主。关于英国式议会制的本质，旧制度主义时期一些学者的评价值得后人思考。在《英宪精义》的译者雷宾南看来，即使作为议会制民主的英国，也不过是一个混杂性政体，其中包含诸多"独裁"要素。雷宾南认为英国宪法有四个最为显著的特征：灵活性、守旧性、连续性和名实相违性（unrealities）。关于最后一个特征，雷宾南这样说，"本来在各国中，倘有国宪，则法文所规定大抵与事实相符，纵不一一符合，彼此距离亦必不极远。惟英宪则大异。理论与实践往往不能一致。原来以实际论英格兰的政治历史只能以独裁政治开端，中间渐渐形成立宪政治，近世竟趋于'一个带有面具的民国（a veiled republic）'。然以理论言，独裁政治在英宪中至今尚留许多陈

---

① 谈火生：《西方学界关于总统制、议会制与民主巩固的争论》，《教学与研究》2008年第4期；张勇：《转型国家的宪制选择与民主巩固》，《学海》2010年第2期。

迹……所以安生（W. R. Anson）有言：'英宪在实际上只是一种畸形发展的制度……古制遗俗早成陈迹而不合时宜者，往往仍保留于现代。其结果是：在英宪中不但理论与事实不能时时一致，而且法律与典训不免左右参差'"①。

与雷宾南的评价相呼应，当代中国的英宪研究专家龚祥瑞教授指出：

> 从前的英国受绝对君主的统治，这种政体最易被头脑简单的民众所接受。后来，绝对君主制让位于立宪君主制，在新政制形式下，主权由女王和地主阶级分享，平民院代表人民（资产阶级）的意志不过是作为一种牵制的力量而已。但是，自1832年选举改革起，立宪君主制终于成了"伪装的共和国"（the disguised republic）。内阁以前不过是君主的附属品，而现在则转化成了这个"共和国"的核心，英宪的秘密就在于此。这一转化首先是通过尊荣部分与效能部分的分离而成立的，之所以把这两部分结合在一起，不过是为掩人耳目，使人们看不到在冠冕堂皇的门面背后发生了权力的革命性转移。简言之，英国宪法就是少数精英出来统治，让人民大众唯命是从。精选出来的少数既不是最底层的阶级，也不是不受尊敬的阶级，而是非常敏感的阶级。实际上，英国人民大众崇尚的不是统治者，而是社会的戏剧性表演（the theatrical show）！仪仗队威武雄壮，令人感动；真正的统治者却躲在二等车厢内，无人理睬，也无人过问，他们受到无意识的默认的服从，因为在他们面前惹眼地行进着富贵尊荣的行列。白芝浩的功劳在于把英宪分为尊荣部分和效能部分。保留前者是为了掩盖后者和赢得

---

① ［英］戴雪：《英宪精义》，雷宾南译，中国法制出版社2001年版，第12—13页，"译者导言"。

对后者的统治。他的分析大大提高了、更新了、补充了边沁和密尔的学说。①

如果说秉承中庸观传统的中国人比较中庸地指出了英国政制中的变与不变，旧制度主义时期的西方人则干脆认为英国议会制不是什么民主，而是自古以来的贵族制，梅因的看法最为流行。"世间尝有一种疵想，即以为德谟克拉西是一个有进步的政体；这种疵想殆深藏于一特殊学派的心头。其实只是误解。……诚以英格兰在今日所以能蜚声海内外，英格兰在今日所以能成一富国，只为少数人之功。倘若400年来早已存在极普遍的选举权，因之，遂存有极大选举团于国内，我敢于断言，英格兰必不由宗教的改革，朝代的变更，相异信仰的容忍，甚至正确的日历。于是，打谷的机器，汽力的织布机，多轴的纺纱机，以至于蒸汽机，均要被禁绝不用。即在今代强种牛痘也不能举行。唯其如是，我们即可概见大众的权力之确立实为根据科学的见解而立法之一大不幸的征兆。"②

梅因的看法是英国之成功有赖于精英统治而非所谓的大众民主，这是关于英国议会制性质的看法。在"一战"以后，大众政治时代已经到来，英国自然是大众民主的政治象征，而"一战"后德国大众政治更是活跃，而且德国处于混乱之中。在此情形下，英国式议会制是否引入德国就充满了争论，韦伯等自由主义观学者力主议会制民主，而卡尔·施米特则极力批判。

1923年出版的《当今议会制的思想史状况》集中阐述了施米特对议会制的忧虑。彼时正值德国"一战"战败之后，魏玛共和国处于危机重重之中。战争给德国带来的除了割地赔款、削减军备、民不聊生、经济溃败，还有国家权力和合法性的真空状态，以及社会各种意识形态和各阶级之间

---

① 龚祥瑞：《法与宪法——读白芝浩〈英国宪法〉》，《比较法研究》1995年第2期。
② ［英］戴雪：《英宪精义》，雷宾南译，中国法制出版社2001年版，第75页。

的紧张冲突。在这种混乱的社会状况下德国该向何处去,成为摆在德国政治和知识精英面前的一个当务之急。当时的德国面临着来自东方和西方的两种选择:是走英美式的资产阶级议会民主制道路,还是走俄国人的无产阶级专政之路? 1918 年 12 月全德工人与士兵苏维埃会议成为这个抉择的关键点。当时占多数的社会民主党人决定走议会民主制的西方道路,临时政府内政部国务秘书普罗伊斯受命起草"魏玛宪法",这个宪法号称建立了"世界上最民主的民主制度,魏玛宪法取消了长期歧视社会民主党的多数选举法,实现了比例选举法,让所有政治派别都有进入国会的机会。即使是推翻共和国的"极右"和"极左"政党也可以通过选举掌握政权。另外,还加入了直接民主制的成分。如果 10% 的选民要求,则必须举行人民公决"①。当时德国的市民阶级政务家和思想家,例如普罗伊斯和韦伯,都极力主张通过议会民主制来塑造国家合法性,通过理性辩论与协商,为德国走出困境寻找出路。而施米特对议会制的批判,正是建立在这样的背景之下,矛头也直指上述观点。

在 1926 年为《当今议会制的思想史状况》作的再版序言中,施米特指出议会制的缺陷和危机在于议会制与大众民主浪潮之间的抵牾。在欧洲,19 世纪可以说是轰轰烈烈的"大众民主时代",带有激进民主性质的法国大革命和席卷整个欧洲的工人运动,将欧洲推向了大众民主的洪流中。在战后德国,存在着各种思潮和各种政党势力:无政府主义、激进左派、温和派、保守派等,这些政党势力纷纷通过宣传、广告、煽动性语言来动员群众,在议会这个舞台上"你方唱罢我登场"。这抵消了"通过辩论和公开性获得自身的意义"的议会制度的优势。

> 议会制度的状况今天处在危机之中,因为现代大众民主的发展已

---

① 景德祥:《在西方道路与东方道路之间——关于德意志独特道路的新思考》,《史学理论研究》2003 年第 4 期。

使公开辩论变成了空洞的形式。当今议会法权中的许多规定，尤其有关议员独立和会议公开的条款，其结果是除了装饰外表之外毫无用处，甚至令人困窘，就像有人绘制出燃烧着红色火焰的现代中央供热系统的暖气装置，给人以火热的表象。各政党（根据成文宪法的文本，正式说来它们并不存在）今天并不面对面的讨论意见，而是作为社会和经济的权势集团，算计着自己的利益和掌权机会，以此为基础达成妥协和联合。利用宣传部门争取群众，而这种部门的最大作用取决于诉诸直接的利益和激情。作为真正的辩论之特征的真正意义上的论证，已不复存在，取而代之的是在党派谈判中自觉算计利益和掌权机会……①

不同于自由主义的法律实证主义（即只关注程序公正、国家形式，不关注实质公正和国家形式正当性来源），施米特更多地关注一种政治制度的客观社会基础。他视议会制度为一个社会各种政治意志和客观社会经济状况的反映，而非形塑社会共识和社会和谐的工具。因此，在没有实质共识的国家里，议会制度这一看起来能通过辩论和公开达到理性统治的完美工具，既可以像魏玛宪法的制定者和自由主义的鼓吹者所设想的那样，将市民阶级推向统治的宝座，也同样能够让无产阶级、纳粹力量和保守势力上台，这种看似"中立"的制度安排并不必然能够达成理性的结果。在施米特眼中，"一战"后德国的市民阶级并没有达到英美那么强大的规模和力量，市民阶级并无足够的把握和自信能够通过议会制这种公开亮相的制度安排获得压倒性的胜利，"在这种情况下，如果照本宣科地搬用英法议会民主，按照形式程序进行'公开的、自由的'选举和辩论，那么到时候'亮相'的很可能不是代表市民阶级的政治力量，而是和它对立的，甚至根本

---

① ［德］卡尔·施米特：《当今议会制的思想史状况》，载卡尔·施米特《政治的浪漫派》，冯克利、刘锋译，上海人民出版社2004年版，第163页。

不承认'市民阶级法权国家'根本前提的政治力量,比如无政府主义、共产主义、法西斯主义……简单地说,魏玛共和国的自由主义宪法有可能为宪法的敌人打开通向国家权力的道路,这是施米特的核心论点"[1]。

"议会是人民的委员会,政府是议会的委员会。"[2] 看起来,似乎议会制包含着民主的本质,但施米特认为,事实上议会制不等同于民主制。议会制的本质不是"代表人民",而是"公开争论和公开辩论",而这些与民主都毫无关系,却更接近自由主义的内核——通过不受约束的自由竞争和意见冲突发现真理。需要注意的是,尽管西方思想界有时将民主与自由主义混为一谈,而在施米特看来,自由主义与民主是本质不同的。自由主义包含的三权分立、对立法权和行政权的划分、对国家权力的警惕,都与民主同一性概念对立。因此,自由主义的诉求和民主的诉求是大相径庭的。而议会制的危机正是产生于自由主义与民主的冲突:"议会制危机是从大众民主中产生的,归根结底,是从充满道德情怀的自由个人主义意识与本质上受政治理想支配的民主制的国家感情之间的矛盾中产生出来的。"[3]

进一步地讲,议会制的渊源是自由主义,与大众民主的本义是冲突的。"对议会制和靠辩论施政的信念,皆属于自由主义的思想界,而非属于民主制。"[4] 那么,既然自由主义的本质是辩论和公开,那么民主又究竟是什么呢? 施米特认为,民主的原则首先在于"平等性"。他说:"民主首先要求同质性,其次要求——假如有必要的话——消灭或根除异质性。"[5] 这才是真正的民主。而我们熟悉的民主国家的普选制和人人平等理念,在施米特

---

[1] 张旭东:《施米特的挑战——读〈议会民主制的危机〉》,《开放时代》2005年第2期。

[2] [德] 卡尔·施米特:《当今议会制的思想史状况》,载卡尔·施米特《政治的浪漫派》,冯克利、刘锋译,上海人民出版社2004年版,第185页。

[3] 同上书,第171页。

[4] 同上书,第164页。

[5] 同上书,第165页。

看来只是一种自由主义的表述罢了。他接着分析被认为是现代民主思想起点的卢梭的《社会契约论》讲到,卢梭的著作中体现了两种内在矛盾的思想——基于自由契约的国家的外表看起来是自由主义的,因为契约的前提是分歧和对立;但是另一方面,真正的国家只能存在于人民具有同质性、全体一致的地方,因此,"公意"就是同质性,也就是真正合乎逻辑的民主。因此,《社会契约论》中民主被定义为统治者和被统治者的同一性。这与施米特的民主观是吻合的。

施米特提醒德国民众,在学习英美国家的议会民主制度的时候,不要幼稚、机械地只照搬它们形式上的部分,还要注意实质内容。自由主义实际上很多时候是一种空洞的道德价值口号,当人们在高呼"人人平等"的时候,这个"人人"指的是谁?"所有人作为人的平等,不是民主,而是某种类型的自由主义;它不是一种国家形态,毋宁说是一种个人主义、人道主义的道德和世界观。"[1] 民主的基础是"同质性"——"所有民主论证在逻辑上依靠一系列的同一性。有统治者与被统治者的同一性,主子与服从者的同一性,国家权威的主体与客体的同一性,人民与其议会中代表的同一性,国家与现有选民的同一性,国家与法律的同一性,最后,还有数量(人数上的多数或全体一致)与质量(法律的公正)的同一性。"[2] 民主必须要形成国家权力的基础——政治意志,"国家立足的实质性基础,只能是把自身阶级利益和国家利益在最大程度上等同起来的领导阶级的政治意志,其原因在于人民本身在价值上、利益上和文化上是多种多样的,在全体上谈论人民本身,只能是一种抽象的幻想"[3]。

---

[1] [德]卡尔·施米特:《当今议会制的思想史状况》,载卡尔·施米特《政治的浪漫派》,冯克利、刘锋译,上海人民出版社2004年版,第167—168页。

[2] 同上书,第179页。

[3] 张旭东:《施米特的挑战——读〈议会民主制的危机〉》,《开放时代》2005年第2期。

施米特进一步昭示了民主的本质是政治权力。对德国当时掌权的市民阶级来讲，"只有当议会民主制和市民阶级政治意志和权力追求相适应时，它才有政治实质，才是有效的统治形式，否则它就是一个夸夸其谈的演讲和辩论俱乐部。如果德国自由派假戏真做，在缺乏权力基础的条件下，从自由主义信念和教条出发去追求民主、平等和'程序正义'，那么到头来它骗得了自己，却骗不了它的政治对手，最终会把自己的政治权利和经济利益统统葬送在议会民主制的空洞形式里"①。施米特举了英国的例子来证明"老道的"资产阶级统治是如何整合统治的基础和熟练地运用国家机器的：

> 民主制度显示其政治权力的办法是，它知道如何拒绝或排斥威胁到其同质性的外国人或不平等的人。平等问题显然不是个抽象的逻辑演算游戏的问题。它关系到平等的本质。能够从某些生理或道德品质，例如从公民美德中、从 arete 即从崇尚美德的古典民主制中找到平等。在 17 世纪的英国部族民主中，平等基于宗教信仰的一致性。自从 19 世纪以来，平等首先存在于一个特定民族的成员之中，存在于民族的同质性中。只有具备实质内容，平等在政治上才有利和有价值……最后，人们必须承认，民主制度——因为总有不平等伴随着平等——能够排除一部分被统治者而仍然是民主制度，直到今天，那些完全或部分没有权利的人，那些受到限制而不能行使政治权力的人，被称为野蛮人或不文明、不信神的人、贵族或反革命，甚至称为奴隶，也隶属于民主制度。无论雅典的城邦民主还是大英帝国，国家领土上的全部居民并不享有政治平等。在大英帝国治下的 4 亿居民中，有 3 亿以上的人不是英国公民。说到英国的民主、"普"选或投票权和"普遍"平等，英

---

① 张旭东：《施米特的挑战——读〈议会民主制的危机〉》，《开放时代》2005 年第 2 期。

国民主制度下的这好几亿人,有如雅典民主制下的奴隶,毫无疑问是受到忽视的。……(然而),在他(指施米特的批评者,理查·托马)看来,以普遍且平等的投票权构成"整个基础"的国家,当然就是民主国家。大英帝国的基础是赋予其全体居民普遍而平等的投票权?倘若如此,它连一个星期也存活不了;由有色人种组成的可怕多数会统治白人。尽管如此,大英帝国仍是民主国家。对法国等大国,也可这样说。①

至此可以看出,施米特之所以批判议会制,是因为他认为空有西方"自由主义"外壳的议会制度无法保证以"同一性"为本质特征的民主。施米特将"民主"与"自由主义"的概念剥离开来,在他看来,现代民主制度隐含了两个常被忽略的因素,一是其社会基础,即统治阶级内部的"同质性";二是其终极目标,即国家权力。如果忽略这两点,议会制不过是一个软弱无力的清谈馆。在当时的德国,战后赔款压力、社会乱象与民族主义重创,都对国家的有力作为提出了要求。在这样的背景下,施米特对议会制的批判也是基于拯救德国政治危机,他开出的药方是"总统制"——不过需要注意的是,这里的总统制已经不同于上文议会制—总统制下的美国式总统制,事实上是在呼唤霍布斯式的"主权者"。施米特主张在《魏玛宪法》的框架中,让总统动用48条紧急状态条款实行"委任独裁"!正如他在自己的理论体系中所说,专政与自由主义肯定是冲突的,但就同一性而言,与民主则可能是契合的。因此,借助政治强人和"独裁者"即"主权者"来达成民主的目的,也是可以接受的。为了维护魏玛宪法和魏玛共和国,又对政客粉墨登场的议会制失去希望,施米特采取以毒攻毒的策略,借以作为"主权者"的"总统制"来力挽狂澜。1933年施密特加入纳粹

---

① [德]卡尔·施米特:《当今议会制的思想史状况》,载卡尔·施米特《政治的浪漫派》,冯克利、刘锋译,上海人民出版社2004年版,第165—166页。

党，寄希望于当时经过合法选举上台的纳粹首领希特勒。可惜，他的希望并没有顺利实现，希特勒上台伊始便撕毁宪法摧毁共和国基础，施米特的药方也就这样付之一炬了。

且不说施密特的"总统制"性质及其个人悲剧性的政治经历，其对议会制民主的认识和批判并不是空穴来风，其对当时的德国以及后来的发展中国家也不是没有借鉴意义。事实上，后来的历史告诉我们，离开一个国家的历史和文化而一味地模仿甚至照搬他国政治制度，就可能带来悲剧甚至是灾难性的后果。而且，历史制度主义告诉我们，那些看起来已经实行了议会制民主并且"民主巩固"了的国家，依然不能像英国那样有效治理。其个中奥妙或许如施密特所言。因此，并不能因为施密特从一个极端走上另一个极端而无视施密特的议会制民主的见解。进而，笔者认为，施密特之所以从一个极端走上了另一个极端并走进人生的死胡同，或许就是因为其不可调和的二元对立的二分法世界观。

二 联邦制—单一制

"议会制—总统制"的孪生兄弟概念就是"单一制—联邦制"。单一制与议会制或议会主权同一个含义，而且联邦主义或联邦制观念的兴起也是为了反对议会主权，因为议会主权使得英格兰成为单一制国家的最好案例。在白芝浩时代，即使到了19世纪80年代，英国对联邦主义几乎没有什么研究，当时的另一位代表学者如《大众政治》的作者梅因（Sir Henry Maine）也绝口不提联邦制的事。但是，到了戴雪时代，即第一次世界大战前后，英国与其殖民地的关系已经成为一个热点政治问题，联邦制和联邦主义的研究也就流行起来。① 因此，在知识论上，单一制—联邦制之二分比议会

---

① [英]戴雪：《英宪精义》，雷宾南译，中国法制出版社2001年版，第54—55页。

制—总统制出现得更晚,由于是因为形势所迫的产物,而不像议会制—总统制这对范畴那样是话语的建构。

戴雪在讨论联邦制和联邦主义的时候,体现了旧制度主义时期典型的法条主义和结构主义。在他看来,联邦政治的主要特征有:第一,凡有两个以上的国家,希望联合,都不愿意统一,联邦主义便是他们最自然的组织。(在这里,戴雪其实说的是中文语境中的"邦联"——引者注)第二,地理上的连接,是构成联邦国家的机会,或者说联邦制的必要条件。第三,以权力的分立为基本,而且每一邦应取得近似平等的政治权利。第四,法律主义盛行,即使忠诚本邦的人民也自愿接受因非本邦事务而判决的法律。[1]

作为与"议会主权"相对应的一个概念,权力分割自然就是联邦制最重要的内容。戴雪以美国、瑞士、加拿大、澳大利亚和德意志帝国为例,列举了联邦制国家的权力分割的四大要旨:第一,联邦和列邦(即今天的"州")各自"确定性权力"(definite power)有哪些;第二,联邦立法机关所立法是否受到限制,即法院或其他机关,对于联邦法律,能否撤废或宣告无效;第三,联邦政府对于各州立法所能限制的边界如何;第四,修宪机关的性质,其组织、权限究竟如何。[2]

戴雪还比较了单一制与联邦制的优劣。第一,19世纪80年代流行的看法是,单一制政府强大而联邦制政府软弱。但是到了1914年,看法颠倒过来了,"联邦政治的本身与单一政治,如英格兰或法兰西,更为优胜。虽然,联邦政府的软弱性究属存在,而且此项存在并不是偶然"[3]。第二,联邦主义会导致忠诚心的分化,既要忠诚本邦又要忠诚联邦政府,而且有时

---

[1] [英]戴雪:《英宪精义》,雷宾南译,中国法制出版社2001年版,第56—59页。
[2] 同上书,第470—475页。
[3] 同上书,第58页。

会导致冲突；单一制政府则不会有此之忧。①

尽管美国宪法仍是我们所知道的现代联邦制的第一个范本，而《联邦党人文集》则是联邦政府原则的经典评注，然而戴雪的《英宪精义》基本上奠定了现代政治学关于国家结构形式的概念——虽然他所讨论的联邦制主要是为了帝国与其殖民地的关系。这种知识论上的"常识"往往为当代学者所忽视，形成常见的"知识健忘症"。

到了"二战"以后，尤其是进入了20世纪的五六十年代，世界范围内的民族解放运动达到高潮，殖民地与宗主国的关系如英联邦国家、新独立国家采用什么样的国家形式，都是新形势下的迫切课题。在这种大背景下，尽管西方政治学已经盛行行为主义，作为旧制度主义概念的单一制、联邦制依旧是难以回避的政体类问题。在这一时期，曾任牛津大学政府和公共行政学教授的英国宪法学者K. C. 惠尔1964年出版的《联邦政府》是一本系统评述联邦制的著作。

在评估联邦制发展的前景时，惠尔发现，有些学者目睹到中央政府不断增加自身权重这一事实之后，得出一个结论，认为联邦政府是向单一制政府过渡的一个阶段。20世纪的两次世界战争和经济大萧条无疑促成了中央政府的权力集中，即使在联邦制国家，也使中央政府与地方政府的权力对比出现变化。惠尔却否认了这一预言，认为"到目前为止，没有一个联邦政府——按我所给的定义——已经成为一个单一制政府"②。

那么，惠尔给联邦政府的定义是什么呢？惠尔说，"我所谓的联邦原则，指的是分权的方法，目的是使中央政府和地方政府各在一个范围内互

---

① [英] 戴雪：《英宪精义》，雷宾南译，中国法制出版社2001年版，第59页。
② [英] 惠尔：《联邦政府》，傅曾仁等译，（台湾）商务印书馆股份有限公司1991年版，第290页。

相协调而又各自独立"①。惠尔认为联邦原则最大的特点是中央政府与地方政府之间权力分配应该是各自平等独立、互相协调的。联邦原则，指的是分权的方法，目的是使中央政府和地方政府各在一个范围内互相协调而又各自独立。② 联邦原则必需的条件是，不仅中央政府应与地方政府同样直接对人民行使权力，而且每个政府都应以其自身范围为限，而在此范围内应是相互独立的。③

反之，任何一个一方压倒另一方的案例都不属于联邦原则。在这里，有两种情况：如果中央政府受制于地方政府，这种组织原则称为"邦联"，譬如1777年美国邦联条例、乌德勒支盟约、早期瑞士宪法；1815—1867年德国宪法、1867—1871年北德意志邦联宪法及1871—1918年的德意志帝国宪法就可以属于此类。另一种情况则是地方政府从属于中央政府，则被称为"权力下放"。譬如北爱尔兰和南非。因此，按照严格的定义，惠尔认为，能够提供联邦政府运作最佳范例的是美国、瑞士、加拿大和澳洲。

按照定义去严格区隔联邦制与单一制之间的分野，是旧制度主义比较惯常的做法。另一位对联邦制颇有造诣的加拿大学者、曾任联邦国家论坛主席的乔治·安德森在《联邦制导论》中为联邦制归纳了如下特征：第一，至少存在两个政府层级，一个适用于全国，而另一个适用于各地区。每一级政府和其公民之间存在直接的选举关系；第二，一部分成文宪法：其中一些部分不能被联邦政府单独修改。普遍影响构成单位的主要（宪法）修正，应如同得到中央政府同意一样得到构成单位的实质性同意；第三，通过宪法来正式分配立法权力（包括财政权力）给两个政府层级以确保各自

---

① [英] 惠尔：《联邦政府》，傅曾仁等译，（台湾）商务印书馆股份有限公司1991年版，第13页。
② 同上。
③ 同上书，第16—17页。

的真正自治。然而，联邦国家之间在界定（国内）两套政府秩序所需的明确权力的方式和程度上大异其趣；第四，通常有一些关于各构成单位在关键性中央机构中的代表性上的特殊的制度安排（特别是在上议院）以提供地方对中央决策的参与，经常是更小的单位获得比它们的人口分量大的比重；第五，一个仲裁人或一种程序（通常涉及法院，但有时也包括公民投票或上议院程序）来管辖政府间的宪法争议；第六，一系列步骤和机制来推进或运作政府之间的关系。[①] 他认为，如果联邦制存在一种本质，那就是：存在宪法建立的两个政府层级，各自享有真正的自治，以及每一层次上的政府都主要对其相应的选民负责。[②] "规范地讲，联邦制需要民主和法治，因为非民主政权通常不允许构成单位的真正自治。"[③]

不过尽管如此，包括惠尔在内的诸多制度主义者也注意到，这种泾渭分明的划分很难完全解释变动着的事实——实际上，就算不看变动着的事实，只是进行静态的划分，联邦制—单一制各自的定义在不同学者眼中也是不尽相同的，尽管美国是联邦政体的最典型范本，但在对联邦制做精准定义时，学者们则存在较多争议。一些学者主张给联邦制下一个较为宽泛包容的定义，包括种种自封的拥有一些内部自治因素的联邦制度，因此现代国际社会20多个国家包括绝大多数大国，约占世界1/2土地和1/3以上的人口可以被列为联邦制；另一些学者则认为如此宽泛的定义无法归纳该制度的典型特征，因此严格地将美国、瑞士、加拿大和澳大利亚列为最佳联邦制，并基于这些国家进行概念定义：作为基本的联邦原则，中央和地方两级政府在法律和政治上都不该隶属于另一方。在这个严格定义之下，可以看到联邦制度中的一些典型特征，包括：两级政府，它们根据宪法所

---

① [加] 乔治·安德森：《联邦制导论》，田飞龙译，中国法制出版社2009年版，第4—5页。

② 同上书，第5页。

③ 同上。

赋予的权利而存在，均由直接选举产生，并通过立法、行政和税收作用于公民；在这两级政府之间存在着立法和行政权力、税收来源的形式分配；成文宪法对这种分配作出规定，其基本条款不得由两级政府中任何一方独自作出单方面修改；一个仲裁机关，通常是最高法院，对这两级政府就各自的宪法权力所发生的争论作出裁决；特定的程序和机构负责协助政府内部行政方面和政治方面的相互作用；一套中央机构，包括两院制立法机关，其目的是使少数民族和集团的利益在中央决策过程中能够得到兼顾。①

法律与实践之间的关系。除了上述对联邦制和单一制界限划分、对联邦制的定义存在诸多争议之外，还有很重要的一点：在为一种制度进行定义的时候，更需要处理文本与实践之间的差异，当下与变动着的历史之间的关系，这就使旧制度主义的概念遭遇许多"瓶颈"。不过，旧制度主义中的有识之士意识到了问题的这些"复杂性"。例如，惠尔就明确指出，联邦原则在宪法和政治实践中运作的程度如何，决定了一部宪法是否能被称为"联邦宪法"，一个政府是否能被称为"联邦政府"，需要注意的是，联邦宪法与联邦政府并不总是相伴相生的。"宪法的法律是一回事；其实行又是另一回事。"② 拥有联邦宪法的未必就是联邦政府，因为可能在实践运作中会偏离宪法的"冠冕堂皇"。那么进一步推论就是，没有联邦宪法的政府未必就不具备联邦要素，正如安德森所观察到的那样，有些国家，比如西班牙和南非，尽管他们在实际运作中符合联邦制特征，但这些国家中的人们却抵制这个术语，因为这会与破坏国家统一或维持种族隔离政体相联系。印度尼西亚也是如此，由于它在独立前反对荷兰强加给它联邦制，因此今天

---

① ［英］戴维·米勒、韦农·波格丹诺：《布莱克维尔政治学百科全书》，邓正来译，中国政法大学出版社2002年版，第270页。

② ［英］惠尔：《联邦政府》，傅曾仁等译，（台湾）商务印书馆股份有限公司1991年版，第25页。

虽然在实践中它已经联邦化了,但它仍对这个名称心怀排斥。①

以加拿大为例。惠尔认为加拿大宪法是一部"准联邦宪法",1867年英属北美法案及其之后若干修正案是这样划分加拿大的省和自治领立法机关的权限的:各省对列举出来的一系列事项的立法有完全的控制权,自治领则对其余事项有完全控制权。自治领和各省立法机关的人员构成各不相同;两者均无权改变宪法的规定,这项权力只属于联合王国议会。如若自治领或省的法律超越宪法分配给其的范围,法庭可宣布该法律为无效。这些规定看起来都完全吻合联邦原则,但是有一条规定却使联邦原则大打折扣,那就是:自治领行政首脑有权否定省立法机关通过的任何法案,不论其是否属于完全分配给各省立法范围以内的事项。此外,自治领行政首脑任命省的副总督,即省政府的正式首脑。他可以指示副总督暂不批准省的议案,将其留待自治领行政首脑考虑,如他认为适当,也可拒绝批准这些保留议案。最后,省内所有重要司法职位的任命均操诸自治领行政首脑之手。可以看出,这些规定在加拿大的联邦式宪法中是毫无疑问的单一制成分,因为在这些规定中,地方政府并不与中央政府协调,而是服从于后者。

基于这种混合规定,惠尔将加拿大宪法列为"准联邦宪法",毕竟,联邦原则还是在宪法中居于支配地位的。不过惠尔也坦言,如果只是从刻板的法律条文来看,"很难知道究竟称为具有许多单一制成分的联邦式宪法,还是具有许多联邦制成分的单一式宪法"②。但是如果不拘泥和局限在法律条文上,看实践运作就会发现,加拿大自治领的行政首脑在使用否决权时总是持审慎态度,不会滥用,只是偶尔才使用。因此,尽管宪法的规定有

---

① [加]乔治·安德森:《联邦制导论》,田飞龙译,中国法制出版社2009年版,第6页。

② [英]惠尔:《联邦政府》,傅曾仁等译,(台湾)商务印书馆股份有限公司1991年版,第25页。

很大的单一制因素,但是从实践中看,"直到目前,这些可能使加拿大成为单一制国家的法定权力在实践中一直是从属于联邦原则的"①。因此,惠尔认为,加拿大虽不具备一部联邦式的宪法,但却有一个联邦政府。

区别"联邦宪法"和"联邦政府",亦即区别法律条文与政治实践,这个区别具有突破"唯名论"的重大意义。"一个国家可能具有一部联邦宪法,但在实行中,它在运用宪法时也可使它的政府不成其为联邦政府。或者,一个具有非联邦式宪法的国家,在运作中也可使其提供一个联邦政府的例子。"② 在法律和实践双重意义下考察,惠尔将美国、瑞士、澳洲视为兼具联邦宪法和联邦政府的例子;而加拿大是联邦政府和准联邦宪法的实例;若干拉丁美洲国家则是只有联邦宪法却没有联邦政府的案例:1891年的巴西宪法体现了联邦原则,但诸多联邦制成分却被一条宪法条款破坏,那就是它的修改程序:只要中央立法机关两院均以2/3多数连续两年通过即可修改宪法,这就为中央机关摆布地方机关留下了相当大的余地;1853年阿根廷宪法是一部联邦宪法,但中央政府干涉地方事务的情况司空见惯,因此顶多将其列为分权政府而不是联邦政府;1857年通过1917年修改的墨西哥宪法也可以说是联邦宪法,它以美国宪法为蓝本,但是,惠尔认为,墨西哥只是理论上的联邦制,实际上的中央集权制。委内瑞拉也一样。总而言之,"在实践中,这些南美共和国就是在不同的时期之间摇摆不定的。在强有力的行政首脑领导下,它处于中央集权时期;当中央政府被撇在一边时,它就处于地方独立时期。联邦体制并没有在拉丁美洲诸共和国中找到得以坚固的必要条件"③。

---

① [英]惠尔:《联邦政府》,傅曾仁等译,(台湾)商务印书馆股份有限公司1991年版,第25页。
② 同上书,第26页。
③ 同上书,第28页。

当下与历史之间的关系。除了法律与实践之间的差异，另一个重大的变量便是"时间"，即应当意识到制度并非一成不变的，是随着时间演变而进行制度演化的。惠尔意识到联邦制与单一制之间转换的可能性，他指出："战争和经济危机如果经常发生，几乎肯定会令联邦政府转变为单一政府，我也提出，社会服务的增长可能会导致同一后果，不过也不尽然。但这并未是问题的全部，因为上述前景仅根据一种趋向——中央政府以有损于地方政府的方式得到增强——作出考虑。至少有另一种趋向必须加以注意。增强力量的并不仅是中央政府。地方政府也有所扩大，在所有的联邦国家中，地方政府现在履行的职责，在联邦政府成立时，它们要么根本不曾履行，要么履行的程度远远低于现在。"① 同样，在单一制国家中，就如安德森所说，也出现了地方政府不断扩张力量的趋势，这虽不被称为联邦化，却有一个专有的名称，叫作"权力下放"。

安德森认为，单一制政府的最大特点是，地方政府的来源同联邦制不同，后者地方政府来自当地居民的授权，而前者则是来自中央政府的法律创制。不过，即使如此，不可否认的是，单一制政府也可以包含带有独立性的政府和实质性责任的构成单位（通常称为省或地区），但这些政府的所有权力都来源于中央政府或其立法，后者在原则上可以收回权力。很多政治学者与安德森一样，都是在这一点上将联邦制与单一制泾渭分明地划分开来的。不过，安德森富有洞见地提出一个观点："然而，在许多情况下很难想象这样的政治逆转，所以一些单一制国家就有着与联邦制国家很强的相似性。事实上，一些单一制国家比某些联邦制国家转移了更多的实质性权力给构成单位。所以，联邦制国家通常但并不总是比单一制国家更具有

---

① [英]惠尔：《联邦政府》，傅曾仁等译，（台湾）商务印书馆股份有限公司1991年版，第293页。

分权特征。"① 安德森举了哥伦比亚、意大利、日本和法国、秘鲁的例子来证明单一制国家也可能有非常强势的地区政府，这些分权实践模糊了单一制和联邦制的界限。

需要注意的是，联邦制度，同其他任何政治制度一样，是随着时间发生演变的。且不说修宪这种正式法律规则的改变，即使宪法高度稳定，也会由于一些社会经济变化——诸如新构成单位的创设、城市化、主要的人口统计和经济性变化、新技术、主要的全球和国内政治发展以及民主经验这类因素——带来意想不到的变化。有趣的是，有些预期会越发分权的联邦国家慢慢变得集权，而有些本来要走向集权的国家却向相反的方向演化，比如加拿大。"大量的长久巩固的联邦制国家，例如美国和澳大利亚，已经由于现代交流方式、协调政策的驱动力以及全球化的压力而变得更加中央集权，而其他一些联邦制国家，例如加拿大、印度和瑞士，仍然保持着或变得更加分权。"②

通过对战后加拿大和澳洲的观察，惠尔发现，中央政府不断取得财政上的优势，地方政府开始大量接受中央政府财政援助。通过对财政权不断上移这一点的观察，惠尔指出，"这种地方管辖和中央财政的结合，已经发展成为一种合作体制"③。他进一步指出，联邦制度的演化前景应该是一种"混合制"，即财政上的集中和事务管辖的分权的统一。

联邦政府的前景很可能是多元管辖与某种程度的财政统一相结合。各地方将牢牢掌握住它们有独立权力的各领域，掌握住它们能进行立

---

① ［加］乔治·安德森：《联邦制导论》，田飞龙译，中国法制出版社2009年版，第7—8页。
② 同上书，第124—125页。
③ ［英］惠尔：《联邦政府》，傅曾仁等译，（台湾）商务印书馆股份有限公司1991年版，第296页。

法和行政控制的各项事务，但作为交换，它们必须接受中央政府一定程度的财政资助和随之而来的程度大小不同的控制。[①]

安德森同样也意识到，超过世界人口40%的28个国家虽然都自称或者被认为是"联邦制"，但是上面列出的标准并不被每一个国家所完全吻合。在这些被冠以"联邦制"的国家中，有一些是高度中央集权的，联邦化程度微弱；其他一些有着独特的单一制特征，有时会允许中央政府践踏构成单位的自治。这些国家到底是不是联邦制，没有一个明确的答案。他退了一步讲，也许在实践中判断是否联邦制要看这个国家是否以联邦的方式规范地运作。什么是联邦的方式？就是在两个层级上（中央、地方）同时存在一些真实的、以宪法为基础的自治。要看一项制度是如何运作的，而不应该用简化的理论来框定某一个政治体。他同时呼吁研究应当细化，从宏观制度下寻找更细节的规则来更准确地理解一国政治运作。"不再存在设计或理解联邦制度的简易公式……复杂社会的政治不允许在制度设计上采用简单化的'食谱'方法。我们已经看到类似的制度在不同的政治或社会语境中可以运作得非常不同。同样的联邦制安排如果嫁接到一个更加同质化的社会和一个更加多样化的社会，其结果是差别极大的。同时，作怪的魔鬼通常藏在细节里，故我们必须超越主要的制度性安排——构成单位的数目、权力分配、执行权和立法权的结构——理解更多细节性的规则和惯例，它们可能已经成熟并塑造了实际的制度功能。"[②]

关于单一制与联邦制（联邦主义）的关系，中国学者杨光斌教授的看法是：第一，国家结构形式这个概念本身就有问题，除非是政治学和宪法

[①] [英]惠尔：《联邦政府》，傅曾仁等译，（台湾）商务印书馆股份有限公司1991年版，第295页。

[②] [加]乔治·安德森：《联邦制导论》，田飞龙译，中国法制出版社2009年版，第127—128页。

专业的学生,一般人并不知道国家结构形式为何物,而且在意大利宪法中,国家结构形式是指横向的权力结构关系,而非英国式的中央—地方关系。第二,中国学术界流行的单一制是一种普遍现象,联邦制是一种例外,反映的只是现代国家形成时的历史,即现代国家形成需要从传统的分散的权力向中央权力集中;但是,在国家建设时期,以分权和治权共享为标志的联邦主义则是一种普遍现象,20 世纪 70 年代以后出现了一个世界范围内的联邦主义化运动。第三,更重要的是,国家结构形式下的单一制与联邦制区分是专门描述的政治关系和法律关系;而事实上,现代国家的政治—经济过程则表明,政治单一制国家则可能出现经济联邦主义,政治联邦制国家也可能出现更加强大的国家权力和联邦政府权力。因此,单一制和联邦制的二分并不能有效地解释已经变化了的世界,更不能解释中国政治。[1]

第三节 旧制度主义政体理论的贡献与问题

从古典政治学到 19 世纪末 20 世纪初政治科学诞生后的旧制度主义,政体研究的一个重大转移,便是从"谁统治"这个命题转向"如何统治"。需要注意的是,西方政治学研究总与其历史发展的语境息息相关,必须结合着来看。此时旧制度主义探讨的种种政体划分都与"谁统治"无涉,这是因为:经过欧洲几个世纪的革命年代,政治权力从君主扩散到贵族精英,又在 19 世纪中叶后在大众政治,尤其是轰轰烈烈的工人运动推动下逐渐扩散到底层民众——"民主"逐渐成为一个普遍追求的价值——然而,此时主要西方资本主义国家的普选权还没有完全落实,以白芝浩、梅因为代表

---

[1] 杨光斌:《国家结构理论的解释力与适用性问题》,《教学与研究》2007 年第 7 期。

的政治学家依旧拒斥民主,西方思想家和政治家还没有做好接受民主政体的准备,大众力量还不足以成为统治者。就这样,"谁统治"这个问题暂时搁置起来,对政治组织形式的探讨便成为旧制度主义的关注对象。

首先,旧制度主义时期以"如何统治"为核心的政体理论事实上在强化着"谁统治",以"效率"来提升"权威",用今天的话说就是以"绩效"来巩固合法性,这是政体理论谱系上的重大突破。以白芝浩的《英国宪法》为例,他将政治统治分为"权威"和"效率"两个部分:"每部宪法都有两个必须达成的目标:先获得权威,然后运用权威。它必须先赢得人们的忠心和信心,然后在政治操作中利用这种崇敬之心。……政制中富于尊严的部分给予政府力量——使它获得了动力。政制中富于效率的那部分只是使用了这种力量。政府中体面的部分是必需的,因为其主要力量就建立在这部分的基础之上。就做某件确定的事情而言,它们不一定比一个更简单的政体做得更好;但是它们却是所有工作赖以完成的必要前提。它们养兵,尽管它们不一定打胜仗。"①

白芝浩继续阐述道,如果政府只考虑对自己有益的因素,那么仅仅有"效率的部分"就够了,而不需要其他"显眼的附属物",但是,我们的世界的组织方式远远不是这样。"朦胧的光荣梦想""超现实的理念"更容易引起人们的敬畏。"最容易引起人们敬意的因素是那些'理论'因素——那些能够取悦于人们的感官,且声称构成人类最伟大理想的象征因素;那些在有些情形下鼓吹一些远远超越人类经验的东西的因素。"②

那么,什么样的事物才最能够引起人们的尊敬呢?"在同等条件下,昨天的制度远远是最适合于今天的——它们最现成、最有影响、最易于受到人们的遵从、最可能获得人们的尊敬……人类最堂皇的制度是那些最古老

---

① [英]沃尔特·白芝浩:《英国宪法》,夏彦才译,商务印书馆2010年版,第56—57页。
② 同上书,第59页。

的制度。"① 因此，英国宪法的典型优点在于它融合了尊严和效率。它的富于尊严的部分是古老的，它的富于效率的部分则是现代的。女王不过是处于宪法中富于尊严部分的首位，首相则处于其富于效率部分的首位。俗话说，国王是"荣誉的源泉"，而财政是商务之源泉。"它的本质因其拥有现代式的简单性所带来的力量而显得孔武有力；它的外观则因拥有一个更堂皇的时代所显示的哥特式的庄严性而显得富丽堂皇。它的简单本质可以在不拘细节的条件下被移植到许多不同的国家。"②

具有保守主义倾向的白芝浩在他所处的民主化浪潮年代对于民主是心存警惕的。他明确提出对精英政治的推重和对民主政治的反对——"我极其害怕新选民中的那个无知的大多数"③。在他眼中，英国政治中古老的君主传统是保持这个国家秩序与权威的源泉。英国政体可以被称为君主立宪制，亦可被称为议会内阁制，前者标明了它的权威，后者标明了它的效率。而君主议会制和议会共和制的区别，则在于权威来源不同，但行使效率的部分都是相同的。事实上，并没有人将议会制与民主制紧紧绑定在一起，议会制是"如何统治"的部分，它可以与君主制联姻，也可以与共和制携手。

在英国，女王不过是富于尊严部分的首位，首相则处于其富于效率部分的首位。也就是说，英国是顶着君主制的门面实际却运作着议会政体，而白芝浩也明确表示，议会制是本质，君主只是表面，而本质是可以移植到其他国家的，所以我们看到还有议会共和制。进一步讲，"谁统治"其实是合法性论证和意识形态，"如何统治"才是每天政治生活切切实实的东西，可以在不同的名号下进行相同的政治运作，英国就是这样，顶着君主

---

① ［英］沃尔特·白芝浩：《英国宪法》，夏彦才译，商务印书馆2010年版，第60—61页。
② 同上书，第61页。
③ 同上书，第22页。

制的头衔已经经历了从贵族制到民主制的转变。既满足了尊严，又保证了效率，这就是英国式的务实和中庸！

需要注意的是，英国学者白芝浩很清醒地意识到，一国需要从自己的政治体制和历史文化中寻找权威的来源。效率的部分是可以借鉴他国政治体制的；而权威则根深蒂固地埋藏在自己的政治土壤里。当英国人将君主制与议会制做了一个巧妙的嫁接时，并没有因此而挨到"不民主"的批评。白芝浩所谓的权威与尊严与韦伯的"合法性"概念类似。一国需要处理合法性以获得政治认同，同时也需要一个有效率的政治组织形式。后发国家则没有英国那么幸运了，它们需要同时处理合法性与效率的问题，而合法性则被后来的西方政治科学清一色地改写成了一个版本，那就是西方式一揽子的民主、自由和宪政。

由此观之，白芝浩既讨论了作为"谁统治"的"尊荣"部分，又重点提出作为"如何统治"的"效率"部分即议会内阁制，事实上涉及的是政治过程。因此，过去一贯认为旧制度主义政治学是静态的结构的，似乎有些不公平。如果这些"翻案"的论据还不够的话，再看看"联邦制"（联邦主义）概念产生的时代背景，就知道了。如前所述，"联邦制"概念兴起和流行，是因为第一次世界大战前后英帝国和其殖民地的关系出现了前所未有的变化，"怎么办"就是这一时期英国政治学的当务之急。事实上，他们确实与时俱进地提出了应对之道并成为后来政治学的基础性理论。能够纾解时局之困的理论怎么能说是"静态"的呢？所以，关于旧制度主义政治学的流行性看法，是否具有以讹传讹的色彩？

其次，旧制度主义的政体理论为政治科学贡献了一些基本概念和研究框架。在此基础上，人们对政治体的分类和比较都有了明晰的标准。直到今天，探讨一国行政机构与立法机构的关系时人们还常常用到"总统制—议会制"的划分，而"联邦制—单一制"则是解释一国纵向结构的最流行分类法。这些已经是政治学的常识了，不需要再过多着墨。值得深入探讨的是概念的知识论意义。

我们知道,"议会主权"事实上在"光荣革命"前后就由洛克的《政府论》提出来了,但这还是"谁统治"意义上的政体理论。在"光荣革命"以后的一百多年里,"谁统治"并不是一个明确的概念,一直存在王权与议会的权力斗争,议会权力的最终确立或国王成为象征性的"尊荣"部分,直到19世纪初期才得到较好的解决。这样,在理论上的"议会主权"存在两个世纪之久、事实上的议会制政权运行半个世纪以后,终于有了政治学理论上的"议会制"概念,这是政治学学科上的重大进展,是认识政治学即知识论意义上的政治学的一次飞跃。学者对于长期存在的政治实践或经验进行观念上的知识抽象,总是知识的重要来源和重大创新,尽管"知识"和"经验"并不总是那么一一对应,或者说"知识"并不能总是很准确地反映故事的真相。

而且,无论是"议会制—总统制"的划分还是"单一制—联邦制"的区别,都是在比较政治意义上提出的政府形式理论,即与其同种同文的美国的比较,把美国的政府形式称为"总统制"——尽管不那么准确。正如戴雪所说,英国的议会主权包括君主、贵族院和众民院三者;必须三者共同操作,议会才能构成。① 同理,美国的复合制政体既包括总统、国会和法院之间的关系,又包括联邦政府与州政府的关系,怎么是一个"总统制"所能概括的?所以威尔逊才不称美国的政体为"总统制"。虽然"议会制—总统制"不是好的政体理论,但是自19世纪中后期以来,政体中的"行政部分"的作用越来越大,越来越突出,以至于局外人已经看不到政体中的其他部分的作用,或者有意无意地忽视了其他部分的作用,以高度简化了的概念代替更为复杂的政体的概念,其作用是强化对贴上标签的国家的标签性认识。这恰恰是知识演进的一般轨迹。在这个意义上,我们应该感谢

---

① [英]戴雪:《英宪精义》,雷宾南译,中国法制出版社2001年版,第3页。

和理解而不是指责先贤的"简单化"。没人能做到或做好观念性概念与历史真实的一一对应,观念都是历史故事的"简单化"抽象。

旧制度主义的政体理论的贡献是具有分水岭性质的,但还是需要我们后来人在知识论意义上"挑剔"(而非指责)其局限性,主要体现在政体的二分法上。我们知道,议会制—总统制的二分法来自比较研究,但或许因为作为学科的政治学在19世纪中期即白芝浩时代还只是英语下的"专利",比较的对象主要是英国和美国。到了戴雪时代即20世纪前后,比较的对象扩展到法国以及其他欧陆国家,比如法国大革命后复杂的议会与行政关系、德国的皇帝制度,因此戴雪才提出议会制—总统制之外的半议会制。另外,到第一次世界大战前后,对英国式代议制民主的崇拜和挑战的制度都先后出现,比如俄国的苏维埃制度的出现和德国魏玛共和国的失败,这些新兴的政体恰恰应该是比较政治研究应该关注的焦点。是故,卡尔·施密特对代议制民主的批判很重要,但关于苏维埃制度的学说都是革命性的而非学科性的,而且英语国家的政治学也很难将挑战其制度的苏维埃制度作为一种政体类型加以学科化比较。这样,除了"议会制—总统制"概念本身的问题外,这种流行的二分法只是英语国家的知识抽象,这不能不说是知识论上的重大缺憾——虽然我们十分理解当时的学科状况就是如此,即视域的局限性、研究对象的有限性以及落后学科状况下本族中心主义的自然性。

旧制度主义政体论的其他一些问题,如法条主义的、结构主义的,都是老生常谈了。事实上,如前,简单地把旧制度主义看作静态的结构主义,并不能概括这一时期所有重要理论的特征。关于法条主义特征,要知道,这一时期的学科分殊并不彻底,比如政治学与历史、政治学与法学之间的彼此嵌入式关系。需要指出的是,如果不是戴雪这样的法学家,就没有"单一制—联邦制"这样的基础性概念,作为法学家他们自然会从法律的角度、事实上中央—地方关系的一个焦点也是"法定权力"(a definite power)

问题。

最后，作为"如何统治"的政体的二分法即"议会制—总统制""单一制—联邦制"是在"谁统治"已经解决的前提下的理论贡献，这是"光荣革命"后和美国独立后的乐观主义情绪的写照，虽然其中不乏保守传统和忧患意识。但是，就是在两次世界大战之间，"谁统治"这个问题再次浮出水面并对英国式代议制民主构成重大挑战，先后出现了俄国苏维埃制度和德—意—日法西斯主义政权。第二次世界大战本身以及"二战"以后的国际大势，更是对英美式政权的重大甚至是根本性挑战。就这样，政体理论上的"如何统治"的二分法再次让位于或回归到"谁统治"的二分法——"民主—非民主""自由民主—威权主义"。政体理论不但意识形态化，还具有对—错对立、黑—白对立的宗教化。这是下一章所要论述的。

第四章

行为主义政体观

如果说"确定的"资本主义政治制度下的政体理论成果主要是作为政府形式的议会制—总统制,那么资本主义制度的危机以及由此而出现的挑战资本主义制度的社会主义制度的新的世界政治格局,即资本主义制度与社会主义制度对立的世界政治,将会对政体理论产生更为深远的影响。我们知道,"二战"以后,"民主"才真正成为各个阵营的合法性依据和道德目标,"民主"的命运从此改变,以前称"民主"为"乌合之众"政治的西方源远流长的思想家们开始改变调门,而以"民主"为使命而革命的国家更是此起彼伏。为此,各个阵营的学者和思想家都开始把自己说成是"民主的",将对方说成是"非民主的"。就这样,影响深远的"民主—非民主"二元对立的政体观应运而生,它至今还牢牢地约束着很多人的思想和观念。

要知道"民主—非民主"二元政体观产生于特定的历史语境,而在特定历史语境中社会科学的二元对立化的思维方式,更是强化着政体的敌对性区隔。为此,为了更好地理解至今仍在流行的二元对立的政体观,本章将首先梳理行为主义政治学的历史语境、社会科学二分法,然后看看我们所熟悉的民主理论家们是如何对政体进行二分法界定的。行为主义政治学的一个最大特征是其号称的"科学化"。为此,本章还将考察行为主义政治学家们如何在"科学范式"的努力中试图将自己国家的政体普世化,这就是我们所熟悉的行为主义政治学最高成就的范式,即"结构—功能主义",

其实背后是一种普世化的政体观。

◇ 第一节　行为主义"政治科学"的世界观与方法论特征：在科学与意识形态之间

笔者认为，到目前为止，国内政治学界关于行为主义政治学的性质的认识大致有三个层次：第一个层次就是认为行为主义政治学的基本特征是所谓的"价值中立"、科学方法、学科交叉，停留在"科学性"那里；[1] 第二个层次是认识到行为主义政治学中科学与价值之间的张力，但是没有深入讨论，只是点到为止；[2] 第三个层次是明确论证了行为主义政治科学包裹下的意识形态的时代背景，但是没有认识到作为行为主义政治学代表性成就的研究路径即理性选择主义、结构—功能主义等"范式"本身就是意识形态。[3] 这样，后行为主义政治学以及当今的国内外学者虽然承认了"价值"的重要性，但"价值"都被掩藏在以数据为基础的科学化努力中，以至于，当今天西方的社会科学工作者研究非西方国家比如中国时，他们都已经有了一个前提性的"历史的终结"的假设，即非西方国家的故事是否符合既有的模式、理论，符合者则被认为是朝着正确方向，否则就是错误方向。因此，严格地说，"祛价值"依然是很多西方学人自觉或不自觉的学术追求。事实上，西方的价值很多都被包装在科学主义方法、科学化的范式之中。而要理解这一点，就必须回到当时的历史，回到当时的社会科学家们的具有宗教情怀的使命感（mission）。

---

[1] 叶娟丽：《行为主义政治学方法论研究》，武汉大学出版社 2005 年版。
[2] 何俊志：《结构、历史与行为——历史制度主义对政治科学的重构》，复旦大学出版社 2004 年版。
[3] 张飞岸：《作为意识形态的美国政治学》，《政治学研究》2010 年第 5 期。

一　西方国家的新挑战与政治学的新语境："两极"世界格局下的二分法社会科学

一般认为，行为主义政治学起源于美国国内政治因素，即以研究国家、政府为主的旧制度主义政治学对"大危机"束手无策时，被迫转向政府之外的力量即个人与社会的研究，以研究美国利益集团政治为主旨的戴维·杜鲁门的《政府过程》标志着行为主义政治学的正式诞生。[①] 其实，这只是行为主义政治学所谓的科学性的一面，即以学科交叉、个体分析、数据处理为方法的关于政府之外的政治行为的研究。但是，行为主义政治学的意识形态一面来自何方？这就要求我们不得不回到历史，回到当代西方社会科学的起点。

让我们作这样的假设：你是身处于这样一个大转型的宏大历史场景中的西方学者。你所面临的时代环境波诡云谲：

第一，放任自由主义经济带来经济大危机，并导致祸害人类的法西斯主义政权。

第二，挑战资本主义制度的世界上第一个社会主义国家苏联在很短的时间内成为一个工业强国，并与资本主义国家联手战胜了法西斯政权。

第三，"二战"后，西方国家的政治平等主义因为女性和黑人在战争中的作用而达到新的高潮，经济上普遍流行战争遗产即计划和国家干预，一改"二战"前的放任经济。

第四，世界上人口最多的国家中国成为社会主义国家，社会主义阵营形成，原来的殖民地纷纷独立，社会主义制度或人民民主制度成为世界范

[①] 参见［美］戴维·杜鲁门《政府过程：政治利益与公共舆论》，天津人民出版社2005年版。

围内的替代性制度。

那么,你在观念上会是一个什么主义者:

a. 卡尔·波兰尼式的社会主义者?

b. 哈耶克式的坚定的自由主义者?

c. 信念上是资本主义的拥护者但客观上承认社会主义时代的来临?

虽然不是统计意义上的分析,可以客观地判断,学术界中 a 和 c 类居多,熊彼特就是 c 类中的代表者。原因很简单,大多数学者和政治家的观念都是时代的产物,或者反映了时代精神。

在"二战"如火如荼进行的时候,熊彼特已经大胆预言,资本主义制度不能存在下去了,因为其内部结构中存在固有的"创造性破坏"[1]。那么,"社会主义能行得通吗?当然行得通。"[2] 到了 1949 年,熊彼特更是大胆放言,世界将"大步进入社会主义"——虽然美国人十分不喜欢这个词,时常用另外一个词如"自由主义"来代替它,[3] 并将这个题目置于《资本主义、社会主义与民主》第三版的首篇。

熊彼特相信资本主义制度趋向于毁灭其本身,中央集权的社会主义则可能是其继承人。[4] 熊彼特的社会主义概念是:"不是由私人占有和经营企业,而是由国家当局控制生产资料、决定怎样生产、生产什么以及谁该得到什么的那种社会组织。因此,说大步进入社会主义,我们所指的就是把人民经济事务由私人领域转移到公有领域。"[5] 显然,这已经不是想象,而是事实陈述,即不但苏联有了多年的这样的制度,而且这种制度正在欧洲蔓延,新兴国家如中华人民共和国和印度都是这样的

---

[1] 熊彼特:《资本主义、社会主义与民主》,吴良健译,商务印书馆 2000 年版,第 119、147 页。

[2] 同上书,第 257 页。

[3] 同上书,第 28 页。

[4] 同上。

[5] 同上书,第 25 页。

制度。

看来，社会主义确实已经大步到来。为什么作为一种价值体系和一种文明方式的资本主义正在迅速逝去呢？① 在熊彼特看来：

> 第一，实业阶级发展国家生产力的这个成就，以及这个成就为一切阶级创造新的生活标准这个事实，却自相矛盾地破坏了实业阶级的社会地位和政治地位，它的经济职能虽然没有陈腐得难以使用，却趋向于被废弃之中，并变得日益官僚主义化；第二，资本主义活动本质上是"理性的"，但它趋向于传播理性的心理习惯，趋向于破坏上下级之间的那种忠诚和习惯，而这些仍然是生产工厂制度化了的领导权有效运转所必不可少的：完全以（法律上）平等的缔约各方间签订的自由契约为基础的任何社会制度，是不可能行得通的；第三，实业阶级集中于工厂和办公室的工作，这种情况有助于造成一种政治体系和一个知识分子阶级，知识分子阶级的结构和利益的产生独立于大型企业利益的态度，最后形成对这种利益抱敌视的态度。因而大型企业越来越没有能力抵御攻击保护自己，从短期看来，这种情况对别的阶级十分有利；第四，由于所有这一切的缘故，资本主义社会的价值体系，虽然是由于它经济上的成功建立的，但在公众心目中，而且对各色资本家本身，正在失去它的吸引力。②

因此，熊彼特不但描述了人类"大步进入社会主义"的现状，还深刻地分析了来自理性解放的资本主义价值体系、最终因为不停滞的理性解放

---

① 熊彼特：《资本主义、社会主义与民主》，吴良健译，商务印书馆2000年版，第31页。
② 同上书，第28—29页。

而解构着资本主义的内部结构。可见,熊彼特的分析事实上代表着一种信仰危机,即对资本主义价值体系的信仰危机——事实上,这种信仰危机即西方知识界"左倾"化在"二次"大战之间已经开始了。

另外,"二战"后社会主义阵营的诞生以及民族解放运动诞生的新兴国家,"社会主义"和"民主"已经成为一个普遍性追求。在这种历史背景下,敌对双方都展开了民主话语的抢夺。不仅如此,由对于民主理论的争论演变为国家建设之争。中国革命胜利以及后来新兴民族国家的解放运动是民主理论和民主实践中的一个分水岭,即民主理论转化成为建设民主制国家问题,新兴国家都标榜自己是民主共和国或民主政体,虽然其实际的民主化程度可能名不副实。① 这样,民主与国家建设成为密不可分的概念,民主自然就成为一个普遍性追求。

在这种背景下,捍卫资本主义价值体系和资本主义制度就成为当务之急。怎么办?意识形态的工具性功能就有了用武之地。要保住西方的传统地盘、抵御来自社会主义国家的压力,美国就必须放弃多年来一直奉行的孤立主义传统,转而实行国际主义的对外政策。机会来了。战后英国没有能力再向传统盟友希腊和土耳其提供经济援助,为此这两个国家有可能落入苏联的势力范围。要让国会同意美国接过英国的接力棒,就必须让国会议员们感到迫切的威胁。于是就有了标志着冷战诞生的杜鲁门的著名演讲。有学者这样评价意识形态与冷战的关系:"杜鲁门主义显然夸大了美国面临的威胁,把与苏联的冲突宗教化,因此改变了冷战的性质,但却有利于动员国会和民众对其政策大转变的支持。应该说,当战后美国历届总统谈论共产主义的威胁时,事实上他们不但把挑战共产主义当作美国外交政策的一个目标,同时也通过夸大共产主义的威胁而动员对其外交政策的

---

① "民主",见《布莱克维尔政治思想百科全书》,中国政法大学出版社 2011 年版,第 132 页。

支持。"①

既然美国的政治环境即国际冲突有了宗教色彩和意识形态性质，反过来也必然会影响着国内政治和经济—文化生活。事实上，在经济上，美国著名的"军工利益复合体"就是冷战的产物。那么，作为文化的学术和思想活动呢？也必然围绕冷战这个主线展开，必然带有浓厚的意识形态色彩。

20世纪70年代以前的西方社会科学普遍地把韦伯视为现代社会科学的知识源泉，韦伯政治社会学中的一个重要特点就是方法论上的二元化分类，即著名的工具理性与价值理性（即事实与价值）。② 这种方法论上的二元概念也处处体现在韦伯的政治社会学中，如传统与现代、东方与西方。③ 彻底确立韦伯在美国社会学乃至整个社会科学统领地位的则是哈佛大学社会学教授帕森斯。在其1937年出版的奠定结构主义基础的《社会行动的结构》中，帕森斯系统论证了是马克斯·韦伯和涂尔干而不是卡尔·马克思为当代西方社会科学的起源，④ 这显然是不符合知识论常识的意识形态化的社会科学建构。1951年，帕森斯进一步提出了"行动的一般性理论"，他确信社会可以通过一系列对立的二分体模式变量来理解。这些模式变量包括：先赋性质/成就表现；情感/非情感；集体取向/自我取向；特殊主义/普遍主义；扩散性/专门性。随着变量模式用法的演变，位于二分结构两端的项目被认为是系统相关的。情感、集体取向和特殊主义在内部逻辑上被认为是相互关联并且相互制约的；人类导向也就成了集体义务导向并同时关注特

---

① 杨光斌：《意识形态与冷战的起源》，《教学与研究》2000年第3期。
② [德]韦伯：《社会科学方法论》，李秋零、田薇译，中国人民大学出版社1999年版。
③ [德]韦伯：《新教伦理与资本主义精神》，闫克文译，上海人民出版社2012年版。
④ [美]帕森斯：《社会行动的结构》，张明德等译，译林出版社2003年版。

别的人和客体而不是一般原则等。① 非感情，自我取向，普遍主义也同样被认为是相互联系的。模式变量的二分结构为人们理解历史演进提供了一个框架："增长"和"发展"的进程意味着从二分结构的一端发展到了另外一端。这个框架的意识形态模式强制社会向一个必然的未来前进。历史发展只有两条可能的道路：一条是康庄大道，而另一条是死胡同。没有人能够驾驭历史进程。帕森斯及其同事认为这个理论非常完善，因为它解释了所有可能的行为组合，所以他们很有信心："我们认为只存在五种基本的模式变量，他们是理论推演所能得到的全部变量，在此意义上，这些变量构成了一个完整的体系。"②

帕森斯和希尔斯还打算创造一个更简洁的统一性理论。帕森斯于1954年对哈佛大学行为主义学术委员会上说："学术活动的一个长期计划目标的实现——形成一个统领行为主义科学所有领域的统一理论——已指日可待。"③ 因为系统的各个元素是系统相关的，所以这个系统不会被部分瓦解而只能被整体地抛弃。社会行动者过去曾经可以从变量的对立面提取元素，然后进行混合和搭配从而创造出新的混合体。但是现在这个系统却并没有为社会行动者提供这种可能性。不存在混合状态。如果社会行动者或者机构将一些特征混合，结果将是向业已决定了的未来"变迁"或者是失败。实际上韦伯已经为这一理论框架奠定了基础，他推测了一个宿命的消极的东方，而这也恰恰隐藏在帕森斯式的现代化理论背后。

韦伯的二分法理论将文明分成了泾渭分明的两类：在一类文明中，人类是上帝的工具；在另一类文明中，人类是上帝的一部分。这其中一种是

---

① Talcott Parsons and Edward Shils, *Toward a General Theory of Action*, Cambridge: Harvard University Press, 1951, p. 77.
② Ibid..
③ Faculty Committee, *The Behavioral Sciences at Harvard*, Cambridge: Harvard University, June 1954, p. 114.

伦理性宗教，导向现世的禁欲主义并伴随着重塑世界的紧迫性；另一种是模范性宗教，导向来世的禁欲主义，避免行动并接受现存的秩序，即宿命论。

这就是冷战初期两极对立的世界政治现实，在社会科学上则体现为"没有中间地带"的二分法和同样的二元对立。这种非白即黑二分显然不符合现实世界，组成现代性的各种类别不是按照帕森斯和韦伯所想是系统的或有机相关的。为此，历来不乏对事实—价值二分法的有力评判者。在实用主义哲学大师杜威看来，科学的事实判断并非与价值无关，而伦理性的价值判断也包含着事实因素；科学与伦理学、事实与价值实际上是统一的。但是，在冷战的环境下，杜威等人的这些真知灼见也只能存在于纯粹的学术中，政治上没有容身之地。只有理解了这一时期的政治现实和统领性的学术范式，才能更好地理解行为主义政治学科学化努力，尤其是行为主义政治学关于政体的意识形态本质。

二 西方政治学的新方向：行为主义的"一般理论"与"范式"追求

本文不再交代行为主义政治学的一般特征，比如所谓的个体主义方法论基础、统计方法、学科交叉以及"祛价值化"。其实，这些特征的最终目的是建立一个帕森斯说的"关于行动的一般理论"以解释所有的政治现象，而"一般理论"的最高形式就是所谓的学科范式。

首先，有必要简单回顾一下"范式"概念，尽管国内学术界都在不同层面、不同意义上，甚至在不明就里的情况下使用"范式"。1962年出版的《科学革命的结构》使库恩的"范式"（paradigm）概念大为流行。库恩在该部著作中颠覆了人们传统的科学观念。传统认为，"科学的内容是唯一地由书中各页所述的观察、定律、理论所呈现的……科学的发展就变成一个累积的过程：事实、理论和方法在此过程中或单独或结合着而被加到构成科学技巧和知识的不断累积的堆栈之中"①。而库恩则反对这种"不断累积真理"的科学史观，他举例说，亚里士多德时代的动力学、燃素化学或热质说作为一个整体，并不比今天流行的观点更缺乏科学性，也就是说，科学知识并不是随着时代的演变而不断进步、累加的，另外，科学既不是"历时性"的真理累加，也不是"共时性"的个别科学家的知识累加。

那么，科学发展的本质规律是什么呢？在库恩看来，科学不再是僵化的、生硬的知识体系，而是活生生的人的探索过程，人的实践活动。具体而言，构成科学事业有以下几个要素：第一，是库恩反复强调的科学共同体，亦即科学不是理性的自我扩张，而是具有社会属性的人的具体行动；第二，是科学活动的工具（包括思想工具的"范式"和物质工具）；第三，则是科学的目标——客观世界。但需要注意的是，科学并不是以浩瀚无边的客观世界作为研究对象的，而是戴着"范式"这个眼镜去探索世界的。这三者的结合可以称为科学的"三体运动"。"科学之所以为科学，并不在于它拥有多少可靠的知识，而在于由这种特定的'三体运动'所构成的自觉的、能动的、有目的的研究活动。"②

在范式和科学共同体基础上，库恩提出科学知识增长模式：前学科（没有范式）→常规科学（建立范式）→科学革命（范式动摇）→新常规科学（建立新范式）。因此可以说，作为科学研究的常态"常规科学"的安身立命之本是与"范式"紧密相关的。在这里，我们有必要回顾一下库恩在描述科学史时用到的核心概念：首先，常规科学是指"坚实地建立在一种或多种过去科学成就基础上的研究，这些成就为某个科学共同体在一段

---

① 托马斯·S. 库恩：《科学革命的结构》，金吾伦、胡新和译，北京大学出版社2003年版，第1—2页。
② 纪树立：《论库恩的"范式"概念》，《自然辩证法通讯》1982年第3期。

时间内公认为是进一步实践的基础"①。其次,与"常规科学"密切相关的便是使库恩获得毁誉参半的核心概念——"范式"。范式是指"某些实际科学实验的公认范例——它们包括定律、理论、应用和仪器在一起——为特定的连贯的科学研究的传统提供模型"②。范式包括两个基本特征:第一,"它们的成就空前地吸引一批坚定的拥护者,使它们脱离科学活动的其他竞争模式";第二,"这些成就又足以无限制地为重新组成的一批实践者留下有待解决的种种问题"③。

范式对于科学共同体有什么意义呢?库恩特别指出,研究范式,是为那些"以后将参与实践而成为特定科学共同体的学生准备的。因为他将要加入的共同体,其成员都是从相同的模型中学到这一学科领域的基础的,他尔后的实践将很少会在基本前提上发生争议。以共同范式为基础进行研究的人,都承诺用同样的规则和标准从事科学实践"④。这样的一致性前提可以避免分歧,达成共识,使科学共同体中的成员们共享相同的研究基础。这样的"统一思路"有助于提高效率,使科学研究向着更深远的方向进行。因此,一个科学共同体遵守同样的范式,通过教科书、实验室的传授和强化,范式得以巩固。这里的范式,是观察自然界的眼镜和路径,因此必然不是面面俱到的,而是有选择的。事实上,在库恩那里,科学探索也从来不是一个穷尽真理的过程,正如爱因斯坦所说,大圆圈好像我们所学的知识,而圆圈之外的空白则是广阔的无知世界;提出问题比解决问题更重要。而这种"提出问题"的能力和眼光,很大程度上取决于我们看待世界的方式和解决问题的现有能力和方法,即"范式"。科学探索从来不是随心所欲

---

① 托马斯·S. 库恩:《科学革命的结构》,金吾伦、胡新和译,北京大学出版社 2003 年版,第 4 页。
② 同上书,第 9 页。
③ 同上。
④ 同上书,第 10 页。

在空白里翱翔，而是基于已有知识的圆圈逐步扩展的过程。范式和科学，带有很大的主观选择意味和主观能动性。

进一步地讲，科学不仅是主观的，甚至说是带有偏见的。有时候，科学和信仰之间，只差一步之遥。库恩说："我们现在讨论的常规研究，其视野也受到严格的限制。但这些因信仰范式而受到的限制，却正是科学发展所必不可少的。由于把注意力集中在小范围的相对深奥的那些问题上，范式会迫使科学家把自然界的某个部分研究得更细致更深入，没有范式的指导，这样做将是不可想象的。"[1] 库恩在对自然科学史进行回顾的过程中，发现早期科学发展阶段，对自然界的解释存在种种流派的对立。而这些分歧最后会渐渐消失，被其中之一学派"一统天下"。这一学派的胜利并不必然是因为它能更好地解释自然实在，而更可能是在于"它的自身特征性的信念与成见，总是只强调那个庞大的而又不发达的信息库中的某一特定部分"[2]。换言之，范式的产生，并不是因为它更科学，而是因为它更偏执、更坚定。正如弗朗西斯·培根那发人深省的方法论名言所述："真理从错误中比从混乱中更容易出现。"

这也就是说，范式也是一种人的主观思维活动，带有人的情感、偏见和信念。正如库恩自己所说，"在一段确定的时间内，一个科学共同体所信奉的信念之诸组成成分中，总是有一种明显的随意因素，其中包含着个人与历史的偶然因素在内"[3]。对于"范式"是否能达成客观真理，库恩一针见血地指出："一个理论的本体，它在自然界中的'真实'对应物之间是否契合这种观念，现在在我看来原则上是虚幻的。"[4] "科学家并

---

[1] 托马斯·S.库恩：《科学革命的结构》，金吾伦、胡新和译，北京大学出版社2003年版，第22页。

[2] 同上书，第16页。

[3] 同上书，第9页。

[4] 同上书，第185页。

没有发现自然界的真理,他们也没有愈来愈接近于真理。"① 这样看来,对于科学家理论探索的客观性似乎显得非常悲观,那么如何才能使理论探索具有价值呢?如何评价一个理论呢?实用主义者杜威的回答是:"观念或概念是根据一定行动方式去解决某一特点环境的要求、主张或计划。当这些要求、主张或计划得以施行时,它们真实地还是错误地指导我们,也就是它们指引我们趋向于我们的目标或者离开这一目标。"② 也就是说,理论的意义在于实践,在于是否能够指导人们的目标的实践活动。

库恩的"范式"理论由于对科学史观起到了颠覆性的作用,在西方学术界引起了巨大影响,"范式"也被各个领域的学者争相使用。以范式来观察科学发展史,使科学史观摆脱了纯粹的逻辑经验主义,开始向科学社会学和历史主义转型。③ 库恩学说挖掘出科学发展的人的因素和社会背景,使人们对"科学"的概念有了崭新的认识,这种启发辐射到社会科学界:虽然他的理论几乎只关注自然科学,但用美国批判理论学者伯恩斯坦的话来

---

① 托马斯·S. 库恩:《必要的张力——科学的传统和变革论文集》,纪树立、范岱年、罗慧生等译,福建人民出版社1981年版,第284页。

② 杜威:《哲学的改造》,徐崇清译,商务印书馆1958年版,第84页。

③ 库恩说:"几乎每当卡尔爵士(指卡尔·波普——作者按)同我明确转向解决同一些问题时,我们二人的科学观点就十分接近一致。我们都关心获得科学知识的动态过程,更甚于关心科学成品的逻辑结构。由此我们都强调只有实际的科学生活的事实和精神才是合法材料,因而我们都常常转到历史中去找材料。从这个共有的材料库中,我们得出许多共同的结论。我们都反对科学通过累加而进步的观点,都强调新理论抛弃并取代了与之不相容的旧理论的革命过程,都特别注意在这个过程中旧理论在面对逻辑、实验、观察的挑战时偶尔的失败所起的作用。最后卡尔爵士和我还一起反对经典实证主义的一些最特征的命题……(总之),卡尔爵士和我的基本共同点之一是:我们都坚信,要分析科学知识的发展就必须考虑科学的实际活动方式。"[美]托马斯·库恩:《发现的逻辑还是研究的心理学》,载托马斯·库恩《必要的张力——科学的传统和变革论文选》,范岱年、纪树立等译,北京大学出版社2004年版,第266—268页。

讲,"社会科学家却发现了库恩"①。如果自然科学的"科学"都带有非科学、主观因素,那么以改造社会和解释社会的社会科学又如何呢?

库恩的"范式"直接影响着美国政治学的努力方向。库恩的《科学革命的结构》出版不久,先后担任美国政治学协会主席的政治学家杜鲁门和阿尔蒙德分别在就任主席的就职演说中引用库恩的概念,用以替当时的行为革命辩护,试图证明行为主义政治学如何成为一门科学。

杜鲁门在演讲中推重库恩的"范式"概念,认为范式是整合学科、达成研究共识、推动研究深化的基础。可惜的是,美国政治科学自形成伊始,便缺乏这种精确的范式。他写道:"在美国政治科学形成初期,也就是19、20世纪之交的几十年,并不存在一个范式,后来也没有。毫无疑问,这种统一研究模式的缺乏,影响了政治学发展的步伐和形式,因为范式的一个显著特点就是它的精确性。……虽然如此,我想确切说来,至少从1880年间至1930年间的半个世纪,美国政治科学中却有某种类似范式的东西存在。为了不扭曲库恩那深具启发性的概念,这里所说的类似范式的东西,只是对于政治科学要做什么、如何去做的一种模糊的、宽泛的共识。因为大家达成的共识很模糊,使用的术语既宽松又不精确,因此我们看到这一时期的作品在质量和内涵上参差不齐。"② 不过,杜鲁门仍旧把这个时期的美国政治科学视为一种自觉,开始有了研究对象和研究方法的学科意识,这就是以伍德罗威尔逊为代表的"现实主义"。

然而,第二次世界大战以来,美国政治科学学科共识却趋于瓦解,这是由于世界政治的两个发展:"其一是波茨坦宣言后急剧改变的世界政治",这就需要政治学者对国际关系和国家安全战略进行系统思考,这是如今政

---

① [美]理查德·J. 伯恩斯坦:《社会政治理论的重构》,黄瑞琪译,译林出版社 2008 年版,第 108 页。

② David B. Truman, "Disillusion and Regeneration: The Quest for a Discipline", American Political Science Review, Vol. 59, No. 4, 1965, p. 866.

治科学家的当务之急;另一个则是"殖民体制的崩解、新兴国家或国家实体的出现,以及古老国家的觉醒,彰显出当今政治科学不足:一是研究范围有限;二是把(本国的)政治体系性质视为理所当然;三是缺少对政治变迁的明确观点"①。也就是说,"二战"后的国际关系新形势需要美国政治学者研究新的议题,最重要的两个关注,就是新的国际力量格局(特别是冷战),以及对新兴殖民国家道路选择的研究,而这两个都涉及美国国家利益和国家战略。

怎么办?如何改变美国政治科学当时松散、模糊的共识状况,在"研究什么、如何推进"这个问题上达成一致,催生政治科学的范式呢?杜鲁门认为,应该达成学科自觉,避免在术语使用和研究程序上扩大分歧。具体来讲,当时的美国政治学界有以下几点契机有助于形成新的共识和范式:

对政治制度研究的热情重燃。杜鲁门认为,政治制度研究是最古老也最传统的研究议题,如果美国政治科学要重新整合学科,形成新的范式,政治制度研究是绕不开的、最好的、最包容的议题。对国际政治制度、一国政治制度和国内次级政治制度的研究虽然各不相同,但是还是存在相通之处的,这有利于重新找回学科共识,通过政治制度研究的整合,使那些五花八门的流派自行瓦解。

杜鲁门写道:"最后,对政治制度这一问题的认真研究必然会诉诸概念重塑(reconceptionalization),以及制度间比较的新的话语体系。事实上,自从十几年前美国社会科学研究理事会(Social Science Research Council)批准设立比较政治学委员会(Committee on Comparative Politics)之日起,这种政治制度研究的概念重塑就列入日程了。比较政治学委员会的使命看似是研究发展中国家的政治,不过更大的任务其实是将全世界所有的政治体系纳入同一个研究框架中,这个框架共享研究变量和属性,而不论这些政治

---

① David B. Truman, "Disillusion and Regeneration: The Quest for a Discipline", *American Political Science Review*, Vol. 59, No. 4, 1965, p. 868.

制度的发展阶段如何。"① 在这里，我们已经看到，20世纪60年代美国政治科学界以"概念重塑"为路径试图达到的学科抱负是多么宏伟：杜鲁门这里说得明白无误，比较政治学委员会对概念和话语体系的重构，是打算将全世界（尤其是新兴国家）纳入到一个统一的理论框架中来，并且摒弃了客观分析的基础——尊重该国该地区的发展阶段和发展背景。杜鲁门坦率地揭示了当时美国政治科学研究的第一目标：寻求统一研究框架，而非尊重客观事实。这非常明确地揭示了行为主义政治学的偏执的性格，如果非要给其一个定位，那就是政治科学包裹中的意识形态。

其次，理论的复兴。需要注意的是，"我这里并不是在讨论政治思想的经典历史文献的分析和解释，我说的是另一种理论。我这里想要强调的，是一种将理论与实证研究结合起来的不断成长且富有成效的自觉意识。这种自觉意识包括研究人员意识到，除了使用理论他们是别无其他选择的，还包括认识到事实自己从来不会说话，除非通过研究人员的假设和概念来控制他们的选择和分析，还包括研究人员要明白，自己的研究结果只有两个选择，要么是模糊的、自相矛盾的、不充分的理论，要么是明确的、逻辑自洽的、有理有据的理论"②。总而言之，基于数据建构严密的理论是至关重要的。从这里我们也可以窥见行为主义政治学的另一个显著特点，那就是（科学）方法论至上主义。行为主义的一个核心特征就是在事实和理论之间架起一座沟通的桥梁："对行为主义学者来说，阐明实际发生了什么并非其目的；分析单个的事件或过程是为了证实科学的法则或统计学的规律"③；"对政治现象进行科学的考察必须以理论和数据之间的平衡为方法论基础。没有数据的理论主张是空洞的，因为他们在现实世界中没有根基或

---

① David B. Truman, "Disillusion and Regeneration: The Quest for a Discipline", American Political Science Review, Vol. 59, No. 4, 1965, p. 870.

② Ibid..

③ 《布莱克维尔政治学百科全书》，中国政法大学出版社1992年版，第54页。

现实意义"①。

最后，学术界再次乐于致力于"科学"目标的氛围。杜鲁门认为，对"科学性"的要求是当时美国政治学界的一个普遍共识，政治学者都乐于用"科学的"方式来研究政治。不过，对于科学的本性该如何看待呢？什么是科学？杜鲁门说："（科学）并不保证每一个结论的真实性，也不保证完全摒弃偏见（例如研究人员的价值观）。科学，并不意味着一条泾渭分明的分割线，将可冠以'常识'的知识和信念与声称是'科学'的知识截然分开。科学也不确保只有知识能够、并且应该成为学科的一部分。"②杜鲁门将当时学者们对这种广义上"科学"的热衷视为政治科学达成共识的一个契机。怀着一种建立政治科学范式和学科共识的强烈使命感和责任心，杜鲁门指出：

"一种基于广义上科学共同体和上述我所说的两个趋势（作者按：即对制度和理论的复兴）的、关于这个学科该向何处去的新的共识，可能会带来政治学的新的发展和进步。库恩的观点与此有些关联，带给我们的启发是：这种发展和相关预期没有出现，可能是因为人们对当代社会科学的'科学性'的频繁争论。'某领域如何才能滚滚向前？'这个问题比'它是科学的吗？'更根本。库恩如是说，而我也深为赞同，这种争论在经济学家那里就比较少，并不是因为他们知道什么是科学，而是因为'他们对于过去和现在的成就存在共识'；因此说白了，他们的共识不在于'科学'，而在于经济学本身"③。

杜鲁门的就职演说反映了他对于构建政治科学共同体、共识和新范式的雄心壮志。而这种共识和范式是优先于"科学性"的。杜鲁门最关切的

---

① 《布莱克维尔政治学百科全书》，中国政法大学出版社1992年版，第55页。
② David B. Truman, "Disillusion and Regeneration: The Quest for a Discipline", *American Political Science Review*, Vol. 59, No. 4, 1965, p. 872.
③ Ibid..

是如何推动政治学科向前发展的实际效果，而并非学究气的客观真理。批判理论学者伯恩斯坦在对照杜鲁门与库恩的科学发展观念时指出，二人所谓的推动学科发展和范式革命的"反常异例"所指是旨趣大异的："杜鲁门所指出的发展并不是科学发现，或者承认'自然已经违反了常态科学中范式所推演出来的期望'，而是政治世界本身的一种改变、政治现实的一种改变。但是这暗示杜鲁门拿来跟范式相比拟的专业性共识的类型，与其所要描述和说明的政治实在二者之间有一种迥异的关系。这种见解几乎等于暗示：一种专业上的共识只能是某种流行之社会政治秩序的意识形态的反映，而不会一种能对此秩序的性质和地位提供批判性洞见的观点。而当杜鲁门描述和判断存在于美国政治科学的专业性共识时——当他告诉我们它代表一种'本质上偏狭的'学科形态时——他自己显露了此范式的意识形态的和非科学的性格。"[①]

随后的1966年，阿尔蒙德成为美国政治学协会主席。在他的就职演讲上，他开宗明义要沿着前辈杜鲁门的思路继续往前走。他的核心关切也是这么两个问题："我们政治学是科学吗？""可以成为科学吗？"他也将库恩的范式理论应用到政治科学的历史和现状上，提出三个论点：

第一，在18世纪和19世纪的美国政治理论中，有一项一贯的理论表述。

第二，从20世纪初到1950年间，美国专业政治科学的发展，大体上是根据上述范式（用库恩的概念）来进行的，这几十年间最重要、最显著的理论思辨及研究，产生了反常异例的发现，逐渐累积遂动摇了它的有效性。

第三，在最近的一二十年里，一个新的、更确定的科学范式的元

[①] ［美］理查德·J. 伯恩斯坦：《社会政治理论的重构》，黄瑞琪译，译林出版社2008年版，第123页。

素，似乎快速显现了。这个新的探究途经的核心概念就是政治系统。①

在接下来的演说中，阿尔蒙德回顾了政治学的发展历程，将政治学划分为三个时期：自柏拉图以降以讨论"分权制度"为核心的经典政治哲学研究；20世纪以来突破规范研究的经验研究（也就是旧制度主义）；还有就是他那个年代方兴未艾的行为主义革命（以政治系统研究为核心）。

阿尔蒙德回顾了从柏拉图、亚里士多德肇始的经典政治学理论，认为这种理论更多的是一种政治社会学的规范研究，而非政治过程研究。政治的"黑匣子"并没打开。"然而19世纪后半叶，当以大学为基础的专业化政治科学开始发展时，很快地，针对经典政治学理论的整体或局部的有效性，形形色色的问题就提出来了。其中，伍德罗·威尔逊、劳伦斯·洛威尔、弗朗克·古德诺，在他们的研究中展现了结构和功能的巨大分殊，努力使经验研究从早期的关于结构和功能之间必然关联的假设中解脱出来。……他们都摒弃了形式主义（无论法律上的还是意识形态上的），他们支持一种关于事实的研究——实际的运作、性能和行为。"②

然而，这种信念和主张却在20世纪以来受到了重创，政治科学界发生了类似库恩所谓的"科学革命"。阿尔蒙德认为，科学革命的原因在于，信奉进化论和进步主义的经典政治学理论，却被法西斯主义对西方文化的践踏重重扇了一记耳光。另外，随着共产主义在俄国、东欧以及中国的胜利（甚至对西欧也造成了威胁），这个"不和谐的音符"也扰乱了政治学者踌

---

① Gabriel A. Almond, "Political Theory and Political Science", *American Political Science Review*, Vol. 60, No. 4, 1966, p. 869.

② Ibid., p. 873.

踌满志的政治信仰：自由民主理性的光辉是人类共同的归宿。最后，随着"二战"后新兴民族国家雨后春笋般地涌现，仅仅使用古典的分权理论路径（即政治哲学研究），或者是近代以来的纯粹经验研究路径（即旧制度主义），就变得不合时宜了。

阿尔蒙德当时提出的解决方案是帕森斯和伊斯顿的"政治系统理论"，后来他和他的同事则提出了宰制美国比较政治学的结构—功能主义。他给予政治系统理论至高评价："系统理论代表了我们迈向科学的真正的重要步骤。这一步可以与启蒙运动时政治理论代替之前经典形式主义理论相媲美；也可以与20世纪上半叶经验分析浪潮的重要性相媲美。产生于如今这个科学革命的时代，它无疑代表了一种新政治科学的繁荣。"① 接着他指出了这一理论流派的代表人物及其作品，包括梅里亚姆、拉斯韦尔、杜鲁门、伊斯顿、达尔、多伊奇等。事实上，在阿尔蒙德的眼中，当时兴起的行为主义革命构成了超越经典政治学理论、旧制度主义的一个新的科学革命，将要形成一个崭新的范式。这个范式的特征有：

第一，对全世界的政治体系提供了统计分析。"我们不再仅仅关注大国，我们要关心的是全世界的人类政治经验，无论是当代的还是历史上的，无论是国家层次、国内次级政治体层次还是国际层次的政治体系。我们要选择研究案例，来验证关于如下变量之间关系的假说：环境对政治的影响，政治对环境的影响，以及政治变量之间的相互作用。"② 在阿尔蒙德看来，这样一种价值无涉的系统理论可以研究无所不包的对象：包括上述三个层级的政治制度比较。

第二，"这个正在兴起的政治科学新范式的第二个显著特点是变量的分化和规范化，以及对变量之间关系的概率和反射的假设。因此，为了建构

---

① Gabriel A. Almond, "Political Theory and Political Science", *American Political Science Review*, Vol. 60, No. 4, 1966, p. 875.

② Ibid., p. 876.

政治系统理论,把不同的政治系统进行比较,并把它们分类,我们要明确地区的结构和功能、结构和文化、社会体系和政治体系、经验特性与规范含义"①。

第三,就是刚才反复强调的,以政治系统为核心的研究框架。而这个政治系统理论可以被应用到国际、国家、国内三个层级的政治制度分析上。

第四,阿尔蒙德认为新范式旨在突破历史和文化的局限和狭隘主义,突破启蒙思想那种向着民主、法治前进的线性进步观,取而代之的是政治发展研究的"多线性"观念。

阿尔蒙德试图用包罗万象的政治系统工具,来分析全球政治体系,甚至是所有层级的政治体系。除此之外,正如他在最后一点所强调的,这种比较研究是"价值中立"的,能够突破启蒙思想家的那种对盎格鲁—美利坚制度的推重和信仰。在他眼中,经典政治学的一个很大的弊端就是价值取向过于明显——"半个世纪甚至更久以前,在盎格鲁—美利坚政治哲学家和理论家眼中,全世界的政治制度是有一个等级结构的。在这个等级结构的顶峰,是盎格鲁—美利坚的政治制度,它们代表了启蒙运动的理性、自由、公正、平等的理想在人类世界达成的最高成就。根据与这些道德上、历史实践上最领先的制度的距离和接近程度,人们做出对其他政治制度的评价。这些政治制度是政治学研究的基本目标,因为历史进程就是朝着这些制度的方向前进的"②。而如今即将诞生的"新范式"则有信心突破这种文化中心主义:"我们正在打破法国大革命的历史性桎梏和西欧的种族优越,延伸至各种不同的政治形式的历史和人类学的资料,来扩充我们的知识。而且我们现在正在酝酿一种政治发展的理性选择理论——这一路径将

---

① Gabriel A. Almond, "Political Theory and Political Science", *American Political Science Review*, Vol. 60, No. 4, 1966, p. 876.

② Ibid., p. 874.

会使政治研究与公共政策研究有更多交集。"①

然而，尽管阿尔蒙德意识到"科学"的本性应该是中立的、价值无涉的，但接着又"自相矛盾"地几次提到了启蒙时期的"使命"，并带有怀旧色彩地给这种为全人类带来民主、自由、公正、法治等福祉的政治学使命赋予很崇高的道德色彩。他甚至使用了《圣经》旧约中带有拯救家族、身肩上帝重大使命的"约瑟夫"来指称这种使命意识。

> 不过有时候我有这么一种感觉，作为行为主义阵营中的我们大多数人，因为沉浸在新的研究方法和其他学科的解释力中，似乎淡漠了我们自己的使命——我们自己即将诞生的约瑟夫（our own unborn Joseph）——这一使命是我们不可推卸的，它从我们的前辈那里传递到我们手中，又因如今的专业分工使我们义不容辞。如果这是事实的话——或者不如说，就这个事实而言，我们现在正处在一种危机中，因为我们离我们独特的职业文化越来越远，与解决人类启蒙的终极问题的那种强大动机也愈来愈陌生②

因此，阿尔蒙德始终念念不忘的是启蒙时期政治学家解决人类终极问题的雄心壮志，这就使标榜价值中立、客观科学的行为主义染上了一层无法避免的意识形态和信仰的色彩。"无论政治科学会变成什么样，它的一个很重要的要素是：它曾经是什么。在这里我要申明，我们没有理由为过去感到羞愧。当然，这个传统的主导因素，是我们与人类事务中暴力和强制因素的特殊关系。这一使命在启蒙时期成为政治学理论的核心，在理性年代（Age of Reason）那个世俗乐观主义时期，这一政治学使命让人们相信：

---

① Gabriel A. Almond, "Political Theory and Political Science", *American Political Science Review*, Vol. 60, No. 4, 1966, p. 877.

② Ibid., p. 879.

那些道德上危险的——一般来说邪恶的因素（暴力和强制），能够被驯服，而且化为高尚的、人道的和富有建设性的结果。这个传统绝不可小觑，而且这是我们所特有的。启蒙思想家们不仅相信这是他们的使命，还确信他们可以推动现实并获得成功。"①

阿尔蒙德不仅对自己前辈——启蒙思想家的使命感深感自豪，他也毫不掩饰自己对美国政治制度的偏爱："美国政治学已经从自我欣赏的小圈子里踏出了步伐，从跨国比较和国家内次级行为体的比较中，获得灵感和严密性。我们慢慢发现，不管我们怎么热爱它，美国政治体制是可以与其他政治制度相比较的，而假若这种体系的严格比较成立的话，我们可能会更爱我们自己的制度。政治科学中的一些子领域：政党、利益集团、大众舆论和传播、官僚制研究——这些研究之前几乎全部建立在美国经验上，现在却要转化成政治体系的术语，并放在跨国比较的背景下。"② 因此，尽管是进行全球政治体系比较，尽管是放之四海而皆准的政治体系理论和结构功能理论，但是这些看似冷冰冰、通用的"术语"背后却有着特殊的"经验"。

的确，"价值中立"是行为主义革命的一个关键词。不过，真的如此吗？早在1953年12月比较政治委员会刚刚成立伊始，乔治·卡辛（George Kahin）、盖伊·波克尔（Guy Pauker）、白鲁恂等人就警告说，政治学家应该对文化传统中的差异性保持敏感，应该认识到许多不同的政治形式都具有顺应变化进行调整的能力。然而，"当政治学家转而求诸社会学模式时，这种在理论上留有余地的做法很快就消失了"③。美国学者雷迅马指出，阿

---

① Gabriel A. Almond, "Political Theory and Political Science", *American Political Science Review*, Vol. 60, No. 4, 1966, p. 879.

② Ibid., p. 877.

③ [美] 雷迅马：《作为意识形态的现代化——社会科学与美国对第三世界政策》，牛可译，中央编译出版社2003年版，第61页。

尔蒙德的研究进路是不对特定地区进行专门研究，1956年阿尔蒙德就提出，当时的比较政治还不是一个统一的学科，因为被划分为欧洲、非洲、中东、南亚、东南亚的各地区专家，必须建立一个共同的学术共同体来从事"全球比较"。受社会学（系统理论）的影响，阿尔蒙德希望各地区的研究能够"突出功能，以及政治、文化和社会进程之间的相互关联"。受他的影响，比较政治学委员会研究小组设列了一些理论研究题目，其基调是：与西方的交往经常是变迁的推动力；而且他们试图放弃自己先前在两个问题上的保留态度，不再强调重视文化差异的特殊性和特定传统的生命力。政治发展的性质，应当被置于一个共同的历史性框架之下。①

三 "范式"中的意识形态

正是杜鲁门、阿尔蒙德等美国政治科学家的强烈使命感和建设学术共同体的自觉和作为"一般理论"的范式的建立，使美国行为科学在"二战"后如火如荼地发展起来。这一研究路径援引"科学的"研究手段（计量的、心理的甚至数学的），秉承逻辑经验主义和逻辑实证主义，遵循一种演绎—假设的模型，以描述、说明经验实在为目的；它的另一个最为津津乐道的特征便是：避免任何规范性论述，主张事实与价值的分离。也就是所谓的"价值中立"。

在推动政治学中所谓"行为革命"的众多动机中，有两大强烈的焦虑扮演着重要角色。这两种焦虑已经说服政治学者离开传统的政治学课程，并且说服这些新政治学者，他们的新科学将是自然科学的一种……

---

① ［美］雷迅马：《作为意识形态的现代化——社会科学与美国对第三世界政策》，牛可译，中央编译出版社2003年版，第62页。

> 第一种焦虑是害怕伊斯顿在《政治系统》一书中所称的"极端事实主义"。……（因此）一套整合理论的创建才是治疗"极端事实主义"的方法，因为只有理论才能使我们分类及评估由实验和观察所得的事实数据的意义。
>
> 而且此种理论也可平息第二种焦虑，即害怕政治学者可能被视为政治意识形态者。因为此种理论与"传统的"政治理论迥异；它是经验的及描述性的理论，而非道德的及规范的理论。我们的目标是创造一个通过恰当验证的科学理论体系，而非制造意识形态。[①]
>
> ——瑞安

行为主义者对价值中立有一种痴迷，这种痴迷既来自上述的两种理论焦虑，也来自现实中的两种考量。上文中我们考察了行为主义代表学者的理论脉络，在这里我们需要加入知识社会学的考察：制度环境是如何影响学术研究的。如前，首要因素是两极对立的国际环境对国内政治学的决定性影响，即政治学必须为美国的国家安全利益服务。这一点不需要过多论述。其次，美国学者雷迅马认为，冷战时期美国社会科学界之所以如此热衷于纯科学的研究，是因为当时联邦基金经费大多投向自然科学领域，因此"社会科学研究人员就应该效法硬式科学"，以便获取资源，"当然，许多社会思想家之所以为更'科学'的辞藻和规划所吸引，是出于本人就其学科应该如何促进知识进步所持的看法。然而，制度环境自然是要对这种趋势推波助澜的。从20世纪40年代末以来，有些社会科学家紧盯着研究经费和学术地位，一心想挤进冷战事业所相关的行列当中，他们也转而宣称严格的客观性与公众利益密切相关"。

再次，在冷战时期，尤其是麦卡锡年代，这种做法还有额外的好处。

---

① 转引自［美］理查德·J. 伯恩斯坦《社会政治理论的重构》，黄瑞琪译，译林出版社2008年版，第4页。

"受国家科学基金雇佣的一位社会学家哈里·艾尔波特建议他的同事要划清与社会改革运动和福利活动之间的界限,特别是别让自己听上去和社会主义有什么瓜葛。宣称有严格的客观性,是为了避免被指控为含有颠覆性的内容,也是为了增加一点知识进步的感觉。社会科学家都要清楚地表明,他们在冷战斗争中站在正确的一方,而且他们能够帮助美国取得胜利。"①

政治科学从来都是与时代发展和政治环境密切相关的,这点在杜鲁门和阿尔蒙德的就职演说中可见一斑。两位行为主义的领军人物都对美国当时所面临的国际局势表示关切:法西斯主义给人类带来的灾难,全世界的"左倾"潮流和社会主义的胜利,后殖民化时代的新兴国家的发展,这个时代背景是行为主义产生的摇篮。美国政治学与国家利益之间的亲密关系在20世纪头20年的进步主义运动中早已可见端倪,作为"二战"后西方世界的领袖,美国人感到自己有义务、有责任重建世界秩序,恢复启蒙时代起的自由民主理性的政治信仰。雷迅马指出:"美国的现代化论者延续了启蒙运动对西方优越性的解释,承袭了那种认为无私而慈善的西方有必要向缺乏'先进性'的民族提供物质援助和道义监护以指导其前进的帝国主义论调,由此他们从一种以前的世界观吸取了一些成分,来表达一种适应于自己的时代的世界观。"② 因此,我们在阿尔蒙德的就职演说中总能寻见启蒙理想的影子。

作为对经典政治学理论和经验主义旧制度政治学的"超越",行为主义力图摆脱这种"启蒙理想"的价值倾向,因此,行为主义高举"价值中立"的旗帜,转向"政治上的一致和科学的方法"。然而,这种政治一致和科学方法背后又有着什么意涵呢?不用多说,政治学的学术性首先是"国家性"

---

① [美]雷迅马:《作为意识形态的现代化——社会科学与美国对第三世界政策》,牛可译,中央编译出版社2003年版,第79页。

② 同上书,第24页。

即国家安全至高无上。为此，政治学的一般理论和范式自然要围绕"国家性"。

既然如此，政体这个政治学的最根本的问题，自然是行为主义政治学事实上的终极关怀——尽管行为主义政治学给我们的一般印象都是关于个体行为、社会政治行为如利益集团的研究，这些行为的研究只不过是如何使其他国家更像西方国家。西方国家是什么？政体上的自由民主。这样，政体问题就转换为民主问题，或者说民主研究就是政体研究。为此，在学科范式上，就是将国家置换为"政治系统"，政府机关等要素说成是"结构"，它们的权力被描述为"功能"，职务被说成是"角色"，并认为任何政治系统都存在共同的特质。在比较政治学家罗纳德·齐尔科特（R. H. Chilcote）看来，如果说伊斯顿的政治系统理论还是对西方国家政治体系—过程的一般性理论总结，那么阿尔蒙德的结构—功能主义则以韦伯的"合法性"为基础并打开了政治系统运转中的"黑匣子"。[1]

接下来的两节将依次展开行为主义政治学是如何重构民主理论并建构民主—非民主的对立性政体类型，进一步地，它是如何以范式化的研究路径来论证自由民主政体的合法性并推广民主政体。

◇◇第二节 二元对立的政体观：民主与非民主

前一节的背景性知识告诉我们，不管在方法论上多么科学多么完美，都难以绕开意识形态的终极关怀。在国内介绍西方政治学中，由于过去片面地强调行为主义政治学的"行为"研究和科学方法，以至于让

---

[1] Ronald H. Chilcote：《比较政治与政治经济》，苏子乔译，（台湾）五南图书出版公司2005年版，第93页。

人们有意无意地忽视了行为主义政治学的政体理论和政体观，其实我们最为耳熟能详的"民主—非民主"就是行为主义政治学的集大成性成就，并以行为主义政治学的最高范式即结构—功能主义将民主政体普世化。在进入主题之前，本部分还是先简单地厘清行为主义与政体理论的关系。

一 行为主义有政体理论吗？

在我看来，作为"二战"后美国政治科学的主导研究路径，行为主义所包含的内容有两个层面：第一，是作为研究方法的行为主义；第二，是作为政治理论的行为主义。第一个层面的行为主义政治学指的是，运用社会学、心理学、统计学等科学化的研究工具进行政治学分析的研究方法。这种研究涵盖了包括大众投票、罢工、暴乱、领袖行为、利益集团、政党、跨国公司，等等，总之，"行为主义者区别于其他社会科学之处在于他们对以下两点的坚持：第一，可观察到的行为，无论是个体层次的行为还是社会群体层次的行为，都应该是研究的重点；第二，对那一行为的任何解释都应该经得起经验的检测"[①]。

运用科学计量方法和对经验行为的关注，是行为主义最为人熟知的特点，国内引介行为主义政治学的文献中多有论述。[②] 而本书的研究主旨不在于某一方法论特征，并不打算将论述重点放在行为主义的具体研究方法和

---

① ［英］大卫·马什、格里·斯托克编：《政治科学的理论与方法》第2版，景跃进、张小劲等译，中国人民大学出版社2006年版，第41页。

② 如王沪宁的《比较政治分析》和《当代西方政治学分析》、俞可平的《西方政治分析新方法论》、徐大同的《20世纪西方政治思潮》等著作都将"行为主义"作为当代西方政治学重要理论路径进行介绍；另外，叶丽娟的《行为主义政治学方法论》是一本专门研究行为主义方法论的著作，其中对行为主义的流派的缘起、代表人物、代表作品、理论特征有全面的介绍。

计量手段上。本书关注行为主义的第二个贡献即理论贡献。众所周知，作为一种"革命"，行为主义的确为政治学带来一系列新的理论，比如政治系统理论、结构—功能主义、政治沟通理论、团体理论、政治文化理论、政治发展理论，等等。而在这些理论中，与本文的主题"政体/政治制度研究"关系最为密切的，则是在比较政治学这个子学科下最有影响力的政治发展理论，而政治发展理论的核心价值是"发展—民主"的正向关系，其范式化表述则是"结构—功能主义"。

需要注意的是，以往研究在引介行为主义时往往关注它的政治行为研究，它的价值中立特征和实证主义取向，对于行为主义的政体观（政治制度研究）基本没有涉及。① 真的是这样吗？行为主义真的只是这样一个立场中立的"无需脑子的经验主义"吗？② 它留给后世的遗产只有计量工具、分析方法这些技术产品和价值中立的自我标榜吗？

答案是否定的。如果我们浅显地将行为主义理解为一种技术性手段，那么远远低估了它的影响力。我们需要关注的，不仅仅是众所周知广为流传的行为主义的几大特色——价值中立、实证研究、政治行为；我们还要看这些特色的更深远影响和更深刻的意义：这些研究特色和进路为政治科学的发展带来了什么？这要求我们将行为主义放入整个政治科学发展的脉络里去观察。因为不管我们对行为主义的研究方法多么趋之若鹜或嗤之以鼻，需要承认的是，直到今时今日，"二战"后兴起的这个主导美国政治学

---

① 如叶丽娟《行为主义政治学方法论》作为国内一本系统研究行为主义的著作，在分析行为主义方法论特征时，只提到"价值中立论和实证研究方法"，在我看来，这只涉及我所说的第一个层面——方法层面，而没有涉及理论层面的内容；何俊志《结构、历史与行为》中的"行为主义范式的内在缺陷"一节，也只涉及行为主义"价值去除、方法至上和研究政治行为"三个特征。

② 这个说法来自学者大卫·桑德斯。参见［英］大卫·马什、格里·斯托克编《政治科学的理论与方法》第2版，景跃进、张小劲等译，中国人民大学出版社2006年版，第48页。

近半个世纪的方法流派所带来的概念、理论、范畴仍然影响着，甚至主导着我们的研究议题和研究话语。

客观来讲，行为主义对政治科学发展的贡献功不可没。实证研究和行为研究的宗旨、对"科学"方法的引入，都将政治学研究从经典政治学和旧制度主义的"高政治"层面（国家、政体、宪政结构）转向了"低政治"，社会、文化、心理、利益集团、选民等范畴都被纳入政治学研究，于是出现了许多新理论，如政治心理学、政治社会学、政治生态学、政治人类学、政治系统分析理论、角色理论、团体理论、决策理论、精英理论等，大大扩大了政治学研究的议题和领域，时至今日这些理论仍然作为分析工具被我们广泛使用着。从这个意义上讲，它被称为一场革命是名副其实的。

然而，行为主义政治学并未忽视政治学最核心的问题——政体（政治制度）问题，只不过在用新概念进行表述，进行新术语下的话语权建构。在行为主义政治学的顶峰时期，代表学者阿尔蒙德说得再清楚不过了，"在过去50年里，政治科学的概念体系已经逐步丧失了它的能力，甚至无法应付西欧政治现象"。为了解释西方政治的新现象尤其是欧美之外的政治，需要寻找新概念和范畴，因此，"我们倾向于使用'政治体系'（Political System），而不再使用'国家'（State）这个标准和约定俗成意义限制的概念；我们开始倾向于使用'功能'（Functions），而不再使用在涵义上同样是一个标准概念的'权力'（Powers）；我们倾向于使用'角色'（Roles），而不再使用'职责'（Offices），这又是一个标准词汇；我们使用了'结构'（Structures）代替了'制度'（Institutions）这个同样将我们导向正式标准的概念；我们不再使用在意义上既显得正式又理性化的'民意'（Public Opinion）和'公民训练'（Citizenship Training），而倾向于使用'政治文化'（Political Culture）和'政治社会化'（Political Socialization）。我们并没有把作为一门科学的公法和哲学抛弃在一边，我们只是告诉它们能够应该挪一下位置，为早就应该得到发展的政治理论腾出一些空间"①。

阿尔蒙德最后一句话显然是针对来自各家各派的政治哲学的批评，比如以伯林为代表的自由主义和以施特劳斯为代表的保守主义，他们认为韦伯式的"祛价值"化的行为主义政治学忘记了根本问题即政体和价值。而阿尔蒙德的回答是，行为主义政治学虽然在使用一些可以量化的概念，但并没有忘却政治学这门学科的根本：作为"公法"的政体和哲学上的价值。只不过，新时代呼唤新概念。

政治学历来是研究政治现实的学问，与时代背景和政治现实世界的发展密切相关。这个传统在西方政治学历史上始终没有中断过。因此，作为政治世界最重要的内容——政治制度，便始终是政治学研究的主题：经典政治理论所论及的"亚里士多德的战争"便是不同时代的政治思想家在面临不同政治共同体任务时，提出不同的政体类型——从霍布斯的君主制，到洛克—联邦党人的贵族制，到卢梭—马克思的民主制，都是理论与现实的密切关联；而旧制度主义则是在"谁统治"的问题解决之后应运而生的关于"如何统治"的新路径，上述两种政治学传统都是理论与现实的呼应。

20世纪50年代，"二战"后新的世界政治格局成为政治学者们关切的目标。"二战"后世界政治最重要的特征便是社会主义的胜利，以及新兴民族国家的兴起，而这两个时代特征交织在一起——由于要占据"第三世界"这个新出现的"权力真空地带"，东西方之间的较量显得更加激烈。美国历史学家斯塔夫理阿诺斯说，"第二次世界大战后，由于在传统的权力斗争中新增加了意识形态方面的争端，权力关系再调整也就变得更复杂、更危

---

① 阿尔蒙德：《导论：比较政治学的功能研究法》，载［美］阿尔蒙德等《发展中地区的政治》，任晓等译，上海人民出版社2012年版，第1—2页。

险"①。换言之，当时的世界是"政治的"、充满冲突的，而当时的美国政治学主流理论绝不是"中立的"、避免冲突的。

如前，政体是"谁统治"和"如何统治"两个层面的问题。"二战"后的世界格局充满了紧张对立，美苏从冷战到争霸，争夺国际社会主导权和资源，使"谁统治"的问题再一次浮上水面。然而，这一次，争夺"统治权"的不再是传统政治学讨论的国内不同人数和不同属性的政治团体（君主、贵族、民主），而成为超越了一国边界的国际冲突。在这样的背景下，国际关系学作为一门欣欣向荣的学科发展起来，突破了以往国际法和外交策略的研究内容，涵盖了更加广泛的领域；此外，旨在研究新兴国家发展路径的比较政治学应运而生。概言之，"二战"后政治学的一个极大特色是从传统"国家学"延伸至"国际政治学"。国际格局和世界政治的背景史无前例地影响着政治学的议题和关切。

不仅如此，"谁统治"问题重新成为当时政治学者（以及更重要的——也成为政治家）的迫切关怀。战后美国通过"马歇尔计划"对欧洲进行全面援助，以帮助世界恢复正常的经济状态，进一步地，正如马歇尔演讲中所述"使自由制度赖以存在的政治和社会条件来已出现"②；而幅员辽阔的"第三世界"——经济不发达的亚、非、拉地区，对于美国的全球战略更是具有重要意义。而且，由于这些地区经济落后，又缺乏自由的传统，因此美国在向这些地区施加影响力的时候，较之欧洲显得更为棘手，也更为关注。早在"二战"期间，罗斯福就曾表达过对落后地区的战略思想，"我们要建立持久和平，就必须开发落后国家，开发落后人民。显然，用18世纪

---

① ［美］斯塔夫理阿诺斯：《全球通史》（下），董书慧、王昶译，北京大学出版社2005年版，第749页。

② 转引自刘绪贻、韩铁、李存训《美国通史：战后美国史1945—2000》第6卷，人民出版社2002年版，第31页。

的办法是办不到的"。"20世纪的办法是把工业介绍到那些殖民地中去。"①因此,从杜鲁门的"第四点计划",到艾森豪威尔建立的国际合作署,再到肯尼迪政府时期的争取进步同盟、和平队和越战时"战略村"政策,都反映了冷战时期美国对第三世界的关切。②

正是由于冷战背景下东西方之间剑拔弩张的冲突,以及广大亟待争取的"第三世界",使得美国政治学面临着如下两个重要议题:(1)如何在理论上与苏联式的共产主义竞争;(2)如何争取和影响广阔的新兴民族国家。而第二个目标因为第一个目标变得更加紧迫。因为,正是在"在'自由'和'极权主义'之间的斗争中,美国当局认为采取中间路线是完全不可接受的"③。这就使非殖民化、民族主义和西方帝国的衰落都被美国视为"各条战线上围攻美国的危险力量"。美国学者雷迅马讲了一个故事:1955年印度尼西亚万隆会议的"不结盟运动",与会各国拒绝美国的军事联盟体系,誓言维护独立和国家主权,美国决策者因此颇为不快。"国务卿约翰·福斯特·杜勒斯担心印度尼西亚等国会在美苏之间玩拉一个对付另一个的手法,而这种危险的游戏将会导致这个国家对革命敞开大门。"④ 因此,由于担心共产主义在"欠发达地区"取得胜利,美国采取经济援助、科学咨询、人

---

① 转引自刘绪贻、韩铁、李存训《美国通史:战后美国史 1945—2000》第6卷,人民出版社 2002 年版,第 39 页。

② 肯尼迪在1961年年初的就任总统演讲上讲道:"对世界各地身居茅舍和乡村、为摆脱普遍贫困而斗争的人们,我们保证尽最大努力帮助他们自立,不管需要花多长时间——之所以这样做,并不是因为共产党可能正在这样做,也不是因为我们需要他们的选票,而是因为这样做是正确的。自由社会如果不能帮助众多的穷人,也就无法挽救少数富人。"John. F. Kennedy, Inaugural Address, 20 January 1961, website of John. F. Kennedy Presidential Library and Museum (http://www.jfklibrary.org/Asset-Viewer/BqXIEM9F4024ntFl7SVAjA.aspx).

③ [美]雷迅马:《作为意识形态的现代化——社会科学与美国对第三世界政策》,牛可译,中央编译局出版社 2003 年版,第 42 页。

④ 同上。

员培训、国际开发综合计划等手段向新兴国家输出影响力，皆是出于自由主义失守的忧虑。①

回顾当时的历史背景，是为了让我们有一种"体验式观察"，能够明白理论产生的现实需求和现实情境。当我们沉浸在激烈的辩论中，却往往忘却了概念和理论是从哪儿产生的。因此，当以"科学"面貌出现的行为主义反复强调"价值中立"和客观研究时，他们所面对的世界却是一个充满冲突的二元化世界。在充满剧烈冲突的政治世界里，行为主义政治学自然做不到"价值中立"。事实上"价值中立"的前提是对某种价值的确认，并用一般化理论推广既定价值。众所周知，行为主义的一个很大特色是自我定位为纯科学和客观分析。因此，类似于自然科学的那种能够囊括一切事实发展规律的"宏大理论"（定理、法则、框架）都是重要的。例如，帕森斯就从不掩饰自己的理论偏爱，并且要把理论从因变量的地位提升到自变量的地位。在《社会行动的结构》中，他反对那种"理论势必仅仅意味着概括已知的事实"的说法，他说："毋庸置疑，一个理论要正确，就必须符合事实，但并不能够因此得出结论，单凭不依赖于理论而发现的事实就可断定理论将采取什么样的形式，也不能说在将要发现什么样的事实和决定科学研究将朝什么方向发展方面，理论不是一项决定因素。"② 也就是说，理论不仅具有"解释"功能，要从事实中归纳而来；还具有预测和指示未来事实的"意指"即建构功能。

---

① 时任白宫副国家安全事务顾问的现代化理论学者沃尔特·罗斯托就曾忧心忡忡地指出："在亚洲、中东、非洲和拉丁美洲等欠发达地区，莫斯科力图通过以下方式扩张势力：即运用游击战、颠覆、贸易、援助等各种各样的手段；挑动反殖民主义和民族主义的情绪；突出共产主义的形象，把它标榜为使欠发达地区现代化的最有效的方法，标榜为正在迅速地从四面八方围住那懒洋洋地跑在前面的美国人的一种制度。……自由的事业看起来处于守势。"转引自［美］雷迅马《作为意识形态的现代化——社会科学与美国对第三世界政策》，牛可译，中央编译局出版社 2003 年版，第 44 页。

② ［美］塔尔科特·帕森斯：《社会行动的结构》，张明德、夏遇男等译，译林出版社 2008 年版，第 7 页。

从帕森斯的"模式变量"和"传统—现代"二元分析框架,到阿尔蒙德的"结构—功能主义",行为主义下的"一般理论"都试图无所不包、解释过去现在和未来、揭示所有社会的发展规律。这种受自然科学影响的思维方式和理论建构,使人对行为主义存有一个老生常谈的印象:价值无涉和科学性。然而,无论是行为主义产生的时代特色,还是行为主义理论家本人的身份(无须完全罗列,我们就能举出拉斯韦尔、阿尔蒙德、柯克帕特里特、亨廷顿等人的政治—学术双重角色),再加上美国政治学界与国家之间一以贯之的亲密关系,我们都不能不跳出"价值中立和纯科学"的刻板印象。美国学者伊多·奥伦指出:"美国的政治学不是一个固定的'主义',而是经常改头换面;不是僵硬和一以贯之,而是随着争论和分歧摇摆。但是,在反反复复的变幻中暗藏着一个永恒的潜流:美国。"[1]

政治科学一般遵从这样的研究逻辑:"经验—抽象理论—解释经验",经典政治学和旧制度主义政治学都基于这样的思维流程。而在行为主义政治学的理论链条里,理论产生的"经验"却被抹掉了。因此从模式变量到政治系统论再到结构功能论,变成"[基于本国的经验(隐藏)]——科学的宏大理论——(别国)事实"。阿尔蒙德在《比较政治学——体系、过程与政策》中说道:"旧的术语——国家、政府、民族,局限于法律和机构的意义。这使人们的注意力集中于现代西方社会中通常可见的一套特定的政治机构。……但是这样的做法利少弊多。……政治学如要有效地解释各类社会中的政治现象,而不论这些社会的文化、现代化程度和规模如何,就需要提出一个更加综合的分析框架。"[2] 看起来,他使用"政治体系"来作

---

[1] [美] 伊多·奥伦:《美国和美国的敌人——美国的对手与美国政治学的形成》,唐小松、王义桅译,上海人民出版社2004年版,第20页。
[2] [美] 加布里埃尔·阿尔蒙德、小G. 宾厄姆·鲍威尔:《比较政治学——体系、过程和政策》,曹沛霖等译,东方出版社2007年版,第3页。

为统一分析框架是试图避免偏见和自我中心，然而，这种试图无所不包的理论模型，却因为"客观性和科学性"更难让人反驳。因为隐藏起这种理论模型的现实来源，这样的理论显得既隐晦又独断、不容争辩，而它试图客观解释全世界的理论抱负（"科学"）与它所产生的特定时空背景（"政治"）之间又充满了张力。

总而言之，继旧制度主义政治学关注"如何统治"之后，在新一轮世界性冲突中诞生的行为主义政治学又重新回到了"谁统治"这个"公法"性问题。只不过，这个"谁统治"的问题关怀显得十分隐蔽，因为它高举经验主义科学和"价值中立"的大旗。需要指出的是，"价值中立"只是无意识的思想者的做法，而行为主义政治学的思想者和代表学者从来没有忘记"公法"和"哲学"。政治学的"公法"是政体问题，而"哲学"则是谁好谁坏的价值问题。由此，我们应该明白，诸多的行为主义"一般理论"其实都有既定的价值关怀和政体好坏。我们还是引用阿尔蒙德自己的话来说明行为主义科学方法与政体的关系：近年来政治科学家运用形式逻辑和数学等方法的努力"所面临的最大问题是缺少一种关于政治体系的理论"，为此他建构起用于解释所有政治体系的"结构—功能主义"，但是这种关于政治体系的一般理论需要"未来的政治科学家必须掌握大量正式和经验主义的认识。其规模之大令人们不敢想象，也动摇了人们的意志。……然而，作为一门最古老的科学传统的继承者，我们在追求更大光明的过程中不能犹疑，因为这门科学的目的是要最大限度地强化人们的这种能力：征服暴力，并且仅仅是在服务于自由、正义和福利等人道主义的目标时才使用暴力。即便建立一种正式的政体理论所带来的许多问题最终可能会被证明是十分棘手的，未来的几代人都无法解决，我们也还是不能犹疑。用正式的理论来表达我们的问题，将可以引导我们最终达到这门学科所能达到的那种精神程度，将可以使我们在科学的队列中就位时拥有一种尊严，这种尊严只有那些毫无止境地毫无条件地从事某项事业的人才配拥有"①。

阿尔蒙德毫不掩饰其"一般理论"即一般性政体理论的意识形态使命感。后面将看到，只要一离开、哪怕是暂时的离开"一般理论"而回到现实层面，行为主义政治学家的"公法"和"哲学"就是政体上的"民主—非民主""民主—威权主义"的二元划分。

二 政体二分法：民主—非民主

（一）政体二分法的逻辑基础

行为主义政治科学家们的一个重要使命，是像自然科学那样发现人类社会的客观真理、普遍规律，因此，"类型学的洪流"涌入政治科学分析。1963年，在罗伯特·达尔的《现代政治分析》中，他介绍了这种对政治体系进行类型学划分的潮流："近年来，韦伯和亚里士多德的方法几乎被涌进政治分析领域的类型学专家们撇在一边了。学者们提出，政治体系可以有成效地分为专制的、共和的或极权的；分为动员的、神权的、官僚的或和解的；分为现代化的寡头政制、极权的寡头政制、传统的和传统主义的寡头政制，加上监护的和政治的民主政制；分为英美式的、欧洲大陆式的、前工业化或半工业化式的，以及集权式的；分为原始的政治体系、世袭帝国和现代社会（民主的、专制的、极权的和'不发达的'）。"②

然而，这些诸多的类型学充其量是阿尔蒙德所说的"经验主义的认知"，并没有流行开来，流行的却是一种更加简单明了的二分法类型学——民主与非民主。如前，战后美国社会科学流行的是帕森斯的基于二分法的

---

① 阿尔蒙德：《导论：比较政治学的功能研究法》，载［美］阿尔蒙德等《发展中地区的政治》，第53、58页。

② ［美］罗伯特·达尔：《现代政治分析》，王沪宁、陈峰译，上海译文出版社1987年版，第91页。

"模式变量"。二分法模式变量的更大意义,在于"扩充了原有的'传统'和'现代性'之间的区分"①。尽管帕森斯的这种二分法受到各种批评,然而对于那些急于理解并解释"二战"后世界形势和处于"盲点"的"第三世界"的美国学者来说,这种抽象、宏大的理论却正好提供了一个有用的认知工具。

战后美国社会科学在社会科学研究理事会(Social Science Research Council, SSRC)的指导下,集中于以下几个领域的研究:行为主义、现代化研究和区域研究。如亨廷顿所说,"60年代初,源于区域研究和源于行为革命的两股潮流汇合在一起,结果是有意识地把问题集中到政治发展的问题上"②。因此,作为比较政治学这个子学科内最显著的政治发展研究、现代化研究,与行为主义息息相关。在由罗斯托、李普赛特、伊斯顿、阿尔蒙德、勒纳、白鲁恂等人构成的发展研究阵营中充溢着"经济发展—民主"的乐观方程式,并试图用各个社会都共同拥有的普遍功能来理解相应的政治结构,这种研究在经济学、政治学、社会学中蔓延,统一的议题加速了美国社会科学的整合。大体说来,发展研究的主旨是:所有政治社会都是按照一定的线性历时序列加以排列的,传统到现代的发展能够排出一个进步程度的序列表,不同的国家和社会能够纳入一个统一的概念框架之中。③ 这种研究无疑强化了"传统—现代""发达—落后""民主—非民主"的二元划分。当然,在西方,反对这种政体二分法的学者也不少。④

那么,划分"民主—非民主"的逻辑基础到底是什么呢?或者说二分

---

① [美]雷迅马:《作为意识形态的现代化——社会科学与美国对第三世界政策》,牛可译,中央编译出版社2003年版,第53—54页。
② [美]格林斯坦、波尔比斯:《政治学手册精选》(下),商务印书馆1996年版,第149页。
③ 曾毅:《比较政治研究中的发展主义路径》,《社会科学研究》2011年第1期。
④ 杨光斌:《民主观:二元对立或近似值》,《河南大学学报》2012年第5期。

法到底意味着什么呢？这里不得不重点讨论萨托利的关于概念划分的研究以及二分法贡献，虽然亨廷顿、林茨、普沃斯基等很多民主理论家都是在二分法意义上使用民主与非民主。

在萨托利于1970年发表的《比较政治学中的概念误构》这篇著名的论文中，针对当时盛行的行为主义测量方法，萨托利指出，测量的前提是"分类"，在定类尺度（nominal scale）确定之后才能有所谓的测量尺度，反对在定类不确定的前提下说什么"这是一个程度问题"和"连续谱"图景。这是因为，思维的过程必然以质性的（自然的）语言为起点，而无论随后我们将在哪片海滩登陆。与此关联的是，没有终极之道能绕开这一事实，即人类理解——我们思维的工作方式——离不开基本上相当于小切片的分界点（cut-off points），尽管随后都会有所修正，而自然的或质性的语言，恰巧就是这样被分割成这样的小切片的。因此，除了分类之外，我们并没有处理其他任何展现事实的技术。事实上，我们进入量化阶段越多，我们就越需要一维尺度和连续谱；而二分法的分类，恰恰可以为确立每一个连续谱的端点，因而为建立每个连续谱的一维性这一目的服务。分类学的实际操作提供了一系列有序的、界限分明的范畴，并因而为充分收集准确信息奠定了基础。萨托利认为，"是多是少"的逻辑不能取代"要么，要么"的逻辑。事实上，这两种逻辑是互补的，每一种逻辑都有其合理的应有领域。相应地，极化相反（polar opposition）与二分对立（dichotomous confrontations）不能遭到抛弃：它们都是概念建构过程的必要步骤。[①]

萨托利将其概念分类学运用于民主研究之中，自然是"民主—非民主"二分法。

萨托利在其集10年心血写成的《民主新论》（1987年）中，延续了这

---

① Giovanni Sartori, "Concept Misformation in Comparatvie Politics", *The American Political Science Review*, Vol. 64, No. 4, 1970, pp. 1033 – 1053.

种二元划分的政体类型学：

> 我们首先来评价"民主是什么？"这个问题的逻辑地位。在这个表述之中，民主被视为一个实体，一个客体概念，或更准确地说，政治系统的一个具体类别（类型）。由此要求的逻辑处理是分类处理，即二分法处理或分离处理。我们要确定某个政体是不是民主政体。这也使得由这样的处理而产生的不同是类的不同，而不是程度的不同。[1]

萨托利反对讲民主视为一种"程度区分"，因为这样的话，任何政体中都会有或多或少的民主成分，那么，"我们只好得出结论说，一切现存的政治制度都是民主制度，不管其程度如何小之又小，或者相反，一切现存的政体都是非民主政体，不管——比如说吧——柬埔寨或阿尔巴尼亚与英国相比多么不民主"。他认为："这种程度至上论或连续体至上论完全忽略了政治系统是一个系统，是一个受着结构性机制和原则制约的整体，这些机制和原则要么存在（纵然是不完美地）要么不存在（纵然不是完全不存在）。"[2]

在这里，萨托利本人陷入了一种自相矛盾的境地。他也承认这些民主原则在一个"民主政体"里可以"不完美地存在"，在一个"非民主政体"里"纵然不是完全不存在"，当他注明这些的时候，他已经是在承认"程度的连续性"了，但他却仍然下了一个"要么存在要么不存在"的论断。这个论断和他自己的补充说明是格格不入的。

这里，我们不禁要困惑：如此一个长于处理概念和分类问题的政治学

---

[1] ［美］乔万尼·萨托利：《民主新论》，冯克利、闫克文译，上海人民出版社2010年版，第205页。

[2] 同上书，第206页。

理论家怎么会出现这样自相矛盾的论述呢？萨托利自己给出了答案："差别是质的还是量的，是类的还是程度的，或者，是无连续性的还是有连续性的，这是个逻辑处理的问题，因此是个确定什么逻辑处理适合于什么目的的问题。"看来，定性（"民主是什么不是什么？"）与定量（"民主程度有多少？"）的问题，都没有错，关键在于学者自己的有意识选择。萨托利进一步指出，"我的立场是，民主制度之间的或民主的不同形态（与民主程度较多或较少有关）首先要求我们确定它们是指什么，也就是说，我们首先要决定什么是民主，什么不是民主。只有十分草率的逻辑才会用宣称一切事物只有'多与少'的问题来解决一切问题"①。而当他决定出什么是民主，什么不是民主之后，"在作为类别（类型）的民主内部，人们可以根据自己的需要对（民主较多或民主较少的）许多程度问题进行评估"②。

因此，萨托利主张：先泾渭分明地划分"民主—非民主"之间的界限，然后在"民主制"的阵营中，可以尽情"根据自己的需要"进行程度区分。这样的理论看起来天衣无缝、无懈可击，不过我们要沿着萨托利自己的逻辑反问他了："民主是什么"这个问题的答案到底由谁来给？如果依据不同的标准划出的基准线不同，那么怎么确定"类"和"程度"的界限？按照自由民主理论家标准，竞争性选举是衡量民主与否的优先指标，那为什么又会有"竞争性威权主义"或"选举式威权主义"之说？如果可以按照两种逻辑来进行划分，那么，为什么在民主阵营内部可以用"程度"来标识不同的政体，而民主阵营和非民主阵营的界限就"突变"为"类"的差别了？在这条光谱上，连续逻辑和非连续逻辑突变点应该划在哪里？

萨托利写作《民主新论》时冷战仍在进行，两极化的世界政治格局仍然存在。单纯从逻辑上讨论总是各执一词，因为逻辑的辩论总会被辩证法

---

① ［美］乔万尼·萨托利：《民主新论》，冯克利、闫克文译，上海人民出版社2010年版，第206页。
② 同上。

所折中。然而，逻辑的背后是经验现实。因此，萨托利表达对程度至上论的不满时指出其过于"草率"，认为他们忽略了现实中存在的巨大分裂。毕竟，程度意味着融合，而类则意味着分裂。他提醒道，"现实中的人们生活在他们希望摆脱或者希望进入的各种政体和政治形态之中。最近有成百万人冒着生命危险逃离家园，他们这样做不只是为了多得到一点什么，为了使他们已经拥有的东西有个或大或小的'程度'，他们是在追求他们确实没有的东西"①。

进一步地，当萨托利批评程度至上论者"把'一切差别都是程度的差别'当作口号乱用"② 时，我们也可以按照他的逻辑反问一句：把"民主—非民主的差别看作类的差别，而在民主内部只处理程度的差别"就不是口号吗？"民主—非民主二元划分的标签背后的西方—非西方"的区隔，而亚里士多德的"连续光谱"政体观则符合政治科学复杂性要义，也符合国家建设"混合至上"的要求。

二分法强调的是差别和对立，或者说是不可融通的对立性差别，这恰恰满足了当时的冷战政治，不管其在逻辑上存在什么问题。因此，在萨托利那里，政体二分法与其说是一个学术问题，不如说是一个政治问题。萨托利不只是提供了民主—非民主二分法的概念分类学基础，事实上还提供了政体二分法的标准：竞争性选举。只不过，竞争性选举或"选举式民主"直接来自熊彼特，萨托利是在熊彼特的基础上发扬光大。

（二）政体二分法的重要标准：竞争性选举

西方主流政治学界对竞争性选举的态度经历了耐人寻味的巨大转变，即从怀疑选举对于民主的意义到把民主说成是竞争性选举。

---

① ［美］乔万尼·萨托利：《民主新论》，冯克利、闫克文译，上海人民出版社2010年版，第207页。
② 同上书，第206页。

20世纪20年代，美国政治学一个显著的热潮就是将心理学应用到政治学研究中去。在这方面的先驱者是后来被称为"行为主义鼻祖"的芝加哥大学教授梅里亚姆。梅里亚姆的政治学研究路径深受当时盛行的科学主义的影响，推崇采用其他学科的科学方法来研究社会政治现象，其中，尤其是要采用统计学和心理学的方法，甚至包括数学的方法——这实际上为后来行为主义的奠定了研究基调。当然，这种科学方法还是有研究目的的，用他自己的话说就是用科学的方法为民主政治保驾护航："民主已前进了一大步，但是由于它的性质不科学，还很不理想。真正的立法实际上是一个'创造'的过程，对此，民主是不胜任的，除非用某种科学方法给予帮助。它的感情是对的，但理智错了。"[①] 因此，他鼓励自己的学生哈罗德·古斯内尔和哈罗德·拉斯韦尔在此领域进行研究，后者则成为美国以心理学方法研究政治行为的学者中最知名的一位。

然而，这种借用心理学和计量学进行政治研究的结果，却不如它的首倡者梅里亚姆所设想的那样，能够"以科学的方法对民主给予帮助"。相反地，行为主义革命的早期萌芽得出的结论反而是民主的反面。"20年代的主流心理学理论也不利于民主主义者，因为这些理论严重怀疑大多数人是否有能力展开在杜威等理论家看来对于实现民主政治十分必要的那种理性思维和判断。"[②] 例如，根据对战时宣传的研究，拉斯韦尔指出，决策者和社会科学家对宣传表现出的强烈兴趣证明，传统的民主浪漫主义已经消失，专制思维习惯正在崛起。拉斯韦尔对参与政治的人的心理分析得出的结论是，公开的政治行动是私人、无意识、非理性心理内驱力的投射。大多数人并不清楚自己的最高利益，民主政治只会增加病态人格的投射概率。

---

① ［美］梅里亚姆：《美国政治思想：1865—1917》，朱曾汶译，商务印书馆1984年版，第238页。
② ［美］罗伯特·威斯布鲁克：《杜威与美国民主》，王红欣译，北京大学出版社2010年版，第299页。

一旦对大众统治有所了解,就会对它嗤之以鼻。现代对于民主的思考可以归结到一点上,而这种观点中多少含有一丝悔罪的意味,即民主主义者在欺骗自己。大众统治中缺乏善意和克制。在大众的情感旋风中找不到善良生活。民主不是群体的有机产物,只是少数人制造的令人生厌的结果。热爱善良生活的人,不再听信圣贤之言,他在上演一出滑稽戏。沮丧的民主主义者如是说。那么,让我们共同进行理性思维吧,兄弟们,他叹息着说,让我们看看是否可以与善不期而遇,让我们想象如何让大众接受善。以为公众利益着想的名义,发布信息,进行劝诱、欺骗和隐瞒。虽保留公民大会,但却要对公民发号施令。[①]

此外,选举行为研究也进一步表明民主政体种的人是无理性的人。诺曼·C. 迈耶、卡罗尔·D. 伍迪等人对选举的研究表明,民主的根本假设是站不住脚——应该给每个选民提供充足且相对公正的信息,为选民在权衡候选人、思考问题时作出参考,因为理性的缺失,而选举中情感、本能和习惯模式才占据主导地位,而伍迪对1926年芝加哥初选的研究则表明选举是任意的、缺乏智慧的,根本没有表达民意。

不过,尽管当时的社会科学家一致批评民主政府缺乏理性,但是他们的态度和主张却不是彻底放弃民主,于是出现了现代美国政治学对民主的"本末倒置"的改造:将重视实质正义的古典主义民主改造为重视程序正义的精英主义民主。他们提出"大幅度限制大众决策权,使少数具有理性和智慧的人(通常指的是类似于这些社会学家的人)掌握权力"。例如,"拉斯韦尔提倡的是一种'预防政治',即由社会学家充当治疗师向精英提出建

---

① 转引自[美]罗伯特·威斯布鲁克《杜威与美国民主》,王红欣译,北京大学出版社2010年版,第300页。

议,然后精英们会'重新进行思维定向',以便控制政治冲突。哈罗德·古斯内尔更加直截了当地指出,应该由政治学家来认定合格公民所具备的素质,然后由政治学家和心理学家一道设计一个测试,'这个测试会比文化水平测验更有利于筛选出不合格的选民'"①。而在1934年,美国政治学者沃尔特·谢泼特在就任美国政治学协会主席的致辞中,也支持这种"筛选不合格选民的测验体系":

> 全民普选的规则必须让位给由知识及其他方面的测验所构成的体系。这样一来,就可以把愚昧无知、孤陋寡闻、反对社会的人拒之门外。而在此之前,选举经常是由这些人把持的。我们必须坦承:政府目前所需要的正是最聪明的头脑、最高贵的品格和最无私的服务。我们必须像亚里士多德一样承认,贵族要素和民主要素都是政府所必需的——此处所指的不是财富、阶级、特权、地位方面的贵族,而是智慧和品格方面的贵族。②

在结尾处,他甚至高呼"智慧的人"要勇于"夺过火炬",担负起领导国家的责任。

从某种意义上讲,20世纪前半叶,政治学科学化的尝试和努力,为政治学注入了新的研究工具和研究路径,这种本来要为民主做辩护的科学论证,却因为大量的心理学和社会学研究案例,带来了与古典主义民主(被精英主义者成为激进主义民主)相异的发现,通过对选民的非理性本质的揭露,形成了事实与理论之间的张力。正如里奇所说,政治学学科"已经

---

① [美]罗伯特·威斯布鲁克:《杜威与美国民主》,王红欣译,北京大学出版社2010年版,第302页。

② Walter Shepard, "Democracy in Transition", *American Political Science Review*, No. 29, 1935, pp. 18–19.

发展到如此地步，以至于在政治学方面的科学研究成果已不能再被零星的发现。相反，大量的证据一致证明，民主中的某些成分要么需要彻底改革，要么需要给出新的、合理的解释"。对于这种事实和理论的张力，大多数社会学家倾向于后一种选择，即不是以理论框定现实，而是从现实出发修正理论。"他们认为，与其说这是美国民主的问题，不如说这是参与式民主的问题，他们主张，美国民主所需要的不是彻底的改革，而是要对自身的本质进行重新界定，这一新定义会大大缩小理想与现实之间的差距，与其把民主看作是由积极的公众所组成的共和国，不如将民主视为由负责的精英所构成的体制，而这种体制在美国是伸手可及的。"①

在这种思想的基础上，到20世纪40年代，以熊彼特为代表的政治学者完成了对民主话语体系的彻底改造：将古典主义参与式民主理论改造为以选举为特征的精英主义程序民主理论。

如前，熊彼特1942年出版的《资本主义、社会主义与民主》讨论的是在人类"大步进入社会主义"的时代背景下，资本主义的命运、社会主义的前景，以及这两种社会制度与民主的关系。经过19世纪社会主义思想的广泛传播，20世纪两次世界大战、资本主义世界的经济危机，与此同时苏联的建立及其在经济建设上取得的巨大成就，使资本主义—社会主义两个阵营的理论之争转化为两种国家制度和治理在现实中的竞争。二者的竞争高下如何呢？熊彼特感叹道："到目前为止，社会主义占了上风。"②

这种"上风"，不仅仅发生在经济领域——由于私人控制转向公共领域，中央政府控制生产所带来极大效率和成果；同时因为社会主义声称自

---

① ［美］罗伯特·威斯布鲁克：《杜威与美国民主》，王红欣译，北京大学出版社2010年版，第302—303页。

② ［美］熊彼特：《资本主义、社会主义与民主》，吴良健译，商务印书馆1999年版，第438页。

己与民主紧密关联也在价值领域产生了"道德制高点"即"人民的统治"[1]。

这种"人民的统治"便来自古典主义的民主观。古典主义民主观是一种"实质正义"的人民主权论,它强调人民的"统治"。而这种统治则通过授权与代表得以实现。因此,这种古老的民主哲学可以定义为"为实现共同福利作出政治决定的制度安排,其方式是使人民通过选举出一些人,让他们集合在一起来执行它的意志,决定重大问题"[2]。这种古典主义民主观形成于古希腊时期,在18世纪末达到顶峰,它的哲学基础是"功利主义"。这一套古典民主理论指出了国家存在的目的和价值所在:促进最大多数人的最大幸福。它相信人民存在共同福祉,共同意志,而这种人民主权说在价值上也是善的,因为它超越了"君权神授"的权威来源,将权力合法性的根源归于"人民"。

然而,熊彼特却解构了这种看起来高尚完美的人民主权论,他毫不客气地指出,17、18世纪兴盛的社会契约论和代议制实践,不过是法学家"遍搜他思维产物的废品堆栈找寻工具,用它来调和那个假设(作者按:即民治思想)与现存的政治模式"的产物。"根据虚构的人民隶属于君主的契约,认为有主权的人民已把他的自由或权力出卖了,根据同样虚构的契约,说人民把他的权力或权力的一部分授予了挑选出来的代表,这些道理实际上就是废品堆栈供应的货色。"[3] 而连接卢梭社会契约与边沁理论之间的"功利主义"在熊彼特眼中则更是不堪一击,"我愿冒险把它描述为——以寻常方式——根本上是理性主义、享乐主义和个人主义的"。

---

[1] [美]熊彼特:《资本主义、社会主义与民主》,吴良健译,商务印书馆1999年版,第349页。
[2] 同上书,第370页。
[3] 同上书,第366页。

他接着解构古典主义民主理论:第一,不存在全体人民能够同意或者用合理论证可使其同意的独一无二地决定的共同福利。第二,即使存在共同福利,对各个问题也可能存在巨大分歧。第三,基于上述两个理由,功利主义者所声称的"人民意志"也就不存在了。① 另外,基于19世纪末至20世纪以来的研究(尤其是心理学领域),"乌合之众"在公共领域中的"原始冲动、幼稚行为和犯罪倾向的突然爆发——他使我们面对每个人皆知但无人愿意正视的毛骨悚然的事实,他由此给予作为古典民主学说和关于革命的民主传说基础的人性画面沉重一击"②。

那么,是否意味着民主理论在熊彼特的年代已经名存实亡、无以为继了呢?熊彼特显然不是这么认为,相反,他的雄心在于建立一套新的民主理论,这套理论反对"实质正义"的古典主义,更重视现实。"实际上,创立一个重视集体行动的现实和公众思想现实的民主过程的理论是可能的。"③ 这种"独立于愿望和口号之外的关系的更现实的理论"有着极其深远的现实意义——因为,虽然社会主义声称自己超越了资本主义"虚伪的民主操作",而且熊彼特也承认"现存的社会主义可能是民主的真正理想"。但是毕竟,"社会主义者在实现社会主义时,并不总是那么讲究方法。革命和专政这些字眼出现在圣书中使我们感到刺目,许多现代社会主义者更直言不讳地声明,他们不反对使用暴力和恐怖来打开社会主义天堂的大门"④。因此,一套更现实的民主理论对资本主义的反击更加有利。

---

① 参见〔美〕熊彼特《资本主义、社会主义与民主》,吴良健译,商务印书馆1999年版,第372—373页。
② 同上书,第379页。
③ 同上书,第369页。
④ 同上书,第350页。

这种新的、现实的民主理论便是影响后世深远的精英民主理论。熊彼特的建构工作很简单，就是将古典主义民主理论的优先次序颠倒了个顺序。这种看似简单的次序转换却带来了价值和程序的重大颠倒。

> （在古典民主理论中）选举代表对民主制度的最初目标而言是第二位的，最初目标是把决定政治问题的权力授予全体选民。假如我们把这两个要素的作用倒转过来，把选民决定政治问题放在第二位，把选举做出政治决定的人作为最初目标。换言之，我们现在采取这样的观点，即人民的任务是产生政府，或产生用以建立全国执行委员会或政府的一种中介体。同时我们规定，民主方法就是那种为作出政治决定而实行的制度安排，在这种安排中，某些人通过争取人民选票取得作决定的权力。①

熊彼特认为这种以"程序正义"替代"实质正义"的新的民主理论的好处是显而易见的，首要的一点就是"它为我们提供了相当有效的标准，可以用来辨别民主政府和非民主政府。我们知道，古典理论之所以在这一点上遇到困难，就是因为在许多历史事例中，根据民主这个词可接受的用法衡量不能称为民主的政府能同样或更好地符合人民的意志和幸福。现在，我们的地位有所改善，部分因为我们决心强调程序方法，它的存在与否，在大多数情况下是容易核实的"②。

在给出了这个"更忠实于生活"的定义之后，熊彼特更加直率地指出民主的本质便是由人民选出统治他们的公职人员，"在民主政体里，选民投

---

① ［美］熊彼特：《资本主义、社会主义与民主》，吴良健译，商务印书馆1999年版，第396页。
② 同上。

票的首要作用是产生政府"①。"民主政治的意思只能是：人民有接受或拒绝将来要统治他们的人的机会"②，说得更露骨一点——"民主政治就是政治家的统治。"③ 至此，民主的主体已经不再是"民"了，而是"官"。民主不再是人民主权的含义，而是人民选出政治家来统治他们的具体选举过程。从此，"竞争性选举"就成为"自由民主"的标杆，或者说是划分民主—非民主的标准。

至此，熊彼特完成了一种新的民主理论的重塑。这种颠倒价值和程序的理论重构，是对民主理论的一种保守化。这种保守，首先体现在它对社会主义的保守，它将民主的领域完全限定在政治场域，与社会主义的"工业民主"设想大相径庭，"没有一个有责任感的人能够以泰然的心态注视民主方法扩展的后果——也就是说从'政治'领域扩展到一切经济事务的后果"④。其次，这种保守还体现它对18—19世纪自由主义阵营中激进民主主义的保守，它甚至抛弃民主的实质价值，认为"人民主权论"根本就是一种虚构和不切实际的梦想，他所推崇的"现实"原则，实际上与他自己批判18世纪法学家时用到的"废品堆栈中的思维工具"没有太大差异，都是为了迎合现实政治运作而在理论中寻找合理化途径。因此，我们可以推论说，熊彼特的这一精英民主理论，事实上不仅是相较于19、20世纪的社会主义，甚至是对17、18世纪人民主权理论的一种保守化，这种保守化让他直接回到了17、18世纪以前的价值——我们第二章所说的"亚里士多德的战争"中的"贵族共和政体"。

由于看到社会主义在当时取得对资本主义的相对优势，特别是在经济

---

① [美] 熊彼特：《资本主义、社会主义与民主》，吴良健译，商务印书馆1999年版，第400页。
② 同上书，第415页。
③ 同上。
④ 同上书，第434页。

生产过程中，因此，西方理论家便在"民主"这个政治价值层面与社会主义争夺资源和话语权。作为自由主义后裔的社会主义有一种激进和革命的倾向，它对于民主和平等价值的追求，在自由主义的谱系中是走得比较靠前的。而资本主义在自由主义的谱系中则相对比较保守靠后。在激进化的时代浪潮中，熊彼特认为资产阶级民主和资本主义国家"色彩在消退"。但他提醒大家要记住，资产阶级民主（国家）"在充满活力时如何鲜艳；它为家族（如果不说为个人）提供的机会是如何广泛而平等；它给予通过它考验的人们（或者给予他们的孩子）的个人自由是如何充分"①。这里，熊彼特所言没错，资本主义（或者说传统自由主义）贡献的价值的确在于此：极大的物质丰富、机会平等和自由。

然而，早在英国工业革命时期就被马克思主义甚至自由主义阵营内部的霍布豪斯、密尔（新自由主义者）就关注到的"结果平等"问题，在熊彼特这里被忽略了。熊彼特写作此书时已是1942年，距离密尔等人对于贫穷、阶级冲突以及国家需要为此埋单的思考已经过去了近一个世纪，而他此处的思考却并没有超越密尔和霍布豪斯。直至20世纪70年代，罗尔斯《正义论》的出版，才又重新回归了以国家制度建设来协调自由与平等之间张力的思考。②为什么知识不是累积进步的？为什么人类思想家的思考不是连贯深入的？这就需要考虑特定时空下需要面临的"特定议题"以及人在环境中的局限。

熊彼特生活在一个什么样的时空下？用他自己的话讲，一句话，就是"人类大步迈进社会主义"。我们不得不重申，在这样的情境下，社会主义与资本主义之争已不再停留在教科书上和讲坛里，而变成了切切实实的国

---

① ［美］熊彼特：《资本主义、社会主义与民主》，吴良健译，商务印书馆1999年版，第432页。

② 参见曾毅《密尔晚年大转型及其思想的国家建设意义》，《学习论坛》2012年第10期。

家制度之争。因此，为了避免社会主义在经济、政治、价值各方面完胜，资本主义阵营在理论上做出了回应，守住"民主"这面旗帜，为了防止世界在社会主义的牵引下走得更远，甚至不惜退回到17世纪前的"贵族制"中寻找资源。然而，这种以"民主制"亮相的"贵族制"理论居然支配了政治学民主理论界！

熊彼特强调，民主是资本主义的理论。首先，在历史上，"现代民主政治与资本主义同时兴起，并和资本主义有因果关系"①。其次，从实践上看，"在我们竞争领导权理论意义上的民主政治，主持了政治和制度的改革过程，资产阶级利用这个过程重新塑造它占优势前原有社会和政治结构，并按照自己的观点加以合理地改造。民主方法是这场重建工作的政治工具"②。在这里，我们要问，民主是工具，那么资本主义的价值和目标在何处？他说得再明白不过："资产阶级有一套特别适用于怎样把政治决定领域缩减到可以用竞争领导权的方法加以处理那种程度的解决办法，资产阶级处理事物的方案用限制国家权力的领域来限制政治领域。它的解决办法在于实行理想的极度节约的国家，这种国家的存在，主要为了保证资产阶级的合法性，并为所有领域内自主的个人努力提供坚实的精神构架。"③ 因此可以看出，资本主义的目标在于"限制国家、保障自主的个人努力"。

直到这里，熊彼特的论证始终没有超出经典自由主义的框架，他这里所说的"小国家、大社会"，个人主义和政治上的竞争选举，都是自由主义的核心价值。也就是说，靠"最小化国家"保障资产阶级的经济利益。因为，所谓自由竞争下个人努力的保障，其实是对财产权的极大保障，而那些在竞争规则中被残酷淘汰的无产者和下层阶级则不在经典自由主义的视

---

① ［美］熊彼特：《资本主义、社会主义与民主》，吴良健译，商务印书馆1999年版，第431页。
② 同上。
③ 同上。

野中。熊彼特此处把民主置换为"竞争选举",更简单地说,就是"竞争",再进一步讲,也就是"自由"。笔者认为,此时熊彼特的理论并没有什么新鲜可言,他不过是对洛克式自由主义的回归而已。

要知道,彼时美国黑人还没有获得普选权,民主事业根本没有完成!然而按照熊彼特的"选举公职"的民主定义,公职(精英)是第一位的,而大众选举(平民)是第二位的。自由是第一位的,平等是第二位的。理解到这个层面,我们就明白为什么熊彼特可以忽略黑人选举权而大谈资本主义"民主"。

吊诡的是,熊彼特在书中针对古典主义民主理论长期存在,提出一个问题:"一种与事实如此相悖的学说为何有可能存在到今日,并将继续在人民心中和政府官方语言中保持其地位?"[①] 这个问题也可以同样被我们用以质疑熊彼特的精英民主理论。如上所分析,精英民主理论不过是对"贵族制政体"的一种追忆和回归。那么,如此有悖于"民主价值"的民主理论为何能够持续到今日,并将继续在人民心中和政府官方语言中保持其地位?更加有趣的是,熊彼特用以批判古典主义民主理论存在理由的某些论点用在他自己身上同样适用:首先,"民主这个词可以成为一面旗帜,成为一个人所宝贵的所有一切的象征,成为他对他的国家所爱的(不管是否合理地具备条件)任何东西的象征"[②]。古典主义民主因此成为一种非经验的,却更接近宗教信仰的东西;其次,"政客们当然欣赏既能讨好群众又能提供极好机会来逃避责任和用人民名义压倒对手的辞令"[③]。

第二次世界大战后,由于原殖民地国家的建国主张多是以"民主"的名义展开,很多新兴国家冠以"民主共和国"的称谓,争夺民主话语权更

---

① [美]熊彼特:《资本主义、社会主义与民主》,吴良健译,商务印书馆1999年版,第390页。
② 同上书,第392页。
③ 同上书,第394页。

是成为东西方理论阵营的关键点。在这种背景下，西方政治家谈论民主时多是沿着熊彼特的民主理论进行的，即把竞争性选举视为民主的最重要甚至唯一的标准。在这个简单明了的操作性定义下，民主成为西方国家的应有之义和囊中私物，而曾经秉持实质民主和经济平等追求的社会主义国家则遭遇了在民主问题上的尴尬处境。曾经在马克思主义经典文献中所自信的"社会主义和民主的紧密关联"慢慢淡化；而在资本主义世界里，社会民主主义政党以自由、公正、团结互助这三个"社会主义基本价值"对资本主义现行体制框架进行改造。[1] 19世纪末20世纪初资本主义国家广受批评和诟病的社会问题、贫富差异、阶级分化等议题，由于社会福利的扩大、进一步扩大选举权，也慢慢得到改善。可以说，这场"话语的较量"改变了东西方的力量对比，除了西方国家在政治社会上的全面自我改善之外，政治学理论家对于民主话语权的建构也功不可没。

笔者认为，熊彼特等民主理论家都以西方发达国家（尤其美国）的政治体制为蓝本，勾画出一套"民主体系标准"的评价指南。而需要注意的是，他们的指南中，更多的成分是"治理"层面的自由，而非"统治权"层面的民主。民主的核心价值是"人民统治"，而面对20世纪中期美国黑人尚未有选举权这个难以启齿的事实，熊彼特的方法是将选举程序置于人民统治价值之上，提出"民主政治就是政治家的统治"[2]。

那么，为什么要在"民主"的表象下谈论"自由"呢？萨托利说得很清楚："民主（表达时的用词）变得引人注目，而自由主义（隐含的概念）则受到轻视。""我们所信奉和实践的民主是自由主义民主。"[3]

---

[1] 参见殷叙彝《社会民主主义概论》，中央编译出版社2011年版，第40页。

[2] [美]熊彼特：《资本主义、社会主义与民主》，吴良健译，商务印书馆1999年版，第415页。

[3] [美]乔万尼·萨托利：《民主新论》，冯克利、闫克文译，上海人民出版社2010年版，第318页。

在我看来，在"二战"后的美国政治学界的民主理论构建上，萨托利完成了继熊彼特之后的另一个伟大"置换"。如果说熊彼特是将程序与实质的顺序颠倒过来，那么，萨托利则是将民主与自由做了一个捆绑。我们知道，在西方政治思想史上，"民主"与"自由"一直是一对存在张力的概念，而萨托利则将二者结合起来，而重心放在自由上面。换言之，萨托利在谈论民主政体的时候，更多的是谈论自由政体："当我们用民主一词去指称一种自由的政治制度时，我们是在为求简洁而使用这个词，但这种做法会导致可怕的简单化或疏忽。"①

仍然是时代背景以及话语权的改变，促使了这种对自由和民主的混淆使用，萨托利指出："在19世纪，自由因素胜过民主因素；到20世纪，形势发生了变化，今天是民主因素胜过自由因素。"② 正是由于国际形势和话语的改变，促使西方自由主义思想家开始对民主蜂拥而至，而他们谈论的，仍然不过是那些传统、历经千年的自由价值。我们可以认为，这种对"民主"的高扬便是白芝浩所谓的"尊严"部分，即新的时代下的合法性来源；而对"自由"的坚持便是他所谓的"效率"部分，是西方自由主义传统下的法治、分权、制衡、市场等的统称。如果我们承认这个假设，那么就可以推论行为主义下"民主—非民主"的二元划分，并没有道出西方国家"如何统治"的成功奥秘，却更多扮演了一个不公正的裁判的角色。

"'民主'已经成为一个受到普遍吹捧的词，这似乎注定了无论我们走上什么道路，它都会跟我们结伴而行，我们不妨加入这个游戏。"③ 萨托利说得没错，经过19世纪中后期社会主义浪潮和工人运动对自由主义的冲击，尤其是20世纪以来苏联等社会主义国家的诞生及经济上的成功、原殖民地

---

① ［美］乔万尼·萨托利：《民主新论》，冯克利、闫克文译，上海人民出版社2010年版，第319页。
② 同上书，第423页。
③ 同上书，第429页。

国家的解放运动，大众权利和平民权利成为史无前例热情高涨的价值追求。为了赶上"民主"这趟列车，西方理论家修改了话语的轨道，将古老的自由主义与民主并轨。萨托利这样区分"自由主义"和"民主"的内涵：

> 民主关心的是社会凝聚力和公平分配，自由主义则看中出类拔萃和自发性。平等要求一体化与协调，自由则意味着我行我素和骚动不安。民主对"多元主义"毫不同情，自由主义却是多元主义的产物。不过，基本的不同大概是：自由主义以个人为枢纽，民主则以社会为中心。
>
> ……
>
> 自由主义首先是要设法限制国家权力，民主则在国家权力中嵌入人民的权力。因此，随着时间的推移，在自由主义者和民主主义者（不过他们作为党派怎么称呼）之间会形成一种角色划分，其结果是，前者有着较多的政治关切，后者有着更多的福利关切。……
>
> 自由主义者关心的是国家形式，民主主义者主要是关心国家所颁行的规范的内容。就国家形式而论，问题在于决定规范应当如何创制；关于内容，问题在于规范应当确定什么。自由主义者更好地掌握了建立社会秩序的方法，而且参与"程序化的民主"。民主主义者的方法稍有不同，他最关心的是结果与实质，他追求的是行使权力而不只是监督权力。
>
> ……从政治意义上来说，民主国家与自由主义国家大致相同，前者在很大程度上只是后者的一个新名称。
>
> ……
>
> 简而言之，我们制度中的自由主义和民主主义这两种成分的相互联系，可以描述如下：前者特别关心政治约束、个人首创精神以及国

家形式问题,后者则对福利、平等以及社会凝聚力特别敏感。①

萨托利此处说得很明确,在国家形式(政体)意义上谈论更多的是"自由主义",而非"民主"。在国家创制与制度建设上,自由主义发挥着重要的作用,具体是什么呢?"那正是自由主义的本质:不受限制的权力令人难以忍受并将导致灾难;司法和审判必须真正独立;宪法不仅意味着一个国家具有什么结构,而且意味着一种明确的保障,即对权力行使者真正加以约束和限制的结构。"② 因此,对于国家制度建设来说,更重要的是制约权力、司法独立、宪法至上。注意,此处并没有涉及以选举为重要衡量标准的"民主"的内容。

规范和价值意义上谈论的"民主",总难免有"人民主权"的意指所在。而在萨托利看来,这种抽象的思辨和价值毋宁落实到现实的清晰概念中比较好:直接民主、公决式民主、选举式民主、代议制民主。萨托利认为选举与代议制是现代民主制度的两个必备要素,也是自由主义民主的一部分;而直接民主、公决式民主这种"参与式民主"则不符合巨型政治制度的特点,至于"人民民主主义""在过去几十年里基本上一直是个没有多少实际内容的修辞符号"③。说到底,民主制这一称谓并不能淹没政治体制中"统治与被统治"这个亘古不变的事实。民主制并不等于"人民统治"。

"政治说到底取决于统治者与被统治者的关系。人们曾认为这个二分法适用于除民主制之外的一切政治制度。但是,民主的决策过程模糊了统治者和被统治者的界限的这一事实,并没有使统治与被统治已浑然一体。"也就是说,在萨托利心中的理想的民主制度中,统治者并不总是民众。不过,

---

① [美]乔万尼·萨托利:《民主新论》,冯克利、闫克文译,上海人民出版社 2010 年版,第 421—422 页。
② 同上书,第 429 页。
③ 同上书,第 129 页。

既然称为"民主制",那么多少要有"一定程度上的人民统治",什么时候发现这个"统治的人民"、发现进行统治或充当统治角色的"民"呢?萨托利的答案是:"在选举的时候"!"这并非贬损之词,因为民主过程正是集中在选举和选举行为之中。"① 除此之外,"民主制度是'被统治的',这无损于它们是民主制度的事实。……由于我们的民主制度都是代议制民主制度的这一驳不倒的根据,也必须把它们称为被统治的民主"②。

既然在萨托利眼中的民主是"被统治的",那么我们要追问:它是如何被统治的?被谁统治?萨托利给出了回答:"选举不制定政策;选举只决定由谁来制定政策。选举不能解决争端,它只决定由谁来解决争端。""选举只从含糊的意义上说明了如何统治,它主要是确定由谁来统治。"③ 也就是说,萨托利一脉相承地继承了熊彼特的"精英主义民主观"。而在萨托利眼中充当统治角色的是精英——自由主义的因素。

以法治、市场、社会组织、公民自由等契约精神为主要特征的"自由主义",构成了西方国家治理和国家建制的核心秘诀。这种对权力的规范、约束和监督,保证权力在规范的轨道中正常行使,才是"自由主义民主"成功的根本。因此,无论萨托利还是熊彼特,自由的价值都优先于民主。二者是有先后次序的。

> 自由主义民主这一定义是指以自由——依靠自由——求平等,而不是以平等求自由。……无论我们构造什么,都必须首先造就某物,然后它物才能跟进。在盖砖房之前要先制砖。这是程序上的顺序,也是程序上的必然。在这里,砖就是自由。这就是说,自由主义的自由

---

① [美]乔万尼·萨托利:《民主新论》,冯克利、闫克文译,上海人民出版社2010年版,第102页。
② 同上书,第135页。
③ 同上书,第123—124页。

和民主主义的平等是以这种顺序在程序上互相联系的。我们对平等的颂扬可以超过自由的颂扬，但这不能使取舍顺序中居于首位的在结构顺序中也居于首位。从自由出发，我们可以自由地走向平等；从平等出发，却无法自由地取回自由。这个行程是不可逆的，尚无人能够合理地证明如何把它颠倒过来。民主政体（遭受两千年的非难之后）作为一种美好政体步自由主义后尘得以复苏，这当然是件好事。不难预见，如果追求更大平等这一目的损害了使我们得以要求平等的手段，民主政体将会再度消亡。①

因此，在萨托利眼中，民主这种价值是善的，是值得"颂扬"的，但是在治理国家时，也就是在政体、政治结构的层面，孰轻孰重是需要考量的。而作为达到平等的手段的"自由"，也高于平等本身的目的。这与熊彼特对程序和实质的颠倒是异曲同工的。萨托利说："能不能说，为了实现民主，现代人只能满足于较少的民主？也许是吧。但我宁愿认为，虽说现代人希望少来点'字面上的民主'，例如人民主权之类，但他实际上是在企求无止境的'自由主义的民主'。"② 归根结底，萨托利的民主观是自由主义民主，甚至可以说，是以给民主留有一席之地的自由主义。而这里的民主仅有两个意义：（1）是熊彼特式的选举程序；（2）"它首先意味着寻求更多的社会保障和经济福利。"③

从这个意义上讲，正是社会主义将民主的价值推向了时代的前沿。然而，我们也必须承认，20世纪中期社会主义国家建设的一些重大失误，使社会主义与民主的亲缘关系面临挑战，也使社会主义为了达到更高程度民

---

① [美]乔万尼·萨托利：《民主新论》，冯克利、闫克文译，上海人民出版社2010年版，第425页。
② 同上书，第310—311页。
③ 同上书，第424页。

主这一"目标"的"手段"受到批评和质疑。"有关社会主义的争论在很大程度上正成为有关手段而不是目标的争论。"① 连新自由主义者哈耶克也承认，社会主义的目标是善的，因为它追求"社会正义、更大程度上的平等和保障等理想，这些理想是社会主义的终极目标"，然而，为了达到这一目标的"充分而迅速的"特别的方法，却有时候会与目标背道而驰，甚至在热烈的信仰下"无论其代价如何"。

"极权主义"（或称"全能主义"）：这个在历史上源于对德国纳粹主义、苏维埃共产主义和意大利法西斯主义研究的词汇，在"二战"后带有了冷战意识形态之争的色彩②，于是被用来与"民主"这个政体类型相对立。人们仍然对学者笔下描述的"极权主义"情景触目惊心：

> 凡在它崛起执政的地方，它建立全新的政治制度，摧毁一个国家所有的社会、法律和政治传统。……极权主义政府总是将阶级转变成群众，撤换了政党制度（不是用一党制，而是用群众运动来替代政党制度），将权力中心从军队转向警察……它蔑视一切法律，甚至包括它自己的成文法，这意味着它相信自己能够不要任何"共识法规"而行事……一切法律都变成了运动的法律。③

"二战"后，"极权主义"一词的意指含义的意识形态论战色彩多于它的历史描述意义。萨托利公允地讲道，民主和极权主义都是"理想类型"的极端类型，它们的逻辑功能仅载于限定该连续体，"这意味着不应指望会

---

① [英]弗里德里希·奥古斯特·哈耶克：《通往奴役之路》，王明毅、冯兴元等译，中国社会科学出版社1997年版，第38页。
② 陈伟：《阿伦特的极权主义研究》，《学海》2004年第2期。
③ 汉娜·阿伦特：《极权主义的起源：极权主义》，林骧华译，生活·读书·新知三联书店2008年版，第635—639页。

存在'纯正的'极权主义体制,正像不应期待任何具体的民主体制是纯正的民主体制一样。……在每一不同时期,可以把各个国家放在我们连续体的不同位置,随着时间的变化,有些国家会离开极权主义的范围,另一些国家则会进入这一范围,或是更接近连续体的极权主义的一端"①。鉴于此,更多学者使用较温和的"威权主义"一词来指称那些"非民主"的政体。

"民主—非民主"或"民主—全能主义"(威权主义)的二元划分(尽管后来有各种修正版的三类型、五类型,但根本思维方式仍然是二元的)奠定了西方主流民主理论的框架,也深深影响了后发国家的民主理论和社会科学界。人们在谈论民主政体的时候,往往是在熊彼特式选举民主程序意义上谈论民主的,也往往是以萨托利的自由主义民主模版来反观后发国家的民主发展的,而"威权主义""权威主义""新威权主义""后威权主义"的讨论更是不绝于耳。行为主义麾下"民主—非民主"的二元政体观,直到今天一直深刻地影响着人们的思维方式。

这场话语体系的建构影响深远:20年代始于"反民主"(古典主义民主)的政治科学研究,却通过强大的语言建构,翻身为"民主"(精英主义民主)的最正统代言人。异常吊诡的是,这种话语建构,将行为主义初期研究对民主的不信任巧妙地掩盖了起来,而接下来的行为主义理论家则沿着这条思路对全世界的政治体系进行归纳、分类,提出了著名的"民主—威权(非民主)"政体二分法,开始对其他国家的民主化评头论足。

这种成功的话语置换,既是上述20世纪初期美国政治科学家的理论自觉——以现实来修正理论的实用精神;也是"二战"后在世界格局的变化、社会主义的兴起、新型民族国家崛起等一系列大事件影响之下,美国政治科学家的政治使命使然——与社会主义争夺民主话语权、对新兴民族国家施加影响力。总之,美国政治科学家的努力从一开始就不是象牙塔中的纯

---

① [美] 乔万尼·萨托利:《民主新论》,冯克利、闫克文译,上海人民出版社2010年版,第223页。

粹科学研究，而是伴随着理论与现实的张力不断调整理论模型，以此来适应现实，进而指导现实的一种强烈的使命意识，这种使命意识伴随着意识形态甚至宗教信仰般的热忱。

实际上，笔者认为20世纪的美国政治科学家面对的一个重大而持久的问题一直都是：如何处理理论和现实之间的张力。迈向科学的政治研究，并没有因为他们所期冀的那样，将科学的客观、价值中立等特征展现出来，反而昭示出种种"非科学"的价值取向和意识形态特性。

（三）调和政体二分法的"多头政制"？

提到民主理论以及民主政体的分类问题，一个绕不开的理论家就是罗伯特·达尔。有美国学者认为达尔反对二分法，是等级系列上的民主支持者。[1]

确实，在1982年出版的《民主及其批评者》中，达尔这样说："把虚假的摩尼教式的井然秩序强加于这个无论在道德方面还是在经验方面都错综复杂的世界的想法是很诱人的。对于民主的支持者来说，诱惑来自把世界整齐地划分为民主（假定是好的）和非民主（假定是不好的）。但是，摩尼教式的区分在道德上是不够的，在经验上是会产生误导的，在政治上是不合适的。"达尔之所以这样说，是他清楚地意识到，"民主化的步伐在历史上一般是缓慢的，在民族国家要经过几个世纪"。因此，"非民主国家众多种类的政权要求区别对待经验和道德评价，并坚决反对摩尼教式的二元论"[2]。

正如前面我们在分析熊彼特民主理论时所看到的，"民主"这个概念实

---

[1] ［美］科利尔和艾德考克：《民主和二分法，一种实用主义的概念选择》，《经济社会体制比较》2007年第5期。

[2] ［美］达尔：《民主及其批评者》，曹海军、佟德志译，吉林人民出版社2006年版，第449—451页。

在具有太大的弹性空间，以至于可以为理论家和政治家所改造。罗伯特·达尔也认为"民主"这个词有着很大的含糊性和多义性，因此在《现代政治分析》为民主多头制勾勒出的 7 个特征中，他注意到，"成年人普选权"和"选举中大多数成年人有权利竞选公职"这两点，在 19 世纪是并不具备的。而普遍的公民资格是 20 世纪之后的产物。因此他甚至质疑托克维尔《论美国的民主》这本书的标题的适当性，因为"事实上那时的美国只有少数成年人（男性白种人）才是有权利投票并从事公共事务的完全公民"①。他也继续提醒我们，直到 20 世纪 60 年代联邦政府通过和实施公民权利法案之后，黑人才实际上获得了投票权。而到了 20 世纪占成年人口半数的妇女才获得投票权，这也发生在全世界资格最老的"民主国家"美国和瑞士。那么，怎样处理这个矛盾呢？如果按照严格的定义，美国 19 世纪是一个民主国家吗？甚至进一步的问题：美国现在是一个民主国家吗？达尔退而求其次，干脆不再把吻合上述 7 个制度的国家严格定义为"民主制"，而是"多头制或民主多头制"。在这里，"polyarchy"有"poly-不止一个的、多个的"和"-archy 统治"两个因素构成，通俗点说就是"多元统治"，这倒让我们想起威尔逊在《国会政体》中对美国政治过程的描述："一般民众将治理国家充其量尊之为碰运气的事，是可以理解的。因为在这件事情上，民众的选票和影响都起不到什么作用。……往全国这锅肉汤中添加佐料的厨师太多了，一次换掉一个厨师是无济于事的。"②

罗伯特·达尔在《现代政治分析》中列举了划分区分政治体系差异性的几个指标：（1）通往现在的路径；（2）社会经济水平或"现代化"的程度；（3）政治资源和技能的分配；（4）分裂或融合的基础；（5）政治冲突

---

① ［美］罗伯特·A. 达尔、布鲁斯·斯泰恩布里克纳：《现代政治分析》第 6 版，吴勇译，中国人民大学出版社 2012 年版，第 107 页。

② ［美］威尔逊：《国会政体：美国政治研究》，熊希龄、吕德本译，商务印书馆 1986 年版，第 184 页。

的大小或严重性；（6）分享和行使权力的制度。① 而他认为最后一点是当代政治学家倾心关注的论题。在我们看来，分享和行使权力的制度差异也就是政体差异。达尔单列一章来讨论这个问题，而他的政体划分简单明了，即"多头制与非多头制的差异"。在这里，他自己补充道，多头制大致相当于"民主制"，而非多头制则大致相当于"非民主制"。

当人们在谈论一个多头制（民主制）时，他在谈论的具体是什么制度呢？达尔试图做出一个特征集的深描。他认为，民主制就是拥有以下一些特征的制度：

（1）授予选举产生的官员以控制政府政策的最终决定权；

（2）通过惯常、公平和自由的选举来选择与和平地更换官员，在其中，暴力和胁迫要么全然没有，要么非常有限；

（3）所有成年人都有投票的权利；

（4）在选举中，大多数成年人还有竞选公职的权利；

（5）公民具有自由表达的权利，包括批评和反对占据政府高级职位的领导人或政党的权利，政府官员必须有效地保障此项权利的实施；

（6）公民具有获取信息资源的便利，并有切实的权利来获取，一国的政府或任一其他集团皆不得垄断此类资源；

（7）公民具有切实的权利来组成与加入政治组织，包括政党和利益集团。②

因此，符合以上 7 项制度的国家就是"民主制国家"，而缺乏 1 项或多项的则是独裁制、霸权制、极权制或专权制。虽然达尔也意识到这样的称呼对于"现代世界政治体系的复杂多变而言，都只能算是一幅过于简单的画面"。尽管如此，"为了方便，我们还是打算把它们混合在一起并统称为

---

① 参见［美］罗伯特·A. 达尔、布鲁斯·斯泰恩布里克纳《现代政治分析》第 6 版，吴勇译，中国人民大学出版社 2012 年版，第 87—101 页。

② 同上书，第 104—107 页。

非多头制或独裁体制"①。

对于达尔来说,除了"成年人普选权"和"选举中大多数成年人有权利竞选公职"这两点让人产生歧义之外,其他的多头制特点则是不言自明的:譬如公民自由表达权、批评政府的权利、获取信息的权利、组织或加入政治组织的权利,以及代议制。在公民自由、多元主义(自主—控制)、施加权力(说服—强制)这些方面,达尔充满自信地认为,这些都是区分"多头—非多头"政体的核心指标。而我们注意到,这些价值其实都是西方社会沉淀发酵了几个世纪的经典价值观:自由主义。

自由主义是一整套关于国家、政府、社会、个人之间权利关系与利益关系的政治哲学与政治实践。在我看来,熊彼特的"精英民主理论"是以"民主"的新瓶装"自由"的旧酒,而达尔此处所强调的"多头制—非多头制"政体的区分指标,也大多是自由的内涵。例如,他认为多头制的个人和次体系相对于政府来说较为自主。这种自主体现在"多头制下存在着数不清的种种组织,如私人俱乐部、文化组织、压力集团、政党、工会,等等。这些组织大都积极谋求对征服的影响。……存在着大量相对自主的团体和组织的政治体系,就是人们常说的多元主义体系。与之相反……与多头制相比,极权制体系的多元成分更少或一元成分更多"②。

由上观之,尽管达尔曾明确反对二分法,但其多头制—非多头制的划分又很容易与民主—非民主等同起来。其中的不同或许在于,达尔只是描述了不同政体类型的客观差异,但反对将非民主国家一夜之间民主化;而民主—非民主的区别更具意识形态色彩,更加符合民主化的政治。

---

① [美]罗伯特·A. 达尔、布鲁斯·斯泰恩布里克纳:《现代政治分析》第6版,吴勇译,中国人民大学出版社2012年版,第107页。
② 同上书,第110页。

但是，鉴于民主化的第三波，达尔的观点似乎有所松动，在其1998年出版的《论民主》中这样说："我们所提到的民主究竟是什么意思？区分民主政府与非民主政府的标准又是什么？"答案是："我们终于认识到，民主就是必须实际地保证每个成年公民都有参与投票的权利。"①

达尔还进一步区分了"理想的民主"和"现实的民主"。理想的民主标准是有效的参与、选票的平等、充分知情权、对议程的最终控制、成年人的公民权；② 而现实的"现代代议制民主政治制度"则包括选举产生的官员、自由—公平—定期的选举、表达自由、多种信息来源、社团自治、包容的公民权。③

事实上，和熊彼特、萨托利一样，达尔也视"竞争性选举"为民主—非民主的根本指标。但另一方面，达尔关于民主的条件假设一直以来很著名，他认为民主成功的关键条件包括选举出来的官员能够控制军队和警察、民主信仰和政治文化、没有强大的敌视民主的外部势力；有利于民主的条件则是现代的市场经济和社会、弱小的亚多元主义文化。达尔强调，"我一再指出，一个国家特定的基础条件和背景条件有利于民主的稳定，如果这些条件过于脆弱或完全缺乏，那么民主是不可能存在的，或者说，即使它存在，也是极不稳定的"④。

由此可见，达尔的民主观既与二元分类有些相似，但是他有特别强调民主的条件。在这个意义上，不同于二元论者的是，他把"竞争性选举"视为民主的根本指标，但竞争性选举的好坏则取决于上述的一系列条件，因而和20世纪80年代的观点一样，不主张强制推行竞争性民主。

---

① [美]罗伯特·A.达尔：《论民主》，李风华译，中国人民大学出版社2012年版，第2—3页。
② 同上书，第33—34页。
③ 同上书，第72页。
④ 同上书，第124页。

◇◇第三节 "结构—功能主义"范式的政体意义[①]

提出"民主—非民主"政体上的二分法本身并不是目的,目的是如何以民主战胜非民主,这一点从已经发生的历史得到验证。如果"民主—非民主"的划分是冷战现实政治的需要,那么冷战时期的很多"一般理论"难道仅仅是为了理论而理论吗?杜鲁门和阿尔蒙德的就职演说传递了明白无误的政治信息,即作为范式的一般理论本身就是与现实政治密切关联的意识形态;不仅如此,政治学家眼中的"一般理论"则是关于政体的一般理论。在这个意义上认识作为当时比较政治学最高成就的"结构—功能主义",就更能理解理论创始人的政治初衷。换句话说,虽然我们所熟悉的结构—功能主义是为比较政治发展研究提供的一种范式,其中蕴含的重要信息是如何使"非民主国家"更像西方的"民主国家"。由此,不难看出过去我们长期所忽视的结构—功能主义的一个面向或功能:将民主政体普世化。

一 结构—功能主义范式及其政体蕴含

行为主义政治学为政治学带来一系列新的理论,比如政治系统理论、结构—功能主义、政治沟通理论、团体理论、政治文化理论、政治发展理论,等等,而在比较政治学上,尤其是在比较政治制度研究上,具有宰制地位的无疑是结构—功能主义。事实上,行为主义的众多理论与方法都可

[①] 本节来自笔者已发表研究,依照全文布局有所调整增删。参见曾毅《行为主义的政治制度研究》,《政治学研究》2012年第3期;曾毅《比较政治研究中的发展主义路径》,《社会科学研究》2011年第1期。

以被纳入结构—功能主义。比如，政治沟通理论中的信息沟通的结构、过程以及结果，可以在结构—功能主义那里找到对应关系；团体理论和政治文化理论中的"团体"与"文化"都是结构—功能主义中的重要变量；而结构—功能主义的功能性目的就是为阿尔蒙德追求的政治发展目标服务的。因而，结构—功能主义可以被认为是范式化的行为主义，主宰这美国政治学尤其是比较政治研究。在这个意义上，我们说结构—功能主义是当时美国比较政治学的最高成就。

结构—功能主义是建立在戴维·伊斯顿的政治系统理论基础上的。简单地说，由要求和支持构成的"输入"经"权威机构"过滤与论证后形成的作为政策产品的"输出"，并"反馈"到"输入"那里，从而形成一个循环的政治过程。① 政治系统理论对公共政策分析产生了巨大影响，并直接推动了阿尔蒙德的结构—功能主义。

在伊斯顿政治系统理论和帕森斯功能主义的基础上，阿尔蒙德试图建立一套抽象的理论模型，用一系列普适的概念和理论来解释所有国家的政治现象。② 例如，他用"政治体系"代替旧术语，如国家、政府、民族等。

---

① ［美］戴维·伊斯顿：《政治生活的系统分析》，王浦劬等译，华夏出版社1987年版。

② 尽管国内对结构—功能主义耳熟能详，还是有必要交代一下它的大致内容：在阿尔蒙德那里，第一个概念是"政治体系"。与此相关的概念是"环境"。而体系与环境相互作用分为三个阶段：输入、转换和输出。

第二组重要的概念是"结构和文化"。结构是由各种相互关联而又相互作用的角色组成的；角色的组合就是结构。而文化是一个政治体系的基本倾向（心理层面）。结构和文化之所以重要，是因为它们与阿尔蒙德的政治发展观息息相关。

第三组重要概念是政治体系执行的功能的三个层次，即体系层次、过程层次和政策层次。阿尔蒙德认为，所有政治结构，无论专业化程度如何，都执行着多种功能。体系层次的功能涉及体系的维系和适应功能，包括政治社会化、政治录用和政治交流；过程层次的功能，是要求和支持的输入经过一个转换过程变成权威性政策的输出的功能。由利益表达、利益综合、政策制定和政策实施四个方面构成；政策层次的功能，包括输出产品、行为、结果和反馈等。

也就是说，任何政治社会都会有一个"政治体系"，传统上"国家"是被分类的，而政治体系可以不分类。在这个意义上，行为主义的"政治体系"是力图否定旧制度主义的"国家"的概念和努力；另外，阿尔蒙德提出"结构和文化"这组概念，他认为，政治发展的两个重要指标是政治文化世俗化和政治结构分化。这组概念意味着，政治研究从传统的"高政治"即国家，转向"低政治"即社会与文化。

在阿尔蒙德的结构—功能主义中，最重要的目标是以普世化的功能需求来呼唤结构的演进，这就是他的政治发展观。用他自己的话说："我们不仅仅想说明通过学习历史可以学到很多有关政治发展的情况，我们想达到的根据系统的历史比较来寻求一种政治发展的路径。"[①] 换句话说，在结构—功能主义理论中，功能决定结构。而这个适用于所有政体的功能是什么呢？便是政治社会化、政治录用、政治交流、利益表达、利益综合、政策制定和政策执行。而我们发现，这恰恰是西方国家的政治过程与政治功能。也就是说，阿尔蒙德试图通过历史比较，其实主要是根据西方国家政治制度的比较研究，抽象出一套普世主义的政治发展路径。

我们需要发掘出结构—功能主义的政体蕴含。本章第二节已经告诉我们，行为主义政治学并非过去我们常说的只研究个体和社会行为。这些层面研究的背后事实上都有更高的价值关怀即"民主—非民主"问题。作为行为主义政治学最高成就的结构—功能主义，其政体意义也必然与行为主义政治学的"行为"研究特征有关，将旧制度主义相对狭隘的研究范畴进行拓展，研究行为与制度的关系、其他政治主体与制度的关系，即政体意义体现在"行为研究"上。因此，结构—功能主义的政体意义需要被发现。

---

① ［美］阿尔蒙德：《政治系统的发展路径》，载［美］扎哈里亚迪斯主编《比较政治学：理论、案例与方法》，北京大学出版社2008年版，第75页。

我们认为，结构—功能主义的政体意义体现在以下两个方面：

第一，从法条主义导向的政体研究转向动态的政治过程研究，并试图揭开政体这个"黑箱"是如何运行的。如前，无论是伊斯顿的政治系统理论还是阿尔蒙德的结构—功能主义，都离不开"结构"。在这里，"结构"或"系统"就是旧制度主义政治学中的国家、政府等政治制度。因此，绝不能因为行为主义特别重视"行为"研究而就说行为主义政治学没有"政体"。

但是，绝不能过分夸大行为主义的"结构"与旧制度主义的"制度"之间的联系，因为除了后面将要讨论的结构—功能主义的"结构"只是西方模型的政体外，"结构"本身也只不过是一个外生性变量。伊斯顿后来反思到，结构—功能主义虽然以"结构"为前提，但是关于"结构"的性质、地位、作用和决定性限制都没有在结构—功能主义那里有任何讨论。[①] 我们知道，结构功能主义主要以"功能"来验证"结构"，甚至是以"功能"来改造"结构"，更多的是围绕"功能"而展开的"过程"分析。因此，行为主义政治学的政治制度研究与旧制度主义政治学具有作为制度的"结构"上的关联，其实质是政治过程分析。

第二，将文化和社会等引入政治制度研究。在结构—功能主义中，政治研究从"高政治"转入到"低政治"，即从原来的宪法层面的政治制度转向作为政治制度基础的社会与文化。这是政治学研究的重大转向。与政治系统理论相比较，结构—功能主义更加注重"低政治"因素，比如政治文化概念的引入，政治功能中的利益表达和利益聚集。而在政治系统理论那里，虽然有来自社会的输入项即社会的要求与支持，但是其关键还是作为"authority"的政府以及政府的政策产品。也就是说，政治系统理论与旧制度主义的关系更加密切。

---

① David Easton, "Political Structure Reviewed", in B. Guy Peters and Jon Pierre ed., *Institutionalism*, Sage Publications, Vol. 1, 2007, pp. 35–48.

相比于旧制度主义的静态的法条主义的"高政治"研究，结构—功能主义无疑是一场革命。但是，与古典主义政治学相比，以结构—功能主义为代表的行为主义政治学又没有什么实质性突破。在第二章我们已经详细讨论过，政体的过程研究在亚里士多德那里就已经很明显了。

二 结构—功能主义的意识形态功能：将西方民主政体普世化及其问题

阿尔蒙德的结构—功能主义的影响力巨大，甚至可以说曾牢牢地主宰着"二战"后美国比较政治学界。威亚尔达如此评价结构—功能主义的魅力："首先，阿尔蒙德的设计不仅提供了一种理解世界范围内的所有迥然不同的政治系统的方法，而且还提供了一个几乎可以适用于所有这些政治系统的大纲；其次，它教该领域的初学者应该研究些什么：利益整合、规则的裁决等等；再次，使阿尔蒙德的方法充满吸引力的原因就在于它不仅在科学上是站得住脚的，在道德上也是善的；最后，在越战前那个充满乐观主义的时期，可以通过美国外交援助修正一国的发展中缺失的因素。面对这样一种综合各种优点于一身、极具说服力的方法，谁还能有招架之力呢？"[①] 扎哈里亚迪斯也认为，"它在价值上是高度自由主义的，因为它融合了20世纪60年代早期的自由传统与乐观主义。……这已成为一个发展模型，肯尼迪政府要别的国家完全沿着这条道路发展起来。它告诉发展中国家，它们为建立一个更有秩序和运转良好的体制需要做些什么"[②]。看来，我们说结构—功能主义的普世化政体观判断并不武断。

[①] [美] 霍华德·威亚尔达：《比较政治学导论：概念与过程》，北京大学出版社2005年版，第59页。

[②] [美] 尼考劳斯·扎哈里亚迪斯：《比较政治学：理论、案例与方法》，北京大学出版社2008年版，第9—10页。

但是，由于结构—功能主义为代表的行为主义政治学是以学术面目出现的意识形态，问题必然层出不穷。与前述的亚里士多德的非意识形态化的政体研究相比，行为主义政治学的政治制度研究大大简化了，甚至倒退了。原因就是冷战中的意识形态高于一切，政治科学变成了科学主义包装下的意识形态学，政治制度研究也就变成了以推广西方政治模式为导向的研究，结果必然把复杂问题简单化，并招致政治现实的困顿甚至失败。这样，无论是形式上多么完美的一般性理论，结果都是西方中心主义甚至是西方政治制度模板的产物。具体而言：

第一，以西方政治为模板的政治系统理论。政治系统理论被称为"一般理论"，即可以用来分析所有的政治系统或国家。如果这样，那么，在"输入"项中的"要求"与"支持"到底是什么呢？首先，在政治的关键时期，比如革命时期，反对者要求政府下台的话，这样的政治如何能用政治系统理论解释？对于反对者的要求，政府的回应大概就是强制性权力的运用了。因此，我们不能从政治系统理论中看到国家的暴力本性或强制功能。我们知道，在很多发展中国家，政治转型是常见的事，无论是政变这样的政治还是制度转轨。其次，在政治的常规时期，在很多国家或政治系统中，甚至只有"支持"而看不到"要求"，或者有"要求"也不能表达。当伊斯顿提出这样的理论时，这种政治现象尤为常见，尽管他追求的是以政治系统理论来解释所有的政治共同体。因此，看上去要解释所有政治体系的政治系统理论充其量是根据西方政治模型而提出的一种分析根据，而当用它来分析其他国家政治或用于比较政治制度研究时，其障碍或局限性就充分暴露出来。

第二，结构—功能主义更是带有西方制度模板印记的强烈偏见。扎哈里亚迪斯举例说，"阿尔蒙德认为政党是利益整合的代言人。那么，非洲酋长的领袖角色、顾问班子以及其他传统制度就不应该被考虑，甚至要被谴责为发展的障碍。如此一来，西方型的各种制度如政党和利益集团都应该被移植到新兴国家"①。的确,在阿尔蒙德的模型里,必须履行西方早发国家那样的特定的功能,发展出特定的组织和机构,才能被称为是政治发展。而发展中国家特有的传统政治现象则不予考虑。例如,即使在利益整合意义上,发展中国家的政党也不只是西方意义上的团体的利益代言人角色,还可能是国家的组织者。很多国家,包括俄罗斯、中国、印度等重要国家,都是政党作为组织者而把国家组织起来,否则国之不国。② 对此,西方意义上的政党理论无论如何都不能解释建国者角色的发展中国家的政党。同样是称为政党,此"政党"非彼"政党",西方政党更多是交易型的,而国家组织者的政党则更具使命型的建国者。也就是说,发展中国家的关键性变量,如政党,在本质上可能完全不同于具有同一个名称的西方国家的政治变量。

阿尔蒙德还认为,"政府各机构之间功能上的差别,是同它们之间结构和程序上的差别相关联的"。他引用安东尼·金的文字来描述政府各机构的不同程序,比如,立法机构从事于公共事务的辩论;法院所需要的程序是审查、盘问证人、提供证据和解释法律条文;行政部门的运转又不一样,他们总是同文件、档案、会议记录、通电话和各委员会打交道。因此,"假如我们应邀到一个陌生国家去,首先听取正式的辩论,然后再看到身穿黑袍在听取辩论的人们,然后再参加在某人的私人办公室里召开的非正式的会议,这时我们大多数人就不言而喻的知道我们已经依次访问过了立法机构、法院和某种行政办公室"③。这番话生动地表达了阿尔蒙德以西方现有的政治体系、三权分立系统为模板和榜样,对非西方世界提出的"期待"

---

① [美] 尼考劳斯·扎哈里亚迪斯:《比较政治学:理论、案例与方法》,北京大学出版社 2008 年版,第 11 页。

② 杨光斌:《政治变迁中的国家与制度》,中央编译出版社 2011 年版,"第六章:制度变迁的路径及其理论意义"。

③ [美] 加布里埃尔·A. 阿尔蒙德、小 G. 宾厄姆·鲍威尔:《比较政治学:体系、过程和政策》,曹沛霖等译,东方出版社 2007 年版,第 271 页。

和"标准",是西方中心论的鲜明体现。

第三,结构—功能主义反映的是"社会中心"路径,这个路径的适用性并非普遍的。就是在西方国家的政治现代化过程中,也至少存在社会中心主义和国家中心主义两条路径并在此基础上形成不同的理论体系。在某种意义上,旧制度主义政治学主要研究国家、政体这样的"高政治",也可以归类为国家中心主义的理论脉络。现代政治学说是研究国家与社会关系的,因而无视社会的政治学固然有其结构性问题。但是,结构—功能主义走向极端,当它只是"社会"的时期却忘却了"国家",以社会中心主义的路径来研究发展中国家,而发展中国家的发展或现代化恰恰最需要国家,不管你多么不喜欢"国家"。

对此,中国台湾学者陈鸿瑜认为,"阿尔蒙德的研究路径研究用于非工业化国家时,有两个限制因素:(1)由伊斯顿提出(阿尔蒙德继承)的系统过程模式,似乎并不适宜于政府机构和结构相当薄弱的'第三世界'国家。西方国家较多强调输入项,如政党、压力团体、利益表达和利益会聚的功能,但'第三世界'的情况恰好相反,大多强调输出项,人民只晓得服从政府的法令,而不晓得如何制定或影响决策。(2)政策研究的知识背景是源于西方多元文化传统,其中心信仰乃认为政策是由政治交易过程所做成的,政策本身是竞争团体之间协调的产物。这些都是'第三世界'国家的文化背景最欠缺的"[①]。确实,就作为利益表达或"要求"与"支持"的利益集团而言,美国和英国是典型的多元主义特征的社会统合主义,而欧洲大陆则更多的是国家统合主义,更不要说作为"发展型国家"的很多发展中国家了。

笔者认为,以东亚为代表的"发展型国家",不但强调国家在现代化过程的作用,更重要的是还应该从国家建设的角度看问题。有学者指出,后

[①] 陈鸿瑜:《政治发展理论》,吉林出版集团2009年版,第14页。

发国家（特别是东亚地区）的现实情况是，它们不同于西方多元主义，是先有国家，再有国家扶植下的商业和工业集团，接着才有"社会"——而这才是这些地区"国家建设"的蕴含。① 可以看出，这与早发达的英国等欧洲国家完全不同，西欧中世纪以来一直就是国家和社会的二元化结构，甚至是先有社会组织后有国家，然后是现代经济组织的出现。

进一步而言，即使在国家建设到一定程度即按西方标准已经实现了现代化以后，东亚发展型国家的国家—社会关系也处处可见"嵌入型的自主性国家"。丁学良如下看法为很多比较学者所接受："在东亚，国家—社会关系模式在历史上就不同于现代的西方模式，东亚模式的独特性不会在工业化或民主化之后就简单地销声匿迹。在东亚，国家具有组织化的渗透性，没有泾渭分明的边界。它们的权力和功能具有弥散性，绝少考虑过程。总之，公私之间、政治和个人之间、正式和非正式之间、官方和非官方之间、政府和市场之间、法律和习俗之间、程序和实体之间的界限完全是模糊的。这在前共产主义的中国、半威权主义的台湾地区以及民主的日本同样是正确的。"②

国家建设的不同路径以及固有的不同的国家社会关系意味着，用已经模式化的早发达国家的"结构—功能"来研究发展中国家的现代化即国家建设，有点关公战秦琼的意味。

结构—功能主义是第二次世界大战后西方国家盛行的发展主义世界观的经典范式，即发展中国家一旦有了结构—功能主义中的"功能"，现代化

---

① ［美］康明斯：《无蜘蛛之网，无网之蜘蛛：发展型国家的系谱》，见［美］科利《国家引导的发展：全球边缘地区的政治权力与工业化》，朱天飙等译，吉林出版集团2007年版，第107页。

② X. L. Ding, "Institutional Amphibiousness and the Transition from Communism: The Case of China", *British Journal of Political Science*, Vol. 24, No. 3, July 1994, p. 317. 转引自查默斯·约翰逊"第2章：发展型国家：概念的探索"，见［美］禹贞恩编《发展型国家》，朱天飙等译，吉林出版集团出版2008年版，第71页。

也就完成了。① 经典发展主义曾经被认为是解释发展中世界的万能良方，却最终日渐衰落。除了现实层面来自发展中世界的种种令人悲观的政治景象的直接打击之外，发展主义本身的理论特性所展示出的矛盾和局限性，也是它生命力难以持久的重要原因。其中，历史观的匮乏，是最受诟病的致命硬伤。

笔者曾在一篇早期研究中评价过阿尔蒙德的结构—功能范式：

> 阿尔蒙德的结构功能主义范式虽然自认为是历史比较的产物，其实几乎不存在历史观。第一，结构—功能主义是行为主义革命下的产物，而行为主义又是淡化制度、历史和文化的。行为主义为什么在美国泛滥而在其他地区并不能大行其道，说到底是美国本身没有历史的缘故，以为科学就能解决一切问题，相信"科学分析"就能回答一切问题。结构功能主义中的体系—过程—政策是科学化的产物，而7种功能更是政治学科学化的"结晶"。

> 第二，与缺乏历史观相关，就是结构层面的7种功能，也只是当代西方发达国家发展结果的一种"快照"，而不是真实的历史过程。或者说，西方国家发展过程中也并不具备这些结构与功能，而是经过长期的制度演化而形成的模式。这样，用发达国家长期演变的结果性模式套在发展中国家身上，试图让发展中国家忘记自己成长的"阶段"，忘记历史和文化，结果必然是南辕北辙，甚至出现政治衰败。事实上，冷战时期很多模仿或照搬西方政治制度的发展中国家几乎都出现问题，比如所谓的现代化"中断"。

> 历史观的缺失必然导致其在政治制度研究上的理论适用性问题。今天看来，如果说结构功能主义范式还有什么意义的话，主要

---

① 参见曾毅《比较政治研究中的发展主义》，《社会科学研究》2011年第1期。

体现在作为政治过程的公共政策比较分析。同时更应该看到，行为主义政治学的政治制度研究上的倒退进而引发了美国政治学历史上的畸形发展，那就是后来的理性选择主义曾一统天下。作为一种西方主流政治学的理性选择主义，几乎无视政治权力本身或政治制度对于行动者的约束性作用，只把政治当做个人偏好的理性选择。结果，在不少西方学者那里，理性选择主义政治学变成了沙盘推演的游戏，甚至成为训练思维的数学游戏，给西方政治学，尤其是美国政治学带来极为严重的负面影响，政治学的学科地位大大降低，以至于有国会议员强烈主张取消已经少得可怜的政治学研究预算。正因为这样的学科危机，才有了美国政治学界轰轰烈烈的"改革运动"，号召美国政治学走出"失败的数学和可怜的理性选择主义"①。

第四节 本章小结：简单的评论

今天看来，无论是关于政体的一般理论即结构—功能主义，还是政体二分法，都存在一系列问题。但是，应该看到，它们都符合"政治正确"原则，而且在政治实践上确实有其可操作之处。因此，冷战虽然结束了，但历史并没有终结，冷战时期形成的政体理论依然在流行，甚至主导着人们关于民主的判断。比如，著名的奥唐纳和施密特的转型理论其实就是二分法，他们这样界定"转型"："转型是以威权主义制度开始解体而启动的，在另一方面则是民主制度的建立、某种形式的威权统治的回归，或者是革

---

① 曾毅：《行为主义的政治制度研究：革命或倒退》，《政治学研究》2012 年第 3 期。

命的出现来界定的。"① 二人开创的转型学是二分法的典型成果，但依然大有市场。而今天在美国流行的比较政治学教科书更是依照二分法来介绍政体和政府体制，比如，在阿尔蒙德及其弟子们主编的最新版比较政治教科书中，谈到政府，标题是"民主和威权主义"。"在民主体系中，竞争性选举式公民能够选择和拒绝关键的政策制定者，从而赋予他们影响政策的机会。在大型社会中，竞争性选举与成年人的普选权是真正'民治政府'的必要条件。相反，在威权政体中，政策制定者是由军事委员会、世袭家族、主导性政党之类的政治结构选择的。公民或者被忽视，或者被迫对政治的选择表示象征性同意。"② 那么，在历史尚未终结的时代，在阿尔蒙德等人看来，作为政体的一般理论即结构—功能主义，依然大有用武之地。因此，这本权威的比较政治教科书的理论体系依然是结构—功能主义。

把如此复杂的政治世界划分为民主—威权主义两个极端，显然过于简单化而不符合事实，但是符合"政治正确"。抛开"政治正确"而以学术的视野去探寻真实的政治世界，笔者认为，政体二分法存在诸多问题：

第一，逻辑基础问题。萨托利的分类逻辑有其自身的道理，在哲学上属于"排中律"。"尽管分类法是人类认识的基础，但与等级法有关的推理同样是其基础。……一个围绕等级观念而集中地组织起来的思想体系，在面对变动不居的经验现实的时候会更加稳定、灵活和可靠。"③ 也就是说，相对于二分法政体观，等级或近似值民主观同样有着认识论上的理论基础，

---

① ［美］奥唐纳、［意］施密特：《威权统治的转型：关于不确定民主的试探性结论》，景威、柴绍锦译，新星出版社2012年版，第6页。

② ［美］阿尔蒙德等：《当代比较政治学：世界视野》（第八版更新版），杨红伟等译，上海人民出版社2010年版，第116页。

③ 参见［美］科利尔、爱德考克《民主和二分法：一种实用主义的概念选择》，《经济社会体制比较》2007年第5期。

甚至更接近事实真相。

第二,二分法政体观有违亚里士多德传统。在前述关于古典政体理论中我们已经知道,亚里士多德是在连续性光谱中划分正宗政体、变态政体以及诸多亚政体的,政体之间存在变换的条件和可能。相对于亚里士多德为代表的古代政体理论,二分法政体理论无疑是政治的需要,是世界意识形态化的产物。对此,我们应该清楚地知道,学术的逻辑和政治的逻辑既有关联,又存在重大区隔。

第三,二分法标准的动摇。如果说"竞争性选举"是二分法的根本标准,那么如何理解今天流行的"竞争性威权主义""选举式威权主义"等一系列说词?[1] 今天被美国视为威权甚至独裁的一些国家,比如俄罗斯、伊朗、委内瑞拉等一系列国家,都是多党制和"竞争性选举"而产生的民选政府。这种理论与现实的张力至少说明,以"竞争性选举"为标准的二分法政体观受到重大冲击,甚至已经发生了动摇。

第四,作为二分法政体观替代物的"混合政体"。已经有美国学者认识到,民主—非民主的二分法不符合真实的政治世界,而真实政治世界的政体大多是混合政体,混合政体广泛分布于世界政治体系中,它们既有某些民主成分,又有威权的甚至独裁的成分。[2] 事实上,在我们谈到旧制度主义政体时,已经有学者指出过英国代议制中的独裁与贵族制成分。必须指出的是,熊彼特、萨托利等人所说的自由民主其实也是《联邦党人文集》中所阐述的混合制政体。

如果换个视野看政体或进行比较政体研究,比如政治过程分析和比较

---

[1] Yonatan L. Morse, "The Era of Electoral Authoritarianism", *World Politics*, Vol. 64, No. 1, January 2012, pp. 161-198.

[2] Henry E. Hale, "Hybrid Regimes: When Democracy and Autocracy Mix", in Nathan J. Brown (ed.), *The Dynamics of Democratization*, Baltimore, The John Hopkins University Press, 2011.

政治经济学，二分法政体观甚至难以成立。在过程分析和政治经济学那里，不同政体之间会有类似的过程或政策，而相同的政体之间却有不同的政策。这就是下一章要回答的理论假设。

第 五 章

历史制度主义和比较政治经济学的政体观

虽然行为主义政治学依然是主流学派之一，但是其"一般理论"志向到 20 世纪 60 年代末遭遇重创，比如以结构—功能主义为代表的发展主义被亨廷顿的"政治衰朽"研究所遏制。①20 世纪 70 年代，世界性的危机事件频发，尤其是西方遭遇的 1974 年石油危机，乐观的发展主义更是奄奄一息，在理论路径上，作为替代性路径的比较政治经济学适时而生。在比较政治经济学的基础上，20 世纪 80 年代西方政治学更是找回了久违了的"制度"，从而使新制度主义政治学尤其是其中的历史制度主义成为西方政治学的主导性学派。比较政治经济学和历史制度主义有很多共同之处，其共同的研究志趣是专注于政治的过程研究，尤其是公共政策过程研究，从而大大丰富甚至改变了人们传统的关于政体的看法。②

---

① 曾毅：《比较政治研究中的发展主义》，《社会科学研究》2011 年第 1 期。
② 需要指出的是，这里之所以把比较政治经济学和历史制度主义相提并论，是因为二者在很多方面具有相似性甚至可互换性。我们知道，各个科学范式都有其特定的目标和理论要素，如果不同的范式回答不同的问题，各自具有不同的目标和轨迹，不具有可比性，就是两股轨道上跑的车；但如果是在回答同样的问题，走着相同的轨道，或者间或道路分叉，那么这两个范式就如同两辆竞赛的汽车，就具有可比性，甚至具有理论上的可转化性。历史制度主义和比较政治经济学就是这样的两个范式。

◇第一节 历史制度主义与比较政治经济学的方法论特征

一 历史制度主义与比较政治经济学的兴起及使命

20世纪80年代兴起的,或者说重新复兴的(新)制度主义,被罗伯特·古丁和克林格曼称为政治科学继行为主义之后的"第二次革命"[①]。从政治科学内部的方法论解释力上来讲,新制度主义兴起的动因,是对行为主义和源于经济学的理性选择主义的不满。在被学界公认为标志着新制度主义诞生的宣言性文章《新制度主义:政治生活中的组织性因素》中,马奇和奥尔森系统地表达了这种不满。他们认为,20世纪50年代以来,被行为主义和理性选择主义主宰的西方主流政治科学有以下几个特征,而这些特征正是他们所力图批驳和超越的:

第一,背景论。即将政治视为社会的组成部分。政治不再是一个独立自变量,而是阶级结构、经济发展、自然环境、地理气候以及人口、技术、宗教、意识形态等因素所决定的因变量。进一步地,正式的制度仅仅是政治行为发生的背景环境,甚至成为一个不必被考虑的"外生变量"。第二,化约论。即将政治现象视为个人或集团的各种行为的汇总,而不是将政治归因于组织结构和形成某种行为的规则。第三,功利主义。也就是从计算和利益考量入手,而忽略政治义务和道德。第四,功能主义。也就是把历史视为达到特殊均衡的有效机制,而较少关注历史发展过程中的适应性不足和各种可能性。第五,工具主义。即不大关注政治生活中的意义因素,

---

[①] [美]罗伯特·古丁、汉斯—迪特尔·克林格曼主编:《政治科学新手册》,钟开斌等译,生活·读书·新知三联书店2006年版,第30—31页。

着重关注决策和资源分配。①

我们发现,马奇和奥尔森所指出的行为主义和理性选择主义的弊病至少有以下几点:社会或经济中心论(政治学身份的缺失),理论层次的过于微观化,历史观不足,过于强调算计逻辑,意义和观念的缺失。相应地,在建构一种新的政治学研究路径时,新制度主义者便将精力放在了弥补这些既有缺失上:着重于找回政治学的身份意识,提升理论层次,发掘历史观,平衡算计逻辑,以及在理论框架中补充观念和意义的因素。这便是新制度主义的核心考量。正如马奇和奥尔森所说:"新制度主义是一种非常重要的认知观念,可以帮助人们来理解社会科学。……这种观念不再强调政体对社会依赖的重要性,而热衷于相对自主的社会与政治制度的相互依存;它反对将微观过程和有效历史过程无条件地置于首要地位,而强调历史过程的复杂性和历史无效性的一面;它不重视选择的作用和分配的结果,而支持行为的其他逻辑以及意义和象征性的核心地位。"②

新制度主义自诞生以来慢慢得到西方政治科学界的认可和推崇,到了20世纪90年代,自觉不自觉使用新制度主义的研究越来越多。制度主义学者彼得·豪尔和罗斯玛丽·泰勒将这些形形色色的新制度主义分为三类:理性选择制度主义、社会学制度主义,以及历史制度主义。简单说来,这三个新制度主义的区别在于回答"制度是如何影响个人行为的"这个问题上的分歧:理性选择制度主义对应"算计逻辑",社会学制度主义对应"文化逻辑",而历史制度主义则在两者之间随意选取、同时使用,采取了折中

---

① James G. March, Johan P. Olsen, The New Institutionalism: Organizational Factors in Political Life, *American Political Science Review*, Vol. 78, 1984, pp. 734–749.

② Ibid., p. 738.

路径。① 尽管对于新制度主义大家族内部的流派划分五花八门，譬如制度主义者盖伊·彼得斯就在《政治科学中的制度主义："新制度主义"》一书中专门探讨了新制度主义的7个流派②。但是笔者认为，在政治科学的视野下，最具有整合潜力的当属历史制度主义。

首先，历史制度主义的概念分析视角比较宽广，具有包容性。豪尔与泰勒认为，历史制度主义在解释制度与行为的关系方面，具有最为宽广的概念空间，因为它既使用了算计途径，也采用了文化途径。另外，在探讨制度的起源时，历史制度主义认为"组织就是对偏见的动员"，即新制度的创设受既存制度下权力关系的影响，这与社会学制度主义类似，弥补了理性选择制度主义对制度起源探讨的不足；而面对社会学制度主义对行动者能动性的忽略，它又加入了理性选择制度主义的策略互动分析，加入了制度在创设或改革过程中所包含的相互竞争的利益的权力冲突，在综合了理性选择制度主义和社会学制度主义的基础上，历史制度主义还加入了"路径依赖"的概念，这进一步提升了历史制度主义的现实主义风格。③ 某种意义上讲，历史制度主义常被人批评为缺乏鲜明特征。而在盖伊·彼得斯看来，这正是它的长处。因为这说明历史制度主义具有相当的包容性，"历史制度主义……也许可以形成某种整合性的政治学制度理论。……历史制度主义是新制度主义理论中思考政治生活的核心部分"④。

其次，历史制度主义最具有政治学属性。盖伊·彼得斯认为，理性选

---

① Peter Hall and Rosemary C. R. Taylor, Political Science and Three Institutionalism, Political Studies, 1996, XLIV, pp. 936 – 957.

② 这七个流派包括：规范制度主义、理性选择制度主义、历史制度主义、经验制度主义、社会学制度主义、利益代表制度主义和国际制度主义。

③ Peter Hall and Rosemary C. R. Taylor, Political Science and Three Institutionalism, Political Studies, 1996, XLIV, pp. 936 – 957.

④ [美] B. 盖伊·彼得斯：《政治科学中的制度理论："新制度主义"》第2版，王向民、段红伟译，上海世纪出版集团2011年版，第84页。

择制度主义把分析建立在个体效用最大化的基础上,试图在它与制度及制度的约束性影响之间建立关联。这种分析的本质是"经济学"的;而社会学制度主义的渊源则来自韦伯、涂尔干、帕森斯等社会学家,借鉴了组织生态学、组织的价值和符号以及话语分析,可以说是"社会学"的产物;①相较而言,"历史制度主义实际上是政治学中出现的第一个新制度主义流派"②。

除了关注新制度主义中的整合者历史制度主义,本研究还考察另一个具有整合意义的研究学派:比较政治经济学。在古丁和克林格曼看来,从20世纪70年代到90年代中叶这20年中,比较政治学(以历史制度主义为最新理论代表)和政治经济学作为政治科学的两个子领域,正在扮演越来越多整合者的角色。③在我看来,历史制度主义与比较政治经济学具有更包容更广阔的视角和解释力,更多元的跨学科自觉,具有沟通当代西方政治科学"理论孤岛"的潜质。

比较政治经济学的研究重点是国内,简单地说,是讨论国家、市场(资本)和社会三者之间的关系,或者说国家(政府)如何影响经济政策,以及资本—社会如何影响政府的政策制定。虽然从亚当·斯密到马克思,政治经济学的传统早已有之,17—19世纪古典政治经济学文献汗牛充栋,但比较政治经济学作为政治学旗下的一个新领域,还是20世纪70年代以后的事情。它是比较政治学的一个分支,同比较政治制度、比较政治发展并列为比较政治学的三个子学科。

历史制度主义与比较政治经济学存在着诸多默契和相似之处:首先,

---

① [美] B.盖伊·彼得斯:《政治科学中的制度理论:"新制度主义"》第2版,王向民、段红伟译,上海世纪出版集团2011年版。
② 同上书,第70页。
③ [美] 罗伯特·古丁、汉斯—迪特尔·克林格曼:《政治科学:学科概况》,[美] 罗伯特·古丁、汉斯—迪特尔·克林格曼主编:《政治科学新手册》,钟开斌等译,生活·读书·新知三联书店2006年版,第32页。

二者的产生，面临着相似的现实背景。（1）20世纪70年代两次石油危机的爆发，给西方石油进口国带来了深重的经济危机。一些被冠以比较政治经济和历史制度主义双重称谓的学者诸如卡岑斯坦、彼得·豪尔，开始研究不同国家应对经济危机时不同策略的原因和来源。而彼得·豪尔基于此的作品《驾驭经济：英国与法国国家干预的政治学》则被视为历史制度主义的先驱代表作；（2）20世纪90年代初冷战的结束使世界进入相对和平发展的时期，经济一体化催生了全球化时代的来临，而第三次科技革命则进一步深刻地改变着世界政治生态。这些新动态都使政治科学更加关注"全球治理"，关注非传统政治议题：诸如经济、能源、软实力与文化、社会组织、公司治理等议题。这就呼唤政治学以更加融合、多元的理论视角来研究崭新的世界。而比较政治经济学与历史制度主义正是如此应运而生。

其次，二者的研究议题与研究方法互有交叉、重叠。历史制度主义所研究的重大事件和需要解开的谜团包括：公共政策的制定与执行模式、社会运动的产生与发展、现代国家的建立与发展、政治经济制度的起源与动力、民主政体之下公民参与的沉浮、福利国家的出现与分化以及政治转型和革命等。[①] 其核心是对政治体系均衡的认知，包括政治—经济之间的均衡、国家—社会之间的均衡。"柏拉图和罗素当初提出了这个话题。罗素曾很直率地指出，作为一个体系，政府有必要保持财富与权力之间、统治者与被统治者之间的相互均衡。"[②] 而在比较政治经济学的主要议题中，[③] 发达国家的经济政策调整、福利国家的发展与困境等主题与历史制度主义有很大的交集。另外，二者共同分享了对于利益、制度和理念多变量分析方法。

---

① 何俊志：《结构、历史与行为——历史制度主义对政治科学的重构》，复旦大学出版社2004年版，第145页。

② [美]戴维·阿普特：《比较政治学：旧与新》，载[美]罗伯特·古丁、汉斯—迪特尔·克林格曼主编《政治科学新手册》，钟开斌等译，生活·读书·新知三联书店2006年版，第547页。

③ 参见朱天飙《比较政治经济学》，北京大学出版社2006年版。

在笔者看来，自从行为主义麾下的发展主义（现代化研究）的统领地位终结以后，西方比较政治学界的理论局面就是莫衷一是的分散状态。威亚尔达在《比较政治研究的新方向》中将比较政治经济学、新制度主义与发展主义、统合主义、政治文化、国家社会关系、比较公共政策等并列为比较政治学的研究途径[①]，而事实上这些路径并不是整齐并列的，它们之间充满了继承与超越、重叠与借鉴。

可以说，历史制度主义是一个方法论成分更重的领域，而比较政治经济学则更多地具有研究路径特征，强调研究对象和议题。从方法论层面上讲，历史制度主义的方法论完备程度和建构要高于比较政治经济学，后者是前者的子集；而比较政治经济关系则是历史制度主义的重要研究主题和研究对象。更多时候，二者的研究使命、议题和方法是存在高度重合的，因此在本章有时候将模糊二者的界限（因为在笔者看来，方法论只是工具，而不是目的，目的是解释对象本身），并在做方法论介绍时更多着重于自成体系的历史制度主义。

本研究将主要精力放在新制度主义中最具整合潜力和最具政治学属性的历史制度主义上，同时考察比较政治经济学对于"新政体观"的贡献。在笔者看来，新制度主义的兴起和比较政治经济学的繁荣，是20世纪70年代末以来西方政治科学理论界的两个突出现象。在政体观的意义上来讲，比较政治经济学给我们提供了这样一个视角，即在传统资本主义—社会主义或者民主国家—威权国家的分野下，为什么都存在着政府—市场之间的相似关联？为什么发展型国家既出现在议会民主制的日本，又出现在威权主义的韩国和中国台湾？政治经济关系是否能够突破既往的简单二元标签，发现"异中存同"？而历史制度主义则试图回答这样的问题：在发达工业化民主西方国家内部，为何应对经济危机的反应和行动能力不同？为何在福

[①] ［美］Howard J. Wiarda 等：《比较政治研究的新方向》第3版，李培元等译，（台北）韦伯文化国际出版有限公司2005年版。

利政策的调整和发展方面存在诸多差异？这就启发我们超越过去对西方发达工业民主国家"铁板一块"的认知，更细腻深入到它们的内部去揭示"同中存异"的奥秘。因此，本章从这两个视角出发，探究后行为主义时期的新政体观有哪些可能的发展和突破。

二 历史制度主义的方法论特征

（一）历史制度主义与其他理论流派的对话与超越

如上所述，本章旨在通过 20 世纪七八十年代以来的政治科学新理论，来探讨"新政体观"的可能构建。在笔者看来，历史制度主义较之比较政治经济学在方法论意义上有更大的讨论空间，因为它的方法论属性更明确、建构更完备。事实上，历史制度主义本身也是比较政治经济学研究最重要的一个方法途径。因此，接下来着重分析历史制度主义的方法论特征，这有助于我们了解历史制度主义观察世界的路径和视角。

首先，我们考察历史制度主义诞生的现实背景和问题关怀。理论具有"实践者的身份"，每一种研究方法都对应着一定的问题关怀。比如传统制度主义对应着"理想政体的设计"，行为主义对应着"政治决策过程"，而历史制度主义则是在对各国政府政策差异的比较中渐渐成型的，而不是颠倒过来。[1] 通过对发达国家阵营中应对经济危机的政策调整、福利制度变迁和政党转型的比较，历史制度主义的理论轮廓渐渐清晰完善。除此之外，全球化下国家社会的融合、政治经济文化日益一体化也对历史制度主义的研究理路造成了影响。德国学者 Albert 和 Hilkermeier 认为，宏观层次的系统理论与中观层次的新制度主义，分别对应着全球化下的世界社会与嵌入

---

[1] 杨光斌：《政治变迁中的国家与制度》，中央编译出版社 2011 年版，第 36 页。

环境中的区域性组织。①

其次,我们考察历史制度主义在政治学理论中的脉络与沿革。历史制度主义的产生晚于建之于经济学和社会学的其他两个新制度主义流派,带有整合者的身份,力图对各种政治理论模型做一个取舍和超越。它尤其对功能主义、集团主义、理性选择、文化路径、国家中心论都进行了扬弃。在这里,我们做一个较为详细的梳理,看看历史制度主义在这些理论模型的对话中批判了什么、继承了什么、超越了什么,以助于我们理解历史制度主义那里的政体观。

1. 超越"决定论"的功能主义

豪尔认为,在功能主义内部有左右两翼:保守主义者和马克思主义者。左翼的功能主义——马克思主义往往认为国家的行为总是代表了资本的利益,因此,当学者沃伦(Warren)在解释战后英法的经济政策时谈到"正是因为资本主义国家是实行充分就业政策的阶级国家……促使政府以新方式干预经济的政治、经济动机,都是直接为了保护整个帝国主义体系以及单个资本主义国家的利益(与生存)"时,他就是在使用功能主义的逻辑,即资本主义的功能必然推导出充分就业政策的结构和政策。②

这样的思路与右翼的功能主义(政治系统理论与结构功能主义)有异曲同工之处。因为它们也往往声称政治系统的行为需要通过它注定要发挥的功能来解释。这一派的功能主义借鉴生物学有机体概念,将政治生活视为一个互相关联的组织化系统,它处于环境之中,与环境之间有作用与反

---

① Mathias Albert, Lena Hikermeier, "Between Systems Theory and Neo-Institutionalism Studying Regional Organization in World Society," Paper for the 2001 Annual Meeting of the American Sociological Association, Anaheim, CV, 18–21, August.

② [美]彼得·豪尔:《驾驭经济:英国与法国国家干预的政治学》,刘骥等译,江苏人民出版社2008年版,第8页。

作用。政治系统有天然的适应性，用以维系自身的生存，为了持续下去，它必须采取一些措施，成功地缓和环境带来的压力，并对此作出反应。[①] 在他们眼中，政治体系至少有如下两个特点：一是各有机部分互相关联互相依赖；二是这些结构是以满足一定的功能和目标为己任的。为了满足体系、过程、政策三个层面的诸如政治社会化、政治录用、政治交流、利益表达、利益综合、政策制定、政策实施、输出产品、行为、结果和反馈等功能，三个层次的结构必须达到动态平衡。因此，政治发展就是结构调整以实现功能的过程。[②] 在功能主义者的眼中，功能支配着结构（即政府或政体），并且是乐观地向着稳定和平衡的状态发展着的。也就是说，"现象的效果解释了现象的存在"[③]。

行为主义革命的产物——功能主义曾经主导比较政治学，帕森斯、伊斯顿、阿尔蒙德和他们的弟子们用这样的理论框架对全球政治进行比较，发现了理论的局限性。在历史制度主义者豪尔的反思中，功能主义对政治经济现象的解释"过头了、过于强大了"，以至于许多现象、行为与政策都可以统一被划为"是由资本主义国家属性决定的"或"是由政治体系自我维系的功能决定的"。事实上，同样是资本主义国家阵营，甚至是同样的政治体系，国家之间的政策制定和效果差异非常大。怎样解释这些不同？"我们如何才能知道系统什么时候产生功能性的政策、什么时候产生失调的政策呢？"[④] 豪尔事实上指出了行为主义的"一般理论"即阿尔蒙德所说的一般政体理论的解释力问题："要从给定的制度结构确定相应的功能是容易

---

① [美] 戴维·伊斯顿：《政治生活的系统分析》，王浦劬译，华夏出版社1999年版，第21、37页。
② [美] 加布里埃尔·A. 阿尔蒙德、小G. 宾厄姆·鲍威尔：《比较政治学：体系、过程和政策》，曹沛霖等译，东方出版社2007年版，第3—17页。
③ [美] 彼得·豪尔：《驾驭经济：英国与法国国家干预的政治学》，刘骥等译，江苏人民出版社2008年版，第6页。
④ 同上书，第7页。

的，但要系统地、不武断地从功能推导出相应的制度结构，却几近毫无可能。"①

怎么改进呢？历史制度主义认为，第一，在宏观系统这个大概念与个体行为这个小概念之间，不应该武断地以功能直接推导出结构，而应该加入"制度"这个中观变量，来细化研究模型；第二，除此之外还需注意结构较之功能的优先地位，"只有当把因果关系的逻辑起点放到结构上而不是功能上时，结构—功能主义才能发挥解释力"②。豪尔既特别重视制度（即结构）的重要性，又认识到结构不是空洞的，是由诸多中观的"制度"构成的。显然，这种理论增益工作已经把政体理论往前推进了一大步。

2. 改进集团理论

集团理论的确是替代功能主义和发展主义的一个有力的理论模型。这种理论认为分析单位既不是政体或政治系统，也不是个体，而是政体内相互冲突的社会集团或阶层。这个中观的研究单位，使得政治分析能够比较细腻，又不流于细琐。同样，集团理论也分左、右两翼。多元主义者用集团理论模型来阐释宪政民主制度的正当性和稳定性，例如戴维·杜鲁门等人就指出，民主政体有满足所有潜在集团需求的能力，这些相互竞争的集团都有机会在民主政体这个公平的舞台上获取政治权力。而来自左翼的声音则认为分析单位不应该是利益集团，而应该是社会阶层或阶级。这样一来，权力分布就不是平等的了。同时，社会阶级结成联盟的可能性和组合情况也深刻地影响着国家政治经济的走向。③ 第三个分支是介于左右翼之间的统合主义（或法团主义，corporatism），有学者视其为多元主义与马

---

① [美]彼得·豪尔：《驾驭经济：英国与法国国家干预的政治学》，刘骥等译，江苏人民出版社2008年版，第8页。
② 同上书，第9页。
③ 同上书，第15—17页。

克思主义研究路径的一个折中。① 可以说，集团理论较之功能主义前进了一大步，打开了政治运作和政治系统内部的"黑匣子"，将政治研究的对象落脚在具有利益考量和组织属性的中观概念"集团"上，的确有很大的启发意义。不过，当涉及跨国比较时，问题又出来了，为什么同样是工人阶级，不同国家争取利益的行为不同？这就要加入它们不同的阶级组织和历史惯性的变量。因此，"为了更精确地把握政策过程，在对大众的社会集团进行刻画时，我们必须加入制度结构的框架。正是通过制度结构，社会集团的需求才得以塑造，其力量才得以确定，其环境才得以改变"②。

关于集团理论的改进和功能主义的改进一脉相承，因为后者所增加的中观的"制度"因素，其中最重要的就是看得见摸得着的利益集团。换句话说，仅仅强调结构的、规范意义上的政体是不够的，政体是由能够改变政治议程或政治进程的利益集团所构成的。

3. 整合理性选择路径与文化分析路径

在对政治经济现象进行解释时，一个直观而流行的路径是从文化角度进行分析。因此，英国人惯于渐进主义，法国人惯于权威风格，美国人则讲求实用。政治文化分析路径在行为主义革命时广为流传，政治文化被视为一种"特定的政治取向——对于政治制度及其各个部分的态度，对于自己在这种政治制度中的作用的态度"③。然而，这样的文化解释则显得过于笼统宽泛，没有抓住差异的实质，"如果功能主义者是解释得过了头的话，

---

① Paul S. Adams：《统合主义与比较政治》，载 [美] Howard J. Wiarda《比较政治研究的新方向》第3版，李培元等译，（台北）韦伯文化国际出版有限公司2005年版，第27页。

② [美] 彼得·豪尔：《驾驭经济：英国与法国国家干预的政治学》，刘骥等译，江苏人民出版社2008年版，第17页。

③ [美] 加布里埃尔·A. 阿尔蒙德、西德尼·维巴：《公民文化——五国的政治态度和民主》，马殿君等译，浙江人民出版社1989年版，第15页。

那么文化分析者通常是解释得太不足了"①。对于文化分析的批评至少有两点：第一，文化往往不是遗传或注定的，而是习得的；第二，进一步追问，文化是怎么形成的？它不是一成不变或命中注定的，往往来自历史结合点（conjunctures）上社会集团之间的权力分配状况。

与文化分析相反的另一个极端，则是另一支非常活跃盛行的解释路径——理性选择（及公共选择路径）。如果说文化分析过于笼统，理性选择则完全是基于个人利益计算和偏好的微观考量。博弈论、政治商业周期理论都是这方面的代表。然而这种解释则过于简单，忽视了复杂的政治动机和行为。

因此，历史制度主义试图整合这两种路径，怎么整合？答案是：制度。在文化分析这一端，行为的差异与政治文化之间的关联并没有那么紧密，需要通过制度得以沟通。是制度理性而非文化规范，在对行为者的决策起着直接作用，因为制度可以约束个体的行为动机，塑造个体对意义的认知；而在理性选择这一端，"只有在具体的组织条件界定了理性行动的方向以及方式之后，理性才有意义"②。实际上，这也正是历史制度主义整合理性选择制度主义和社会学制度主义的逻辑。

这种整合的意义很大。无论是文化路径还是理性选择，都使得政治学的"政治性"看不见了，甚至政体是什么已经不再重要了。但是，历史制度主义引入"制度"而连接文化主义和理性选择主义之后，尽管它们依然是重要的分析方法，但运用者则需要有政治的关怀，否则就是方法论的囚徒，而忘记了政治学本身的价值承诺。

4. 不仅仅是国家中心理论

20世纪80年代以来，国家研究热情复燃。在斯考切波看来，这股复

---

① ［美］彼得·豪尔：《驾驭经济：英国与法国国家干预的政治学》，刘骥等译，江苏人民出版社2008年版，第10页。

② 同上书，第15页。

兴浪潮是由于"凯恩斯革命"下国家宏观调控政策、新兴民族国家的道路选择、20世纪70年代经济危机使国家作为行为主体面临更多挑战和责任等现实,因此,行为主义的社会中心论模式无法全面解释这些新现象。[1] 国家回归学派不认为国家是一个完全中立的竞赛场,而是有自己利益、政策偏好的自主性和将其强加给社会的执行能力的实体。这个理论具有重大的革新意义,将行为主义对个体和社会集团的偏好部分转向了国家。然而,它的缺陷却在于解释得含混不清。以国家为中心的理论本身并不能解释国家行为。有趣的是,如果想更好地解释国家行为,就必须把触角延伸到社会中去,反过来也一样,如果想更好地解释社会,必须要关注国家的力量。这就启发历史制度主义者发展一种"制度网络"的学说,将制度作为一个中介和中轴,上连接国家、下连接市场与社会,在这样的制度网络中来探讨政治变迁与政策发展。就这样,历史制度主义的最重要的特征之一即"关系特征"诞生了,而"关系特征"对于认识政体将有重要贡献。

凡此种种,历史制度主义的轮廓便呼之欲出。在与其他理论路径的对话中,历史制度主义的身份逐渐明朗;在比较各国具体政策差异和政治行为差异的过程中,历史制度主义发现了"制度",从而也发现了新的政体思想。总结来说,(1) 它颠倒了结构与功能的关系,置结构为优先地位,并在结构与功能之间加入制度这个中观变量;(2) 它赞同集团理论将研究视角放在中观的集团上,但是认为应该加入制度/组织框架来界定集团的属性与利益;(3) 它向下用制度来界定理性行动的条件和机会组合,向上用制度来解释个体所面临的文化背景和制约;(4) 它赞同研究视角从社会中心转向国家理论,但是又做出了保留:认为必须在国家—社会

---

[1] Theda Skocpol, "Bring the State Back in: Strategies of Analysis in Current Research," in Peter B. Evans, Dietrich Rueschemeyer, Theda Skocpol, *Bring the State Back In*, Cambridge University Press, 1985, p. 6.

关系中来观察政治行为和政治现象。而制度则是国家嵌入社会和经济的一种网络体系。这就意味着，无论是政治学的政治制度研究还是政体研究，仅仅停留在传统的规范层面已经没有多少意义，重要的是政体内部的诸多的中层性制度矩阵以及由此而互动出来的公共政策。笔者认为，历史制度主义的这种政体思想将有助于政治真相的认识，政治不单单是政治了，经济制度、非正式制度的文化和意识形态都是政治的有机组成部分，而其中的中观制度是连接各种宏观结构的中介。这就是历史制度主义的"关系特征"，这种"关系特征"无疑与比较政治经济学具有很大的重合度。

（二）历史制度主义的主要方法论特征

既然"制度"是历史制度主义的关键词。那么，我们首先要问，制度是什么？历史制度主义如何理解制度的含义？

> 从广义上说，（历史制度主义）将制度界定为嵌入政体或政治经济组织结构中的正式或非正式的程序、规则、规范和惯例。它们的范围可以从宪政秩序、官僚体系内的操作规程和对工会行为以及银行—企业关系起着管制性作用的一些管理。总之，历史制度主义所说的制度是与组织和正式组织所制定的规则和惯例相连接的。[1]

因此，在历史制度主义者眼中，制度是一个中观概念，也是一个具有弹性的概念。可以说，"他们感兴趣的制度是一个'中间体'，意指处于作为实体的普遍性国家（和至少是国际政治中的行动者）与政治学行为主义

---

[1] Peter Hall and Rosemary C. R. Taylor, "Political Science and Three Institutionalism," *Political Science*, 1996, XLIV, pp. 936 – 957.

所关注的个体的行为之间的事物"①。这里的"中间体"就是社会科学中"中层理论"的概念。"中层理论"（theories of the middle range）是美国社会学家罗伯特·默顿提出的，他认为"中层理论既非日常生活中广泛涉及的微观而必要的工作假设，也不是尽一切系统化努力而发展出来的用以解释所能观察到的社会行为、社会组织和社会变迁的一致性的统一理论，而是指介于这两者之间的理论"②。因此，中层理论是想在帕森斯式无所不包的宏大理论与理性选择理论式的细琐命题之间建立起一个中间变量。这一理论层次和抱负的转变，影响了20世纪60年代之后的西方政治学者，政策研究、决策分析、政治文化理论、政治社会化理论、多元主义理论、集团理论都是中层理论的代表。③ 而在批判多元主义、集团理论、文化研究等的基础上的"集大成者"历史制度主义，自然也继承了这种"中层研究"的风格。

我们注意到，"制度"在历史制度主义者那里更接近组织和规则这个中观含义，例如豪尔就认为，制度包括"那些使存在于政体和经济体中的个体间的关系结构化的正式规则、规范程序以及标准操作惯例"④。西伦（Kathleen Thelen）和史泰默（Sven Steinmo）认为，"历史制度主义者主要关注的是国家与社会制度的整体范围是如何影响政治行动者来确定其利益，以及如何构建他们同其他团体的权力关系的。因此，制度包括竞选规则、政党结构、不同政府部门之间的关系以及像工会这样的经济行为体的结构

---

① [美] B. 盖伊·彼得斯：《政治科学中的制度理论："新制度主义"》第2版，王向民、段红伟译，上海世纪出版集团2011年版，第72页。

② [美] 罗伯特·默顿：《社会理论和社会结构》，唐少杰、齐心译，译林出版社2008年版，第50页。

③ 郭定平：《中层理论》，《中国大百科全书·政治学》，中国大百科全书出版社1992年版，第521页。

④ [美] 彼得·豪尔：《驾驭经济：英国与法国国家干预的政治学》，刘骥等译，江苏人民出版社2008年版，第22页。

和组织。这些是大多数历史制度学者的共识。还有人认为制度包括从规范到阶层结构等广泛的概念,这点他们意见不一"①。从这里我们可以看出,制度是一个勾连性的概念,它关联起不同层次的行为体之间的关系,关联起国家、市场、社会、组织、文化之间的关系。因此,尽管历史制度学者在"制度"的规范定义上意见不完全一致,但我们不必纠缠于此,我们需要把握的是:(1)制度的中层属性;(2)制度的关系特征。

这就引发了我们对于历史制度主义方法论特征最为重要的探索——制度的关系特征。在这里,需要做一个说明,尽管历史制度主义包含了很丰富、启人心智的方法论要素,譬如讨论制度变迁时引申出的"断续平衡"与"路径依赖"概念,讨论历史因素时涉及的"关键节点"概念,以及观念与制度、制度背后的权力不对称等,但是,与本书"历史制度主义对政体观的重构"这个主题最密切相关的有两点:一是制度关系特征;二是制度动态发展中的"否决点"思想。

1. 关系特征

西伦和史泰默认为,新制度方法的典型特点之一是强调豪尔所提出的制度的"关系特征"(relational character),既定的制度结构如何影响政治互动,这比国家或社会制度本身的形式特征更重要。② 在这个意义上,他们强调的是制度的组织特性(豪尔认为,"组织"就是"制度"的同义词),这种关系特征,是制度将个体间关系结构化的方式。而这种结构化有两个途径:一是从组织层面上讲,决策的组织结构影响了行动者对政策结果的影响力;二是从心理层面上讲,通过构建行动者之间的制度性责任与关系,

---

① Kathleen Thelen and Sven Steinmo, "Historical Institutionalism in Comparative Politics", in Sven Steinmo, *Kathleen Thelen and Frank Longstreth*: *Structuring Politics*, Cambridge University Press, 1992, p. 2.

② Ibid., p. 6.

组织性的位置会影响到行动者对自身利益的界定。① 事实上,这也就等于说,制度既通过组织关系将文化的因素具体体现出来,又能够通过形塑利益认知,而成为理性选择的背景。这正是"制度"沟通"文化逻辑"的社会学制度主义和"算计逻辑"的理性选择制度主义的渠道。

在笔者看来,用"关系"来形容历史制度主义的理论特色,是最合适不过的。正如上文所分析的那样,制度——作为一个中观概念,连接了结构与功能、组织与利益、理性选择与文化、国家与社会/市场。这种关系特征奠定了历史制度主义兼容并包的综合研究进路。具体说来:

首先,纵向来讲,制度关系体现为制度分层。

学者约翰·伊肯贝里(John Ikenberry)把制度定义为三个不同的层次:"从政府制度的具体特征,到国家更加宏大的结构,以及规范的社会秩序。"② 而豪尔在分析英法两国战后经济政策调整的差异时,用到了5个重要的结构性因素:劳工的组织结构、资本的组织结构、国家的组织结构、政治体系的组织结构、国家在世界经济结构中的位置。

可见,制度是有层次之分的,上述因素涉及阶级、集团、市场、政府、政体与国际几个要素;然而还要进一步注意的是,制度不仅仅是分层的,还是相互关联和依赖的,因此不仅要考虑国际、国家、国内行为体几个层次,还要考虑它们各自内部的组织关系,以及它们之间的组织关系。"政体是一个复杂地相互关联在一起的系统。我们应该清楚地了解其相互依赖的本质。具体说来有两个方面,都涉及连锁的制度性安排的结果。一方面,大多数政治行为者面临的激励约束不仅是由一套单一的制度塑造的,

---

① [美]彼得·豪尔:《驾驭经济:英国与法国国家干预的政治学》,刘骥等译,江苏人民出版社2008年版,第23页。

② Kathleen Thelen and Sven Steinmo: "Historical Institutionalism in Comparative Politics", in Sven Steinmo, Kathleen Thelen and Frank Longstreth: Structuring Politics, Cambridge University Press, 1992, p. 2.

而是由一系列连锁的制度联合体塑造的;另一方面,无论有意或者无意,作为制度链接的结果,每项政策都可能会产生超出最初行为范围的后果。"[1] 具体来说,制度分层至少分为三个方面:(1)宏观层面的国家—社会关系;(2)中观层面的政治体制(议会制度、分权制度、选举制度、全民公决制度、政党制度、政治周期等)与行为的关系;(3)微观层面的非正式制度对行为的界定。而这又涉及正式—非正式制度之分。用下图表示:

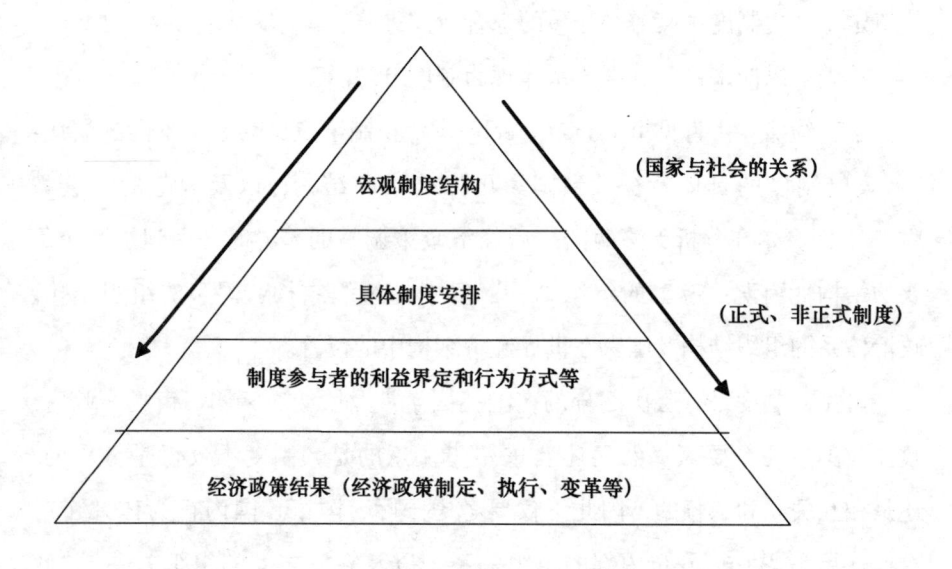

```
         宏观制度结构          (国家与社会的关系)

         具体制度安排          (正式、非正式制度)

    制度参与者的利益界定和行为方式等

  经济政策结果(经济政策制定、执行、变革等)
```

图 5-1　制度分层结构[2]

其次,横向来讲,"关系特征"体现为政治、经济、文化三位一体的研究视角。

---

[1] [美] 彼得·豪尔:《驾驭经济:英国与法国国家干预的政治学》,刘骥等译,江苏人民出版社 2008 年版,第 310 页。

[2] 杨光斌:《政治变迁中的国家与制度》,中央编译出版社 2011 年版,第 43 页。

在历史制度主义者那里，对政治经济现象的体制、对政体的理解，是一种全方位的视角。其实，这种"综合视角"并不是历史制度主义的首创，早在制度经济学那里就已有所体现。19世纪末20世纪初，以T.凡勃伦、J.R.康芒斯、W.C.米切尔等人为代表的老制度经济学派就开始尝试以个体间的互动来理解经济活动，在20世纪70年代的新经济史学派代表人物道格拉斯·诺思的理论框架里，他在"结构"与"经济实绩"之间加入了"制度"的变量，用来解释二者之间的相关性。而他的制度理论的基石有三个："1.描述一个体制中激励个人和集团的产权理论；2.界定实施产权的国家理论；3.影响人们对'客观'存在变化的不同反应的意识形态理论，这种理论解释为何人们对现实有不同的理解。"①

诺思开创性地集合了产权理论（经济）、国家理论（政治）、意识形态理论（文化）三位一体的综合视角，可以完善经济史变迁的解释框架。而在历史制度主义学者霍尔那里，对英法两国"二战"后经济政策的比较研究，也是在一种利益（经济）、制度（政治）、理念（文化）的相互作用中考察的。② 可见，历史制度主义者的解释框架与制度经济学是一脉相承的，不仅发现了中观的解释变量"制度"，还力图使用多视角、多元素的理论框架，力图接近事实真相。事实上，许多比较政治学者都是依据政治、经济、文化三个分支来划分比较政治学研究方法的，例如学者Lichbach和Zuckerman所编的《比较政治：理性、文化和结构》便是依照这个框架来安排比较政治学理论介绍的，在他们看来，"今天，理性选择理论、文化理论和结构主义成为比较政治中的竞争性流派。理性选择理论沿承着霍布斯、斯密和帕累托安排的路线；文化理论继续着由孟德斯鸠开创、由韦伯和莫斯卡

---

① [美]道格拉斯·C.诺思：《经济史中的结构与变迁》，陈郁、罗华平等译，上海人民出版社1994年版，第7页。

② [美]彼得·豪尔：《驾驭经济：英国与法国国家干预的政治学》，刘骥等译，江苏人民出版社2008年版，第5页。

发展的工作；结构主义则建立在马克思的基础上，并在韦伯的大厦上添砖加瓦"①。而历史制度主义则巧妙地嫁接、综合了这三个主流解释进路。

　　制度的关系特征如何影响了政体观的重新认知？历史制度主义（和比较政治经济学）的理论视角推动了"新政体观"的构建。第一，以制度/组织作为中介性变量、以国家、市场、观念三位一体的理论框架，突破了过去以系统和功能定乾坤的二分法。在旧制度主义和行为主义的二分法中，弥漫着浓浓的功能主义味道。例如，资本主义/社会主义、民主国家/威权国家、集权制/分权制、计划/市场……这些传统的二元划分本身就变成了一种泾渭分明的"功能"，在这种功能、目的、属性的指引和决定论下，许多行为、政策、结构都被理解为为了符合这些二分法的功能而存在的。而在历史制度主义者那里，任何传统政治学二分法之间都由制度来连接。比如，国家与社会之间、国家与市场之间都不是彼此严格分割的，都由制度来勾连，进一步地，"市场本身也是一种制度"②。

　　第二，历史制度主义的"关系特征"意味着，政治制度、经济制度和文化制度是三位一体的，因此"关系特征"本身就意味着政治过程，尤其是政策过程研究；而在政治过程中，不仅宏观的结构性制度有重要作用，而且中观性制度安排比如利益集团更是不可忽视的。这样，政治的概念需要改进，政治不仅是政治，更是各种制度或制度安排的综合体现；而且只有在政治过程中才能认识各种制度之间的关系。因此，历史制度主义（包括比较政治经济学）的政体观可以被视为"政治过程中的权力关系"，这种理论使我们对政体的认识更加复杂化，也更加接近政治真相。

---

　　① ［美］马克·I. 利希巴赫、阿兰·S. 朱克曼：《比较政治：理性、文化和结构》，褚建国等译，中国人民大学出版社2008年版，第6页。
　　② ［美］彼得·豪尔：《驾驭经济：英国与法国国家干预的政治学》，刘骥等译，江苏人民出版社2008年版，第336页。

因此，历史制度主义的最大贡献在于"超越二分法"和对政体的更接近真相的理解。进一步地，这其实是由新的国际形势和世界现实所决定的。冷战后传统安全议题弱化，世界贸易扩张增长，世界变得更加相互依赖，这"使得世界看起来仿若新生"，这股新动向鼓励学者去开创"全球化研究"的领域。① 在一些敏锐洞察到这一趋向的中国学者眼中，全球化时代意味着"治理"的意义越发凸显，这包括政治精英、商业精英和知识精英携手，也包括政府、社会组织、公民和商业集团共同参与到治理的过程中去。这对政治价值、政治行为、政治结构、政治权力、政治过程都造成了深刻的影响。②

就政治学研究来说，正如俞可平教授所说，这一全球治理的浪潮将打破传统政治学中的二分法传统模式，譬如市场与计划、公共部门与私人部门、政治国家与公民社会、民族国家与国际社会，有效的管理被视为这些传统二分变量合作的过程。③ 中西学者在这一点上殊途同归，彼得·豪尔在对英、法两国应对石油危机做出的经济政策调整比较中发现，政治经济学中许多传统的二分法都应该得到重估。"政治学与经济学、国家与市场、国内经济与国际经济，这些僵化的区分已经不起仔细的推敲。尽管区分这些概念有一定的价值，而且也在之前的讨论中使用了，但制度主义分析的明确影响就在于要强调与这些概念相关的各个社会领域是相互渗透的，并要去界定各个领域中的行动与动机的共同性质。"④

---

① Anthony Gill：《比较政治经济学》，载［美］Howard J. Wiarda《比较政治研究的新方向》第3版，李培元等译，（台北）韦伯文化国际出版有限公司2005年版，第121页。

② 俞可平：《论全球化与国家主权》，载俞可平、Arif Dirlik 主编《中国学者论全球化与自主》，重庆出版社2008年版，第63—95页。

③ 俞可平：《全球治理引论》，《马克思主义与现实》2002年第1期。

④ ［美］彼得·豪尔：《驾驭经济：英国与法国国家干预的政治学》，刘骥等译，江苏人民出版社2008年版，第334页。

2. 制度动态发展中的"否决点"思想

如前，历史制度主义的"关系特征"旨在弄清楚政策过程中各种制度之间的关系和意义，结果发现了政策过程中的"否决点"。所谓否决点，指的是"在制定政策的过程中，适当的行为体联盟可以阻止通过一项特定的立法"①。它反映了在特定领域反对政府计划的群体所具有的潜在威慑力的水平。否决点理论的提出，对于解读政治过程研究中决策者内部、决策者与社会团体的权力关系有很大的贡献。在考察制度变迁和政策链条的过程中，"否决点"（否决者）理论可以弥补系统理论和结构功能主义对"黑匣子"内部解释不足的缺陷，使政策过程中的行为体（player）的互动关系更为明晰。进一步地，这种动态研究的思路，会对传统政体观的二元划分造成冲击，这样一来，民主制/非民主制、议会制/总统制的划分显得粗糙和人云亦云。深入政治过程内部的否决者理论对于建构更加细腻、符合真相的政体观大有裨益，这一点在第三节会详细阐述，这里就不必重复了。

综上，20世纪末，世界进入了一个崭新的时代：以互联网为核心的科技革命、全球资本流动、经济一体化带来的"扁平化"趋势缓慢地改变着人们的生活方式和思维方式。正如2006年一本畅销书《世界是平的》的作者、《纽约时报》专栏作家托马斯·弗里德曼所述，广义上的全球化经历了三个时期：第一个时期是1492年哥伦布发现新大陆至1800年的全球化1.0版本，这一时期讲述的是国家实力较量的故事；第二个时期是1800年左右到2000年的全球化2.0版本，这一阶段被大萧条和两次世界大战打断，这一阶段推动全球化的主要力量是以廉价劳动力和广阔市场为宗旨的跨国公司，工业革命、运输成本的下降、电话卫星光纤电缆等通

---

① 朱利亚诺·博里：《政治制度、否决点和福利制度的适应过程》，载〔英〕保罗·皮尔逊《福利制度的新政治学》，汪淳波、苗正民译，商务印书馆2004年版，第342—343页。

信技术的发展使信息成本下降,这一切都促进了全球化,全球经济在此时诞生,商品、信息在全世界范围内流通,这一阶段的竞争主体是跨国公司;而 2000 年后的世界进入了全球化 3.0 版本,竞争场被夷为平地。如果说前两个阶段的主要竞争单位是国家和公司,那么此阶段则是个人和小集团的天下。这就是"平坦的世界"的含义。即个人电脑、光缆、工作软件的综合体。除此之外,全球化 3.0 不同于前两个版本之处在于,之前的全球化进程都是西方人所驱动的,而此刻却打破了西方人一统天下的格局。[1] 尽管对于上述描述对全球化时代个人能力的凸显和国家能力的削弱有所夸张,但是不可否认的是,世界范围内的竞争和治理的主体逐渐降低层次:由主权国家到跨国公司、非政府组织、协会、个人的广泛参与,是一个不争的事实。

在 21 世纪的今天,遥想 19 世纪 30 年代法国人托克维尔在观察美国社会时所感慨的:"我们在过去的 700 年里没有一件大事不曾推动平等"[2],竟发现这一论断时至今日仍在延续。因此,在这样一个新的世界形势下,在一个越发强调"官民共治"的扁平化时代,我们对政体的政治学解释是否还该停留在传统的宪政层面、政权层面"如何统治"的陈旧二分法上面?难道不应该添加"如何统治"的视角,将新时代治理主体的多元化、治理目标的丰富化、治理手段的复杂化[3]都纳入政体观的视野吗?可喜的是,历史制度主义正在试图完成这个转变。

---

[1] [美]托马斯·弗里德曼:《世界是平的:21 世纪简史》,何帆等译,湖南科学技术出版社 2006 年版,第 22—26 页。

[2] [法]托克维尔:《论美国的民主》(上),董果良译,商务印书馆 1988 年版,第 6 页。

[3] 对治理和善治感兴趣的读者可以进一步参见俞可平主编《治理与善治》,中国社会科学出版社 2000 年版。

第二节　历史制度主义：对政体二分法的突破[①]

一　制度关系特征：相互依赖的组织结构差异决定了政体差异

历史制度主义的制度关系思想对于突破传统政体二分法起到了重要推进作用。制度关系思想涉及一系列相互依赖的组织结构，观察政体之间、政策之间的差异就需要从这一系列组织结构着眼。

在历史制度主义者眼中，统称为"自由民主"的西方资本主义国家内部存在着明显的差异，这些差异源于这些国家内部不同的组织结构，就政治制度而言，这些组织结构包括政党制度、选举制度、行政机构—立法机构之间的关系、中央地方关系，等等；就经济制度而言，这些组织结构包括劳工市场、资本市场、金融市场，等等；就国家—社会关系而言，这些组织结构包括利益集团与政府的关系，集团的谈判能力，政府的自主性，等等。

在国家、社会、市场这些一级概念下，细分出这些组织结构，并进一步观察这些组织结构之间的互动和权力关系，于是构成了非常复杂的图景，也成为看似相同的"自由民主"国家之间存在诸多不同政治经验的原因。在历史制度主义先驱彼得·豪尔那里，"资本、劳工、国家的组织结构存在差异，政治体系的组织结构与国家在国际经济中的位置也存在差异，这些差异加在一起，造成了（英法）两国经济政策上的重要分歧"[②]。而且，这样的组织结构分析方法，还使我们发现某些利益集团会在相互关联的制度

[①] 本节来自笔者已发表研究，依照全文布局有所调整增删。参见曾毅《历史制度主义方法论与比较政治制度研究的新动向》，《学海》2012年第4期。

[②] [美] 彼得·豪尔：《驾驭经济：英国与法国国家干预的政治学》，刘骥等译，江苏人民出版社2008年版，第314页。

框架中得到特权，另一些则处于弱势，也就是说，集团分析的背后有一个重大的真相：权力不对称。即使在民主国家内部，国家—社会关系也不像多元主义所称，是一个真空的、和谐的完美竞技场；更进一步地，"组织结构的关系也通过改变行动者之间的关系来改变行动者政治理性的基本逻辑"①，行为体的认知也通过组织结构得以塑造。一句话，由于一系列相互关联的组织结构，行为者的理性与利益认知被网格在具体的制度单元里。组织结构塑造了政治行为体的利益和理性。

这些纵横交错的组织结构、利益和理性认知矩阵网格，决定了相同政体下不同的政策产品和政治绩效。于是，在历史制度主义学者彼得·豪尔眼中，英法两国应对石油危机的政策与绩效差异绝不是"资本主义的特性"这样抽象的功能主义论调能够解释的；它涉及制度、利益、理念之间的复杂关系，而相互关联的制度则是三个变量中具有决定性的。

二 否决点：一个突破传统政体分类的分析概念

（一）行政主导权概念：对"议会制—总统制"二分法的初步挑战

在反思多数决民主的过程，利普哈特提出了"共识民主"概念；在建构"共识民主"概念时，必须超越传统的议会制与总统制之类的划分。这样一来，以"内阁存续周期"为基础的"行政主导权"就成为跨越议会制、总统制的分析性概念。这个概念的重要性尚未引起国内学术界的关注。瑟比利斯（George Tsebelis）说道："行政主导权"是"共识民主"的一个核心指标，与政党制度、选举制度、权力的集中或分享等有着密切关系，是评估各国在每

---

① [美]彼得·豪尔：《驾驭经济：英国与法国国家干预的政治学》，刘骥等译，江苏人民出版社2008年版，第330页。

个议题上的主要构成要素。① 对于"行政主导权"对于政体研究的贡献,瑟比利斯认为:"利普哈特的洞见即不同的政治制度(议会制或总统制)应该以'行政主导权'的程度而分类,把传统政体类型划分向前推进一大步。"②

笔者认为,"行政主导权"与"否决者"概念有相似之处,都为了寻找到更具可操作性概念,来突破以往的分析框架;相反地,由于更加具体,所以也更能够解释政治经验的本质。

笔者在一篇文章中指出:"利普哈特从政党制度、内阁制度、行政机关与立法机关的关系、选举制度、利益集团、宪法、中央银行等方面,对36个民主国家进行系统的比较,给出不同于'多数民主'的'共识民主'概念。如前章所述,旧制度主义方法论下有议会制—总统制二分法,而利普哈特认为这种二分法存在很多问题:比如,在半总统制的法国、奥地利、爱尔兰、冰岛等国家,谁是真正的政府首脑,总统还是首相?因此,这种二元分类法不能有效解释行政—立法之间的权力分配关系。议会制下有内阁与议会权力大致平衡的国家,比如比利时,也有行政机关明显占优势的国家,比如英国、新西兰;同样的,总统制下也有各种权力分立平衡关系。为此,利普哈特发现了行政主导权概念。"③

利普哈特划分行政主导权的标准是什么呢?行政主导权也可以说是内阁持久性。"对于议会制而言,内阁的持久性是最合适的指标。一个长久执掌政权的内阁在与议会的关系中很可能占上风,短命内阁则可能处于相对弱势的地位。"④ 那么,如何看待内阁存续的时间性?两个指标:内阁的党派构成(第一栏)和议会选举、总理人选的变化(第二栏)。第三栏是前两栏的平均数。

---

① George Tsebelis, *Veto Players*, *How Political Institutions Work*, Princeton: Princeton University Press, 2002, p. 110.

② Ibid., p. 115.

③ 曾毅:《历史制度主义与比较政治研究的新方向》,《学海》2012年第4期。

④ [美]利普哈特:《民主的模式:36个国家的政府形式和政府绩效》,陈崎译,北京大学出版社2006年版,第93页。

据此，他对36个国家的行政主导权定位，发现美国这样的总统制国家和意大利、芬兰、以色列等议会制国家的行政主导权指数最低，而加拿大（议会制）、法国（混合制）和英国（议会制）的行政主导权指数逐渐升高。见表5-1。

表5-1 根据两个指标测得的内阁平均持续时间以及行政主导权指数（1945—1996年）①

国家	内阁平均数命Ⅰ	内阁平均数命Ⅱ	Ⅰ和Ⅱ的平均数	行政主导权指数
美国	7.07	1.83	4.45	1.00
瑞士	16.19	0.99	8.59	1.00
意大利	1.28	0.99	1.14	1.14
芬兰	1.31	1.18	1.24	1.24
以色列	1.69	1.48	1.58	1.58
比利时	2.29	1.68	1.98	1.98
印度	2.41	1.75	2.08	2.08
葡萄牙	2.32	1.86	2.09	2.09
丹麦	2.81	1.75	2.28	2.28
日本	3.85	1.28	2.57	2.57
荷兰	2.94	2.50	2.72	2.72
德国	3.60	2.03	2.82	2.82
希腊	3.60	2.16	2.88	2.88
瑞典	4.77	2.07	3.42	3.42
新西兰	6.19	2.15	4.17	4.17
西班牙	6.35	2.38	4.36	4.36
加拿大	7.26	2.54	4.90	4.90
澳大利亚	8.28	1.84	5.06	5.06
奥地利	8.42	2.53	5.47	5.47
法国	2.88	2.05	5.48	5.48
英国	8.49	2.55	5.52	5.52

① 数据参见［美］利普哈特《民主的模式》，第95—96页。原数据列举38个国家，这里选取人们熟悉的21个国家。

由上表可见,"在最小获胜内阁(即一党内阁)、少数派联合内阁与多数派联合内阁三种类型中,最小获胜内阁寿命最长,与行政主导权呈正相关关系;联合内阁受到议会的支配,寿命最短,没有行政优势地位"①。

显然,"行政主导权"是考察行政机关、政党制度和选举制度的概念。在两党制的代议制政府中,行政主导权大。行政主导权越大的政体,就是典型的"多数决民主"政体,而非"共识民主"政体。②

由"内阁持久性"而来的"行政主导权",超越议会制—总统制的传统二分法。这个概念所连接的政党制度(两党制或多党制)、选举制度(多数代表制度或比例代表制)以及行政—议会关系的维度,决定了有的总统制政体和议会制政体很相似,比如总统制美国竟然和议会制意大利很相似;反之,有的议会制政府因为其政党制度、选举制度等方面的不同,使得议会制国家之间的差异甚至大于其与总统制国家的不同,比如英国和印度之间的差异,甚至大于美国与印度之间的不同。显然,行政主导权概念为认识政体提供了新的洞见。

但是,"行政主导权"概念也存留了一些问题,比如只是用于分析36个西方的民主政体,而行为主义时期盛行的民主—非民主政体之间的关系并不是它所能分析的,比如,为什么不同的政治体制下具有大致类似的政治—经济政策,而相同的政治制度国家之间为什么会存在大量不同的经济和社会政策?这些开放性问题都是新制度主义的任务。

(二) 政策过程分析的否决者概念

如前,历史制度主义已经成为西方政治学的三大学派之一,其分析性

---

① [美]利普哈特:《民主的模式:36个国家的政府形式和政府绩效》,陈崎译,北京大学出版社2006年版,第97—99页。
② 关于"多数决民主"与"共识民主"的维度,参见利普哈特《民主的模式:36个国家的政府形式和政府绩效》,北京大学出版社2006年版,第2—3章。

概念如路径依赖、历史无效性、否决点等，都是我们认识大历史和公共政策的有效工具，其中否决点（veto points，或 veto players）尤其适用于比较政治制度研究和公共政策研究。

"否决点思想的出现对于特殊环境之中制度变迁的方式和可能性提供了重要意义"[1]。"所谓否决点，指的是在制定政策的过程中，适当的行为体联盟可以阻止通过一项特定的立法。"[2] 相反，"如果否决点很少或根本不存在，那么政府就可以在极大的程度上控制制定政策的过程和结果。也就是说，否决点影响到在特定领域里反对政府计划的群体所具有的潜在威慑力的水平。当制度提供否决点时，就会对政府控制决策过程和确保通过特定政策结果的能力构成限制即权力分散程度决定着政府能力高低，进而决定着政策结果的形成"[3]。

对战后西方有关国家福利制度的研究发现，政体并不是决定权力运行的唯一因素，还有选举结果和各式政治联盟的变化也在起作用。伊莫加特研究法国、瑞典、瑞士的医疗保障政策研究时提出否决点思想。作者所要解释的现象是："为什么有利于社会福利增长的卫生政策在不同的国家有不同的命运？瑞士政府的卫生政策陷入流产，不仅没能导入国家卫生政策，反而限制了进一步的政策制定行为；法国导入了国家的卫生政策，但没能解决医生收费问题，倒是瑞典成功地解决了这两个问题。其原因何在？导致政策流产的决策点可以看作某一制度框架的否决点。这不等于说否决点就是某一项制度或是一个时间概念，它的产生很大程度上取决于制度与制

---

[1] Paul Pierson, *Politics in Time*: *History*, *Institutions*, *and Social Analysis*, Princeton: Princeton University Press, 2004, p. 145.

[2] 朱利亚诺·博里：《政治制度、否决点和福利制度的适应过程》，选自［英］保罗·皮尔逊编《福利制度的新政治学》，汪淳波、苗正民译，商务印书馆2004年版，第342—343页。

[3] 同上书，第352页。

度间的互动。"①

否决点理论意味着,即使是在同样的政体下,比如同样的多党制、竞争性选举制度以及代议制,政策产品可能是完全不一样的。在福利制度上,再如美国,为什么医疗改革在努力一个世纪后才有起色?显然是否决者力量太大。这就意味着,相同的政体下,不同国家的政策过程和政策结果可能完全不一样。由此而产生的一个有趣问题是,旧制度主义和行为主义的政体分类对于我们认识真实的政治真相意义何在?

在公共政策研究所得出的否决点理论的基础上,瑟比利斯教授运用"否决者"理论进行比较政体研究,得出了不同于传统政体研究的突破性结论。

在瑟比利斯那里,"否决者(veto players)就是一个个体行动者或集体行动者掌握改变现状的同意权。也就是说,现状的改变要求所有否决者的一致决定"②。"否决者可以分为个体否决者与集体否决者。个体否决者,如总统和一党制下的政党,可以根据自己的政策偏好而比较容易地进行决策;集体否决者,如国会和一个弱政党,政策结果取决于他们内部的决策规则(一致决、条件决或相对多数决),以及谁控制了议程设置。"③ 他又把集体否决者区分为"制度型否决者"和"党派型否决者"。"如果否决者的身份由宪法加以确定,就是制度型否决者(institutional veto players),如美国宪法关于总统、众议院和参议院权力的规定,这三个行动者就是制度型否决者。在决策过程中,宪法所规定的制度型否决者之间会产生政治博弈,从而会形成不同的利益联盟或甚至跨党派的派别,这类行动者就是党派型否

---

① 伊莫加特:《制度、否决点与政策结果:医疗保健的比较分析》,载[美]扎哈里亚迪斯《比较政治学:理论、案例与方法》,宁骚等译,北京大学出版社2008年版。
② George Tsebelis, *Veto Players: How Political Institutions Work*, p.19.
③ Ibid..

决者（partisan veto players）。"① 他用否决者理论进行比较政治制度研究，对传统的政体类型学进行了新诠释。

首先，民主——非民主政体问题。在否决者理论看来，"第一，传统上认为民主的竞争性选举能满足公共偏好，但这既不是代议制民主政治的必要条件，也不是充分条件，因为威权体制并不必然偏离中间选民的偏好。其次，也是最重要的是，民主政体和非民主政体都存在否决者，其代表性或否决者数目并没有必然差别，即非民主政体也并不是传统说的那样只存在单一的否决者。对于记者和政治学学者等观察者而言，虽然民主政治中的决策过程比非民主政治中更加透明，因而能够更好地了解民主政治的决策过程，然而透明并不必然意味着存在多个否决者，不透明也不意味着只有一个否决者。Remmer（1989）已经有力地论证出，拉美国家的威权政体的结构存在巨大差异，有的是个人负责制的决策，而有的是把权力分配给多个行动者。我相信这种情况与民主国家内的政党决策没有什么区别。结论是，民主政体与非民主政体之间的区别在于，否决者是通过经营竞争性选举产生的还是以其他方式产生的；它们之间的代表性和否决者的实际数目并没有什么差别"②。也就是说，民主与非民主政体的差异主要是领导人产生的程序不一样，决策过程并没有什么实质性不同。

笔者在一篇文章中这样认为，"否决者理论的这些判断也验证了西方学界关于中国非正式政治的研究，在非正式政治中，否决者是多元的。另外，关于中国政治过程中的利益集团政治研究表明，强势利益集团就是变革的否决性力量。因此，只要深入到政治过程中去，就会发现，相同的政治体制有不同的政策结果，而不同的政治体制却有着类似的政治过程"③。

---

① George Tsebelis, *Veto Players: How Political Institutions Work*, p. 18.
② Ibid., pp. 77–78.
③ 曾毅、李月军：《否决点与中国政策过程分析》，《中国行政管理》2013 年第 2 期。

其次，关于总统制——议会制问题。一般认为，总统制下总统处于强势地位，议会制下议会处于强势地位。在否决者理论看来，权力的归属主要取决于议程设置控制。瑟比利斯发现，"除了财政提案权都归行政权外（总统制和议会制没有区别），在议会制下，非财政性的提案权由内阁提交议会表决；而在总统制下，则是国会提交给总统批准或否决。也就是说，在两种体制下，议程设定权是相反的。总统制或议会制这些名称本身并不能反映其实际立法权。按照名称，总统制下的总统和议会制下的议会应该是强势的，但是在立法领域，恰恰相反，传统的看法都是错的。如果议会在议会制中是强势的，并不是因为议会的立法权，而是因为它可以撤销对政府的支持甚至倒阁；如果总统在总统制中是强势的，并不是因为总统的立法权，而是因为总统可以利用行政令、外交决策权或其他事务上的权力"[1]。这些洞见和传统文献大不一样。

瑟比利斯认为："如果议会在议会制下处于弱势地位而在总统制下处于强势地位，如果总统弱势而首相强势，这些并不是偶然的，而是因为议会制下议程设定由政府掌控，总统制下议程设定由议会掌控。"[2]

否决者理论还质疑了很多其他的流行观点。"传统上认为非民主制下只有一个否决者，但是政治过程研究则显示它同样可能存在多重否决者，否决者数目不是民主制与非民主制的根本性差别。同样，关于传统上所说的总统制与议会制的根本差别也不存在，即议会制下内阁与议会密切互动而总统制下议会与行政彼此独立。在否决者理论看来，总统制与议会制之间的差异在于谁控制了议程设置，议会制下是政府，而总统制下是议会。总统制与多党议会制政府有相似之处，而且多党议会制与议会制下的单一政党政府却形成强烈反差。"[3]

---

[1] George Tsebelis, *Veto Players: How Political Institutions Work*, p. 82.
[2] Ibid..
[3] Ibid., p. 90.

此外，通过行政权与立法权的比较研究，发现意大利、荷兰等议会制国家与美国这样的总统制国家在立法过程中具有相似性，智利这样的总统制国家与法国和英国却具有很大相似性。同样地，"议会制下的少数派政府可能更像总统制下拥有极强的制度性权力而脆弱的国会支持的总统。其实，无论是在少数派政府还是在总统制政体那里，组阁政党和总统所在的政党都拥有位置上的优势，借此可以形成任何可能的联盟（事实上，他们会选择联盟的成员）。"[1] 这一结论验证了利普哈特"行政主导权"视野下的命题，即不同政体之间的相似性。因此，"研究总统制和议会制下的议程设置权力，将大大增加我们理解和比较两种政治制度的能力"[2]。

但是，在瑟比利斯看来，虽然"行政主导权"有利于增加我们对不同政体的认识，然而行政主导权与政府持久性存在虚假的关联性（spurious correlation），事实上行政主导权是由议程设置权决定的。"无论是最小获胜内阁，还是少数派内阁以及大规模联合政府，只要执政，都具有议程设置权，因而具有行政主导权。因为任何类型的议会制政府都可以将法案与信任投票挂钩，或者类似的做法是，如果提案不通过就内阁总辞，这是一种政治代价极高的武器，因而不轻易使用。日常的做法是通过制度性程序来限制议会的修正法案，而且在这些政府所拥有的武器中，当政府越是经常对国会采取'不干就拉倒'（take it or leave it）的提案方式时，就越容易获得议会的通过。"[3] 因此，利普哈特所说的行政主导权是政府议程设置权的结果，二者之间存在因果关系（见图5-2）。

---

[1] George Tsebelis, *Veto Players: How Political Institutions Work*, p. 115.
[2] Ibid..
[3] Ibid., pp. 219-220.

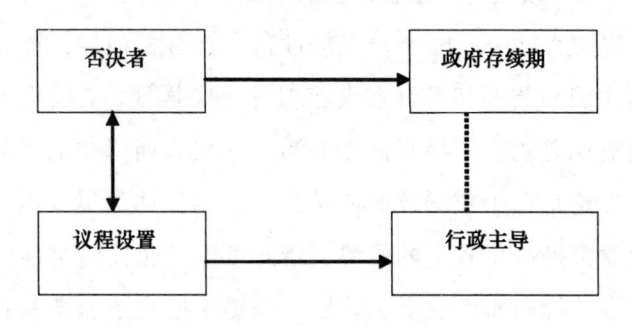

```
┌─────────┐        ┌─────────┐
│  否决者  │───────▶│ 政府存续期│
└─────────┘        └─────────┘
     ▲                  ┊
     │                  ┊
     ▼                  ┊
┌─────────┐        ┌─────────┐
│ 议程设置 │───────▶│ 行政主导 │
└─────────┘        └─────────┘
```

图 5-2 利普哈特"行政主导权"图式

否决者的解释力在于其运用相同的分析框架而解释不同政体和不同政党制度的政策产品。但也招致了不少批评，诸如其将制度型否决者与党派型否决者混淆。[①] 但是，批评者并没有否认否决者理论之于比较政体研究的意义。只要回顾前述的旧制度主义和行为主义方法论下的政体分类，就能明白否决者理论对于比较政治研究的新方向意义。制度本身是重要的，但政治过程中的利益、行动者以及行动者联盟，都是不容忽视的研究对象。或者说，规范性的制度研究是重要的，但如果停留在规范性理论和规范性制度层面而不深入其中的过程与行为，我们就不能接近故事的真相，从而也就减少了理论创新的机会和概率。历史制度主义的否决点理论正是深入政治过程的有用工具，从而也代表着西方比较政治研究的新方向。

社会科学研究的深度并非以时间序列为标准，在历史制度主义盛行前而产生的比较政治经济学已经对政体取得了突破性认识。

---

① George Tsebelis, *Veto Players: How Political Institutions Work*, pp. 85-88.

◇ 第三节 比较政治经济学：不同政体下的类似政治过程

> 撇开专横残暴的政府与主张自由的政府之间的区别不说，一个政府同另一个政府的最大不同，在于市场取代政府或政府取代市场的程度。
>
> ——查尔斯·林德布洛姆《政治与市场》

20世纪60年代兴起的比较政治经济学以及与其相伴生的历史制度主义，大大改变了比较政治学的研究生态。二者共享很多研究方法和路径，例如历史—动态分析，政治—经济分析，中观研究，等等。这些研究方法超越了行为主义时期比较政治学的静态分析、纯政治分析和宏观研究，开启了政治学研究的新局面，也使政治学对政体的认知走向了一个新的时代。从这个意义上来讲，比较政治经济学和历史制度主义既是研究方法和工具，更是一种世界观，重塑了人们看待世界的角度和视野。本节着重评介比较政治经济学的贡献。笔者认为，比较政治经济学通过中观分析和政治经济互动分析，突破了行为主义"民主政体—威权政体"的二元对立政体观，找到了不同政体下的相似之处，可谓"异中求同"。

当代比较政治经济学涵盖了诸如卡尔·波兰尼、格申克龙、林德布罗姆、卡岑斯坦、佩里·安德森等一系列杰出学者。在笔者看来，对传统"二元论"政体观的突破贡献最大的，要数耶鲁大学政治学家查尔斯·林德布洛姆。他的贡献在于比较政治经济学和政策分析科学，二者的结合形成了"中观政治学"，而这种中层的、跨学科的研究视角，大大突破了行为主义麾下刻板僵化的二元政体观。

作为一名政策科学家,林德布洛姆于1968年出版的《政策制定过程》常被人当作政策分析的工具性著作。然而笔者认为,这本书给政治学带来的贡献,绝非"如何分析政策"这个知识性的命题这么简单,更重要的是,他启发我们在世界观的意义上思考"如何从政策制定来观察政治"。正如他在本书第一章"政治学的政策制定观"中所讲到的那样:

> 《法国人权宣言》和《美国独立宣言》虽然振振有词地谈到了专制、权利和自由,却唯独没有涉及政策制定过程。从历史的角度看,人们之所以求助于民主,主要是把民主当作人身自由的护身符,而不是把民主看成是政策制定过程;也不是把民主看成是民众支配政策制定的过程。实际上,正如某些宪法之父一样,很多人都担心民众支配政策的制定会让社会倒退到专制时期。①

这里涉及民主的两个含义:政治场域的含义和学术场域的含义。从17世纪以来资产阶级革命到19世纪无产阶级革命和大众权利运动,再到20世纪的新型民族解放运动和社会主义国家建立,再到后来冷战的话语权之争,各种宣言、公告、口号等政治性文本里出现的"民主",大多是一种政治场域的民主,而正如我们在"行为主义"一章里所剖析的那样,它大多是"自由"的代名词;而学术场域的"民主"则体现为一种描述故事真相的研究,在民主问题上将民主视为"大众控制手段",认为一人一票还是远远不够的,还需要普通公民在每天政治生活最密切最普遍的公共政策领域发挥作用,也需要普通公民在经济生活中获得公正体面的资源。一系列民主理论大家诸如熊彼特、萨托利都没能摆脱政治场域的影响,他们是以学者身

---

① [美]查尔斯·林布隆:《政策制定过程》,朱国斌译,华夏出版社1988年版,第1页。

份从事政治活动的政治活动家，反而是专注于中观政治研究的林德布洛姆在政治经济学、政策分析这个"次领域"却发现了"民主"的新含义。

抛开革命性宣言和冷战式激情话语，林德布洛姆从政治—社会生活的最普遍的领域：公共政策与政府市场互动，思考我们每天都在经历的生活的真实面目。于是在他那里，民主不再是一个高高在上的口号和价值，而是一个"权力角逐"的过程。这里需要注意的是，民主是一种权力互动，而不仅仅是一种社会权利和个人权利；民主是一个普通公民影响政治体系的动态过程，即动态的官民关系，而不是一个一成不变的刻板模型。换言之，在一个政体里不同的角色和行为体的权力对比关系，该政体中大众对政策制定者的控制和影响，大众在政治—经济关系中的角色，都影响着"民主"的程度，或者说是衡量民主的重要指标。在这里，林德布洛姆的民主观或政体观，已经远远超出了一人一票定乾坤的简单思维。

> 在各种制度下，哪怕是非民主的制度，许许多多的人都会以某种方式参与政策制定中的权力角逐过程。最大的参与者群自然是普通公民，而他们其中的每一个单独的个人则软弱无力，起不了多大的作用。且撇开投票不谈，在民主制度和许多专制制度之下，普通公民也能对政策制定者施加约束。如果公民被踩躏得太厉害了，则他们的工作效率就要受到损害。因为他们需要食物、培训和激励，所以制定政策必须照顾到他们。就关心其公民而言，苏联向其公民提供的大学和研究生教育的比例比英国高。几十年前，苏联在津贴和免费的医疗保健方面可能已超过美国。[1]

在美苏严重对立的 1968 年，这样的言论似乎显得有些"大逆不道"。

---

[1] [美] 查尔斯·林布隆：《政策制定过程》，朱国斌译，华夏出版社 1988 年版，第 54 页。

尽管今日重读，我们会觉得公民权在"被蹂躏"的情形下被动得到医疗、教育等福利并不是什么值得赞扬的事情，在全球化和平等化进一步发展、第三波民主化浪潮后的世界，大众权利与大众福利理应被更加尊重，专制理应被弃入历史的垃圾堆。然而，必须承认的是，林德布洛姆在半个世纪前的这番话中仍然包含着真知灼见。最值得肯定的一点是：无论何种政体，都存在或多或少的公民对政策制定者的约束和影响。而民主的本质含义，应该就是这种权力互动中自下而上的约束和自上而下的回应。如果只有投票这个程序，而没有约束和回应，那么，民主会变成空中楼阁，正如第三波之后的泰国、菲律宾、吉尔吉斯斯坦、埃及等。也正是因为如此，曾经宣称"历史终结"的美国学者弗朗西斯·福山，如今在《政治秩序的起源》中，开始谈国家能力、法治与问责三要素所构建起的"秩序"。

1977年出版的《政治与市场：世界各国的政治—经济制度》是林德布洛姆在比较政治经济学领域的代表作，这本书将他的观点更加深化和推进。同样，虽然研究对象是比较政治经济这个中观层次，但我们却能从中读出更抽象层次的世界观和政体观。在当时的冷战背景下，林德布洛姆选取了欧美、苏东、中国、古巴为经验对象，范围几乎涵盖了当时世界上主要的政治—经济类型。他所做的工作较之当时他的同行来说，是具有极大挑战和突破性的，因为他试图在冷战剑拔弩张的两大阵营之间，寻找共同的解释要素。具体来说，他的问题关怀有：

> 为什么政府权威有时会令人惊奇地顷刻瓦解？许多非民主的政府何以似乎是强烈渴望像民主政府那样保障公民的福利？为什么"自由的"市场有时如同政府权威一般强制？实业家们何以在政治中扮演一种不同于他们利益集团且更具影响力的角色？为什么"工业民主"在一个非民主国家中，以工人参与管理的形式，比在一个民主社会中能够更容易地发展？共产主义中国的毛泽东主义传统，是象征着对一般

共产主义根本性的偏离,还是次要的偏离?[1]

我们有理由相信,在20世纪70年代的美国,关于计划与市场、权威与自由、社会主义与资本主义、民主与非民主之间的争论远比今天要热烈。而林德布洛姆却提出了上述一些有洞见的问题,这些问题突破了那些僵硬的二分法。从某种意义上讲,这些问题能够被提出,本身已经具有很重要的启发意义,因为它涉及观察世界的视角。

让我们再强调一遍,在一个书本内外都硝烟弥漫的时代背景下,林德布洛姆却难能可贵地提出了一种新的研究立场。这种立场试图突破对冷战两大阵营的截然划分,以更客观、更细腻的视角来观察、比较世界范围内政治一经济现实。他认为,广泛流传的对"自由民主和共产主义"简单的二元划分,并没有道出事情的真相,甚至有人云亦云的危险。"我们对自由民主的理解是如此贫乏","我们同样也没有很好地了解共产主义制度",在并不完全了解的情况下就妄下论断,给出价值评判,这是林德布洛姆所反对的。因此,他将研究目标放在描述而非评价政治一经济制度上,站在学术场域而非政治场域对基本政治一经济机制和制度加以分类。

一 社会控制要素对国家、市场、意识形态的整合

如何能够超越二分法、客观描述世界范围内的政体呢?要达成这一目标,林德布洛姆的第一个方法是使用政治一经济学的跨学科方法。对政治经济的综合考量更接近一个国家真实的日常运作,因为政治行为与经济行为总是不分彼此的。在他看来,"政府的主要行为很大程度上是经济性的,

---

[1] [美]查尔斯·林德布洛姆:《政治与市场:世界的政治一经济制度》,王逸舟译,上海人民出版社1996年版,"序言"第3—4页。

如税收、国防、教育、能源保护和行政管理、交通运输和信息传递、社会保障、经济稳定,以及推动增长"①。反过来,大部分经济亦是政治性的。这正是政治经济学和历史制度主义的共识,"经济问题也总是政治问题"②。

他的第二个方法是,在国家、市场这些宏观概念下,寻找一个更加普遍、细腻又中观的要素——社会控制要素。从社会学中引入这一概念,降低了研究层次,从各个国家中每天都普遍存在的社会控制手段着眼,更深入地了解每个国家每天都在经历的运转机制。这些基本的政治—经济运转机制是每个国家都可以掌握的"工具",用来处理犯罪、贫困、战争、失业等老问题,也用来面对人口、能源、环境等新问题。换言之,这些要素是一个国家(不管属性如何),在每日的统治和治理中都必须使用的手段。

> 无论是在世界的较不发达地区,还是在工业化社会,或者是在走向"后工业化国家"的更富裕的民族那里,它们都是人们不得不打交道的。不管马克思主义者长期以来如何称呼资本主义,也不论一个在共产主义逐步扩张的世界,资本主义如何处在衰退之中,它们是人的工具。对于资本主义者和对于共产主义者来说,基本的抉择是相同的,尽管他们也许选择以不同的方式组合它们。③

这里说得很明确,要想理解世界各国的政体,并对其进行分类,首先要了解它们。对各国政体的理解,不能只停留在资本主义—社会主义、工业化—欠发达这样的系统层次,而要先从各国政治—经济运作的基本手段

---

① [美] 查尔斯·林德布洛姆:《政治与市场:世界的政治—经济制度》,王逸舟译,上海人民出版社1996年版,第8页。
② [美] 彼得·豪尔:《驾驭经济:英国与法国国家干预的政治学》,刘骥等译,江苏人民出版社2008年版,第334页。
③ [美] 查尔斯·林德布洛姆:《政治与市场:世界的政治—经济制度》,王逸舟译,上海人民出版社1996年版,第7页。

和要素入手。

那么，这些基本社会控制要素和手段包括什么呢？林德布洛姆认为，最重要最普遍的是以下三种：交换、权威和说服。在这里，交换对应着市场，权威对应着政府，而说服则对应着意识形态。林德布洛姆此处界定的三种社会控制要素，与新制度经济学的诺思的"国家、产权、意识形态"三要素理论，历史制度主义豪尔的"利益、制度、理念"三要素理论，都是立足于人类共同体最为基本的三种组织形式——政府、市场和意识形态；也就是人类共同体最重要的三个领域——经济、政治、文化。

从方法论意义上来讲，引入"社会控制要素"这个研究概念是极具启发性的。它将研究视角由宏观变为中观，可以在"组织/控制"的视角里打通政治、经济、文化之间的界限。笔者认为，林德布洛姆此处的"社会控制要素"与历史制度主义眼中的"制度"有着异曲同工之妙。尽管历史制度主义对于"制度"的内涵莫衷一是，然而，在经典历史制度主义文献《驾驭经济》中，豪尔所描述的"制度"更接近"组织"的含义，也是不满于国家、市场这些抽象概念的解释力，在人类公共生活的三个最重要的场域：国家、市场、文化中找到了次级概念"制度/组织"，来黏合、链接这三个场域的边界，以"制度"作为各场域之间的黏合剂和链条。豪尔说："市场本身也是一种制度。……而且，许多市场依靠一套附属的社会制度网络，而为了正常运转，这些制度网络通常是由国家行为来构建并维持的。"① 历史制度主义常被指摘为"制度"的含义似是而非、不够明确、无所不包，在笔者看来，可以将林德布洛姆"权威、交换和说服"理解为"制度/机制"的具体内涵，制度说到底是一种社会控制手段。

因此，突破了宏观、抽象的旧政体分类后，以权威、交换、说服为核心的社会控制要素如何来解释世界的政治—经济体制，就将政体研究大大

---

① [美]彼得·豪尔：《驾驭经济：英国与法国国家干预的政治学》，刘骥等译，江苏人民出版社2008年版，第336页。

细化了。林德布洛姆的分析表明，当使用社会控制要素/机制来进行政体比较时，曾经普遍流行的二分法观念往往会失效，因为，政体之间差异并不像想象中和传说中那么大。

那么，这些本被认为"差之千里"的政体之间有哪些共通之处呢？

首先，无论东西、无论资本主义还是社会主义，所有的政体内的国家和政府都是主要建立在权威基础上的。这不难理解。马克斯·韦伯对国家的经典定义便是"在一定疆域之内（成功地）宣布了对正当使用暴力的垄断权"①的人类团体，而这种暴力/权力的执行，必须得到被统治者的服从，也即具有"权威"。在韦伯那里，国家是一种人支配人的关系，而这种支配的权威类型有三种：传统型权威、超凡魅力型权威和法理性权威。而维持这种权威和支配，便需要持续的行政管理和一批幕僚和官僚制队伍。②值得注意的是，权威并不是政府独有的，任何一个正式组织都可以被视为"一个有目标的权威关系结构"③。那么，企业和工会组织自然也拥有权威。政府与其他组织的区别在于权威的普遍性和优先性。

权威可以被间接使用，这主要体现为权威在市场制度中进入交换或改变交换的条件。一方面，在任何国家，政府都可以"通过进口征税来提高进口品的价格，以替代直接禁止进口"；另一方面，权威往往被扩展使用，这也不分国家属性。"通过作为党的总书记的权威，斯大林委派了各地的党委书记，他们将影响党代会代表的选举，这将反过来认可斯大林梦寐以求的新权力。……（类似地）尼克松同联邦调查局的合作，对权威进行非法扩展。"④

---

① [德]马克斯·韦伯：《学术与政治》，冯克利译，生活·读书·新知三联书店2005年版，第55页。
② 同上书，第56—58页。
③ [美]查尔斯·林德布洛姆：《政治与市场：世界的政治—经济制度》，王逸舟译，上海人民出版社1996年版，第25页。
④ 同上书，第29页。

其次，所有的政体的市场制度（但凡有市场）都是主要建立在交换关系上的。而这也被认为是市场与自由之间亲缘关系的理由。

最后，如果上述两个结论太简单、太老生常谈，那么，这一个见地可能比较新颖，那就是：在所有的政体中，政府与市场之间的差异和界限并不那么颠扑不破。事实上，政府中的权威也存在交换关系；市场中的交换也有权威和不自由。交换、权威和说服是一套"组合拳"，正因为它们是工具，因此在具体运作时往往互有嵌入和交叉，被综合使用，"人们不应当把平行线拉得太远"①。

具体而言：

1. 政府中存在市场的要素。在政府体系里，不仅仅存在权威这种控制方式，还有交换。公共选择理论将"经济人"假设应用到非市场和集体决策领域，把政治视为另一个市场，选民、政治家和官僚都存在自利动机和利益最大化的追求，体现出一种"交易政治观"。这种理性选择的研究路径，对于集体决策、选举——投票行为、利益集团、寻租腐败、财政预算等都做出了较有成果的解释。"忠诚，奉承，公众的承认，选票，法院判决，政党提名——这一切在一定的时候都可以出售，不管合法还是非法。市场交换遍布生活的各个角落，展现着它的后果。""民主政治看上去似乎远离通过权威实行的组织，倒是更类似交换。总统制订牛奶最低售价的一个较高的标准，以答谢某个奶酪制品协会的财政捐款，或者，一位州长保证支持某个总统候选人，以期得到副总统提名。"②

除此之外，人们一般认为政府中的权威往往是在官僚制的等级制度中自上而下传递的，但需要注意的是，权威还需要在同一个水平上互相调整。这种协调和相互依赖，就需要辅助使用交换、说服这些控制方式。林德布

---

① ［美］查尔斯·林德布洛姆：《政治与市场：世界的政治—经济制度》，王逸舟译，上海人民出版社1996年版，第15页。

② 同上书，第32、46页。

洛姆认为，这种官员之间的相互控制比他们对民众的控制更加错综复杂；换句话说，在各种政体内部，无论它们是自由民主国家、共产主义国家还是法西斯主义，都同样存在权威水平方向上的相互调整、协调，而"相互调整的最常见形式之一，就是交换"。这是占据政治生活大部分的内容。

这种水平方向的调整就是权力的互相制约，在美国，权力被分散到立法、行政、司法等不同的部门中；在其他国家，则有执政党与政府之间的协调、党的委员会内部的协调，以及各行政部门之间的协调。对于巨型国家来说，不仅存在水平方向部门之间的协调，还有垂直方向的中央—地方关系的协调，而这些权力内部的制衡，在任何属性的政体中都是存在的："希特勒曾遭到养老金发放部门的反对，后者一再企图争取更慷慨大方的养老金。甚至在一个民主外表的制度内，某个警察当局有时也会运用骚扰、黑信和暗杀手段，来建立它对等级制中上司的权威。"① 在极端的政体两极——法西斯主义和自由民主国家尚且存在着这样的相似，更何况那些大多居中的政体呢？如果再加上时间的变量，从本书出版的20世纪70年代到40年后的今天，世界发生了更加深刻的变化，政治参与的主体越发多元，权力之间的协调更加复杂，如前，历史制度主义的"否决点"理论便是用政策过程中具有影响力的政治行为体来观察政体中的权力制衡。

2. 再来看看市场。既然政府中存在市场的因素，那么市场呢？只有自由交换吗？答案是，市场中大量存在权威。

林德布洛姆告诉我们，首先，市场的前提是国家确立的法律和秩序。"交换只有在一个用道德法规和权威维护着的安宁的社会才有可能"②。

其次，市场也存在行政权威，只不过这个权威或者是政府或者是私人公司罢了。市场的基本组织制度——商业企业，本身就构成了一种权威制

---

① ［美］查尔斯·林德布洛姆：《政治与市场：世界的政治—经济制度》，王逸舟译，上海人民出版社1996年版，第37页。
② 同上书，第45页。

度，在这里，"少数人以标准的官僚制模式号令着成千上万的人"①。"尤尼莱佛、通用汽车公司、亨得斯达机械公司、美国邮政部、英国交通委员会、石景山钢铁公司（作者按：首钢）和苏联的某个国营农场，都是一种官僚行政制度。无论这种制度是处在市场制度的网络中，还是处在政府行政当局的网络中，对雇员和消费者可能都没有多大影响。"②

再次，构成市场的两个根本基石：私有产权和自由交换，往往被视为自由的保障。然而，仔细考察却发现它们与自由之间并不存在一个必然的因果关系。它们的背后也有权威的幽灵。

产权。财产绝不仅仅是财富那么简单，财产本身就是一种权威：政府创造的权威形式，而产权的界定与保护就是国家行为。"财产是一种控制财产的权利：拒绝由他人使用，保持它们的完整，或用光耗尽它们。因而财产权是对一些人或组织的权威授予，不论是公共的还是私人的，它们比大多数人享有更大的授权。……之所以如此，是由于政府授予了这种安排。"③ 事实上，这里的财产便是一种"财产权"（产权），是国家和政府界定和授予的权威，这一点后来被新制度经济学代表人物道格拉斯·诺思重申，在对经济史的解释中加入了"国家/制度"这个重要变量，极大地丰富了解释力度，也为经济史学带来了革命性转变。在诺思对经济绩效和结构的关系的解释框架里，国家理论和产权理论是两个重要基石，而相比起产权理论，国家理论更是根本的，因为"是国家界定产权结构……最终是国家要对造成经济增长、停滞和衰退的产权结构的效率负责"④。

---

① ［美］查尔斯·林德布洛姆：《政治与市场：世界的政治—经济制度》，王逸舟译，上海人民出版社1996年版，第62页。
② 同上书，第13页。
③ 同上书，第32页。
④ ［美］道格拉斯·诺思：《经济史中的结构与变迁》，陈郁、罗华平等译，上海人民出版社1999年版，第17页。

私有财产与自由的关系。强调自由与财产的关系，自洛克起一直是经典自由主义思想家的核心命题之一。这种影响力和思维延绵不断，直到20世纪仍有学者秉承这样的思路，从"自由选择"的意义上探讨财产权与自由的关系①，然而，林德布洛姆的结论是：私有财产并不是自由的充分条件，因为拥有少量财产甚至无财产的人不会拥有自由。林德布洛姆给出一个有趣的假设，假如由集体所有制向私人所有制的转变过程中，一个靠强力掠夺了最大份额财产的强人在主导这一过程，那么便没有理由认为，人们从此以后进行的交换即便是自由交换，会使那些拥有很少财产的人变得自由。"如果我们大家都出生在一个财产权已被分派完的社会，像确确实实发生的那样，同样得不出结论，说交换支持着我们的自由（除非我们拥有大量财产）。"②

不要以为这样的假设仅仅是一个抽象的推理，事实上，回顾历史会惊奇地发现，这个假设并不是假设，而是活生生的事实！从历史上来看，私有财产是如何产生的？从先后顺序来说，先有资本主义原始积累，再有代表资产阶级利益的自由主义理论。14—15世纪英国有驱逐农民的"圈地运动"，哥伦布发现新大陆之后，又有海外"黑奴贸易"和对印第安人的驱逐，欧洲通过奴隶贸易、香料贸易、殖民地与母国之间的进出口贸易，甚至海盗劫掠中，获得了滚滚财富，奠定了欧洲的世界中心地位。这些财富的原始积累过程，并不是自由的、非强制的，而是充满了强迫与暴力的。而提倡"自由竞争""私有财产"的洛克式自由主义理论，是在17世纪英国资产阶级革命议会主权地位巩固之后。换言之，先是暴力解决了财富在世界范围内的分配，再有提倡自由和和平的私有财产理论。那么，沿着林

---

① [美]詹姆斯·布坎南：《财产与自由》，韩旭译，中国社会科学出版社2002年版。

② [美]查尔斯·林德布洛姆：《政治与市场：世界的政治—经济制度》，王逸舟译，上海人民出版社1996年版，第61页。

德布洛姆的问题,这个自由是谁的?英国圈地运动中失去土地的农民、黑奴、印第安人,他们可曾拥有洛克式的自由?

不仅世界史如此,仅仅以某一个国家内部为例也会发现类似的情况。私有财产与自由交换只是对于那些享有经济自由的人来说,才是可行的。对于一个食不果腹、生计窘迫、技能欠缺的弱势群体来讲,自由无从谈起。他面临着失业、流离失所的威胁。经典自由主义将其归于个人的努力程度,然而如果从历史的角度来看,同世界范围内财富分配相似,一个共同体内部的不同群体也存在"起点的不平等",因此,林德布洛姆认为这是"机能不全的劳动力市场对自由的严重抵消"。其实,对这一事实阐述的最深刻的要数马克思。工业革命后,这个问题同样启发了自由主义阵营中的一批真知灼见者,他们被称为"新自由主义",到了当代,罗尔斯通过思考"无知之幕"和"作为公平的正义"继续回答这个经典自由主义无法解释的问题。[①]"赚取收入的财产,仅仅对那些拥有财产的人才是自由的保障!那些实行强制的人是不会受到责难的,因为职业的不足和无保障已到了如此之地步,以致职业本身可能都已成为稀缺之物。在市场社会里,失业补助和其他福利计划——按照我们的分析思路讲——对于自由是必要的。"[②]

自由选择与交换。市场真的保证自由交换和自由选择吗?正如洛克所说,每个人得到与需求相匹配的财富就不会有更大的企图,因此冲突是不存在的吗?林德布洛姆认为,这样令人愉快的和谐场面之所以出现,是因为"有关谁得到什么的冲突已经在社会里通过财产权的分配得到了解决"。如果我们采取拉斯韦尔关于"谁得到、何时和如何得到"的政治定义,或

[①] [美]约翰·罗尔斯:《正义论》,何怀宏等译,中国社会科学出版社1988年版。

[②] [美]查尔斯·林德布洛姆:《政治与市场:世界的政治—经济制度》,王逸舟译,上海人民出版社1996年版,第67页。

者伊斯顿"价值的权威分配说",都会发现这种对资源和价值的分配不仅仅是市场行为那么简单,而属于政治行为!换句话说,自由的市场背后有政府权威通过强制力进行的价值分配。

在市场中的个体的财富和权力是极其不对称的。当一个人在生计处于窘迫状态时,便受到了一种"非人格化的强制",只有在所有人都提供了充分的起码生存所需时,交换中的各种强制才会消失。也就是说,我们起码能够拿出东西来与对方交换!不幸的是,从世界和历史来看,这种看不见的强制一直存在。这便又需要追溯到资源分配本身上,资源分配是一种政治行为,它是非强制和无冲突的吗?当然不是!正如上文所说,它充满了权力的斗争和冲突:"在现代英国,财富的分配是几百年冲突的一个结果,其中包括北欧海盗的侵扰,诺曼底人的征服,君主和贵族的早期权威,把农业劳动力从土地上驱逐的两次浪潮,以及继承法。"①

这样看来,支持市场自由的几个基石:私有财产、交换自由与选择自由、企业、契约,背后都有权威和强制的身影。从这个意义上来讲,市场与自由的亲密联姻便不那么可靠。因此,市场与权威之间的界限也就不那么清晰了:"自由论点——人们在交换中是自由的,在权威制度中是不自由的——不攻自破;一切要视情况而定。"②

最后,需要补充的是,权威与交换这两种手段被综合使用在政府和市场两个组织中。而说服这种控制要素,更是广泛存在。意识形态和宣传工具是政府对大众控制的一个重要方法;而商业广告则是市场对消费大众的主要手段。

总而言之,权威、交换与说服分别对应的政府体系、市场制度和训导制度,并不是孤立存在的,它们只是一个抽象的极端化模型,而在现实生

---

① [美]查尔斯·林德布洛姆:《政治与市场:世界的政治—经济制度》,王逸舟译,上海人民出版社1996年版,第62页。

② 同上。

活中，这些控制要素的综合组合运用，则使国家、市场、意识形态制度之间的界限没有那么泾渭分明。事实上，突破国家、市场、意识形态之间的截然差异，在历史制度主义者的某些分析那里可谓"英雄所见略同"，豪尔在《驾驭经济》中通过分析英、法经济政策和绩效的差异比较分析，认为"国家主导的经济发展和市场战略之间的区分在有些方面是虚幻的"[①]。市场依靠一系列附属的社会制度网络，它们常常由国家行为构建并维持。比如，劳动力市场受到国家教育制度的影响，出口市场受到国家经济政策的影响，资本市场则受到国家税收和支出政策的影响。国家主导与市场主导这种划分是武断的。

二 各种政治制度之间的整合

在社会控制要素这个中观概念的基础上，林德布洛姆突破了国家、市场、意识形态制度之间的界限。接下来的问题是，世界各国的政治制度/体制之间的界限是否可以突破？这是一个更加充满挑战性的命题。而在笔者看来，对这个问题的回答便接近本研究的核心问题：构建一种超越二分法的"新政体观"是否可行？接下来，笔者将在评析林德布洛姆观点的同时，尝试构建这种更加综合的、摒弃了意识形态二分法的新政体观。

以往的政体类型学大多是二分法的产物。具体来说，在政治制度上严格区分"民主—威权"，而在经济制度上严格区分"市场—计划"，由此得到如下的二二表格：

---

① ［美］彼得·豪尔：《驾驭经济：英国与法国国家干预的政治学》，刘骥等译，江苏人民出版社2008年版，第336页。

表5-2　　　　　　传统政体观下的政治—经济制度类型①

	多头政治的	权威主义的
市场导向的制度（不排除权威）	所有多头政治的制度：北美、西欧及其他	世界上的多数制度，包括南斯拉夫、西班牙、葡萄牙、多数拉美国家、新独立的非洲国家，以色列以外的中东，日本以外的所有非共产主义的亚洲国家
中央权威和训导"制度"（不排除市场）		除南斯拉夫，可能还有匈牙利以外的共产主义制度。还有纳粹德国

在林德布洛姆那里，民主不是别的，而是一种政体，一种对"权力的角逐"。而在笔者的研究中，从最开始就把政体定义为围绕着政治权力的"谁统治"和"如何统治"两个部分。因此，对政体类型的讨论便等同于"权力（权威）争夺"方式。林德布洛姆认为，在所有的政治制度中，争夺权威的斗争包括以下部分：

1. 争夺权威的基本斗争。它对所有制度都是同样的。
2. 多头政治。它重新改造了这个基本斗争。
3. 有特权的实业界控制与多头政治的控制的竞争。
4. 实业家为支配多头政治进行的斗争。在这场斗争中，他们赢得了不成比例的巨大影响。②

在这里，我们可以认为，上述清单列出了人类社会围绕权力进行争夺的最重要事项——也就是政体的具体内容。需要注意的是，这些事项不仅涉及强势集团（诸如军队、克里斯马型领袖、官僚系统、专家），还涉及普通民众（多头政体下一人一票的选民）；不仅涉及政治场域权力争夺（包括

---

① ［美］查尔斯·林德布洛姆：《政治与市场：世界的政治—经济制度》，王逸舟译，上海人民出版社1996年版，第235页。
② 同上书，第289页。

政府部门之间、政府层级之间、政府与民众之间），还涉及经济领域的力量以及政治—经济之间的博弈（包括实业家与政府、实业家与选民之间）。因此，政体可以被看作一个非常复杂的"动态过程"：（1）它不是一成不变的，而是在这种权力和资源争夺中不停互动、构建的；（2）它包含的主体形形色色、张力错综复杂，既有 A. 国家内部的政府部门间张力（权力内部关系），又有 B. 国家—社会之间的张力（权力—权利关系），还有 C. 利益集团—民众—政府之间的张力（政治—经济关系）。

如果我们接受上述这个简化，那么，就可以把林德布洛姆的上述4个清单简化为：

1. 争夺权威的基本斗争——A. 权力内部关系
2. 多头政治——B. 权力—权利关系
3. 有特权的实业界控制与多头政治的控制的竞争——C. 政治—经济关系
4. 实业家为支配多头政治进行的斗争——C. 政治—经济关系

如此一来，世界范围内的政治—经济体制可以通过如上几个"关系"进行划分。这便是一个更具有客观性和解释力的"新政体观"的雏形。在这个新政体观内，不再按照二二表格的那种依照"多头的—权威的""市场的—计划的"传统二元划分，而是围绕"谁统治"和"如何统治"，以不同的政治行为体为单位，以它们之间的复杂互动为对象，找出不同政体中更能体现它们真正运作机制的内容。

于是，世界范围内的政体可以依照以下标准——得到检视：

第一，权力—权利关系（国家—社会张力）：存在多头政治和非多头政治的区分。

在这里，林德布洛姆沿用了他的学术伙伴罗伯特·达尔"多头政治"

的概念,用以指统治由多种力量完成的政治体制。多头政体所参照的是19世纪末20世纪初以来西方发达国家的政治制度,它代表了这样一系列的特征:诸如结社自由、表达自由、投票权、自由公正的选举等,也就是我们所熟悉的"自由民主制度"。多头政体与非多头政体的最直观区别,就是选举权是否落实;但是,多头政体的内涵不完全等同于民主,除了公民平等的选举权产生权威,还有多重力量对政治的参与、各种保障自由的措施,而一个极端民主形式则会伤害自由。也正如林德布洛姆所说,这种模式的政体所反映的是"把多种力量结合为一个多头政治而不是一个民主的制度"[1]。

多头政体与民主之间的这个张力,是因为多头政治是一种"权威主义规则"和连同这套规则而产生的特定政治行为模式,更简单地说,它涉及的是对"权力"的制约,而不仅仅是"权利",虽然公民权利和大众化控制是对权力制约的一个至关重要的手段。它是对政治的核心内容——权威争斗的一种限制,这些规则以和平、程序化的方式,取代了野蛮时代和前自由主义时代的武力冲突、强力、胁迫、野蛮争斗。需要注意的是,这种限制,也可以通过非民主的方式进行,就像西方国家在引入普选制之前所做的那样,是通过宪政制度和法治对争夺权力的人和方式进行限制的(就像在下面的分析将看到的那样)。

如果可以将多头政体理解为各种力量对权力的控制,而大众化控制(公民权利)占据重要位置。那么,我们需要承认,西方自由民主国家在这一点上走得更远。大众选举与公民广泛的自由,是多头政体与非多头政体的重要区分。然而,尽管我们承认多头政体与非多头政体存在许多重大差异,但是我们还是需要避免"一刀切"的绝对二分法。即使在对多头政体所做的标准定义里,我们还是能细分概念,找出选举政体与非选举政体之

---

[1] [美]查尔斯·林德布洛姆:《政治与市场:世界的政治—经济制度》,王逸舟译,上海人民出版社1996年版,第195页。

间的微妙联系。让我们提出两个修正：

1. 多头政体中包含的"大众化控制"不完全等同于"大众选举"。因此以"选举和非选举"来划分的政体观，只看到了政体中的一个维度和一个部分。大众化控制还包括信息反馈、情感支持、舆论民情、专家咨询等等。林德布洛姆注意到，某些缺乏选举程序的国家仍存在普遍福利和较好的发展，这可能由领导人的民族抱负、国际制约、专家咨询和群众路线决定的（下面会讨论）。

2. 多头政体中包含的"大众化控制"同时拥有自由和民主两个价值。民主程序（大众化选举）对权力的制约和控制是至关重要的一环，但不是全部。在林德布洛姆看来，很重要的一点是"统治法则对于最高权威反应的稳定影响，尤其是立宪政体的影响，它是一个先于民主制出现的历史发展"[1]。

至此，我们发现，就国家权力—公民权利这个维度而讲，存在着多头政体与非多头政体之间的差异，但差异也并不是百分之百的。

这个差异，首先体现在选举制度与非选举制度这个直观的指标上；其次体现在大众化控制的程度和方式上。除此之外，如果就权力—权利这个命题而言，选举并不是全部。按照社会学家马歇尔对公民权利进行的划分，以选举权为核心的政治权利只是其中一项，还有以自由、财产和司法为核心的基础性权利，以及以福利和经济安全为核心的社会权利。[2] 通俗点说，就是选票、自由和面包。而公民权利建设在各个国家都可圈可点，只是次序不同、程度不同。换个角度说，那些完成了政治权利（民主程序）的国家也可能在基础性权利和社会权利方面供给不足（比如印度），还可能由于

---

[1] ［美］查尔斯·林德布洛姆：《政治与市场：世界的政治—经济制度》，王逸舟译，上海人民出版社1996年版，第185页。

[2] ［英］T. 马歇尔、吉登斯：《公民身份与社会阶级》，郭忠华、刘训练编，江苏人民出版社2008年版。

权力内部关系的失调而导致社会失序、一片混乱,比如第三波民主化的大多数国家以及随后的中东的"阿拉伯之春"中的埃及。

第二,权力内部关系(国家政权内部张力):各种政体趋同,不过存在着权力分散与集中程度的区别。

我们已强调过,政治(政体)的核心是对权力的争夺,也就是"谁统治"的问题。争夺的手段多种多样,有暴力的、和平的、混合着交换、说服和权威。而无论斗争怎样进行,斗争后的最高权威总要处于某种程度的控制之下。无论在什么样的政体下,最高权威都需要知识专家集团、后援组织(政党、军队、官僚制、委员会等)、利益集团来支持、追随最高权威。因此,某种程度上这些组织构成了对最高权威的制约。

在任何政体下,都存在这些组织之间的相互影响。对于权威的斗争和彼此制约,构成了政府的基石。在这里,林德布洛姆所说的是"权力"之间的相互牵制,是政府、政党、军队、集团、官僚部门之间的平衡和互动,这在任何一个国家(无论是自由民主制度,还是权威主义制度中)都是相似的,只是分散和集中的程度不同。

而除了水平方向的相互控制,在垂直方向的维度上,比较晚近出现的事物——涉及公民"权利"的大众化控制(以选举程序为核心),则构成了民主与非民主的区分。林德布洛姆此处并没有用"民主—非民主"的二元划分,就像他不妄加区隔其他概念一样,他始终保持一种混合和程度论的态度。他认为,尽管某些国家缺乏民主程序,但也完成了一定程度的大众控制,推动着某些最高权威像一些民主领导人一样,努力追求普遍福利。"民主制度和共产主义制度在保健和福利的公共开支上,按国民生产总值的百分比看并无大的差别。没有采用任何民主控制的工具,共产主义的中国在人民的食品、住房、保健和教育方面都比民主的印度给予了更大的关注;可能世界上没有一个国家能够和中国在控制血吸虫病、伤寒、霍乱、疟疾和性病这些方面付出的能量相比。"① 对这一现象的解释，来自领导人的民族抱负、工业化和发展的决心，另外，来自经济发展中必要的向专家、经济学家、工程师、律师、科学家的咨询，他们给予领导人"同一个民主的统治者提出的同样建议"，再加上关于人的生存与福利的国际标准的监督和约束，也对一国最高权威形成压力。除了这些外部约束，自愿的责任和担忧也可能促成国家权力向大众权利倾注更多精力。"对不稳定、罢工和暴力的担忧，部分地解释了中国通过干部们实行的上层人物向群众的'请教'。它甚至是民主制中的一种力量。很可能，正是同一种担忧，比民主政治更有力地推动了20年代英国的失业救济。"②

可见，"发展"本身构成了一个理由，使权威主义国家与自由民主国家的很多政治绩效趋同，而这正是20世纪80年代以来西方学者对东北亚经济奇迹的解释，他们称为"发展型国家"③。更进一步地，随着互联网、市场经济的繁荣、公司、NGO等多重主体的参与，20世纪80年代以后的各国政治生态较之林德布洛姆时代有了更深刻的变化。我们更有理由以更细化、更不偏不倚的视角来观察世界各国政体差异。如果将政体不仅理解为"谁统治"，还有"如何统治"下对权力的制约，那么，差异真的有想象的那么大吗？

第三，政治—经济关系（利益集团—民众—政府之间的张力）：在拥有市场经济的政体中趋同。

以往政体研究，无论是旧制度主义对宪政结构的描述（权力之间），还是行为主义对大众化控制的描述（权力—权利之间），都没有涉及一个政治共同体中最为重要的方面：政治—经济关系。如果说国家和市场是迄

---

① ［美］查尔斯·林德布洛姆：《政治与市场：世界的政治—经济制度》，王逸舟译，上海人民出版社1996年版，第182页。
② 同上书，第185页。
③ ［美］禹贞恩：《发展型国家》，曹海军译，吉林出版集团2008年版。

今为止人类组织形式最重要的两项,那么这就是一个不可原谅的遗漏。在亚里士多德那里,政治—经济关系是被考虑的因素,随着经济结构和阶级关系的变化会相应地发生"政体变更",而后来者却常常忽略了这个重要的思想遗产。因此,将市场和政治经济关系重新纳入政治学的视野,不仅完整了政治学的研究对象,更在"政体观"的意义上有所突破,它发现了市场这个制度对于一国宏观制度的深刻影响,同时关注不同行为体在市场中对权力和资源的争夺,而这是每天都真实发生在我们身边的事实。

政治—经济关系分析法与政策分析法密切相关,因为在一个市场经济的现代国家中,每日制定的大量公共政策都是带有经济性质的。与结构—功能分析框架和系统论分析框架不同,这种融合了政治—经济关系和政策分析的框架不是笼统地讨论输入、输出、政治系统、环境、要求、支持等抽象概念,而是具体落实在与政策制定相关的行为体上,"在政策制定者和普通公民之间,有许多其他的特别参与者,他们在各种制度的政策制定中所起的作用是不同的。这些人包括:利益集团领袖、政党工作人员、新闻记者和其他舆论领袖、企业家、恐怖分子,以及城镇或其他政府下属的官员。另一个经常被遗忘的集团就是外国政府官员,他们也能产生起支配作用的影响"①。而在这所有的参与者中,最活跃也最有力的莫过于利益集团领袖。

将研究的范畴落实在具体的政治行为体上,比起系统论和结构—功能分析的"黑箱理论"要大大前进了一步。更有价值的是,将利益集团和实业家纳入政策分析的框架,在政治—经济互动中观察一国政治制度,这将大大丰富政体论的研究要素。

需要注意的是,多头政治中的"民主选举"常常被作为划分政体的一

---

① [美]查尔斯·林布隆:《政策制定过程》,朱国斌译,华夏出版社1988年版,第54—55页。

个重要分水岭,然而,另一个隐蔽的却非常重要的变量却常常被人们忽略,那就是——市场经济制度。一个政体有无市场经济制度,市场经济发展的程度如何,都将给这个政体带来巨大的不同。林德布洛姆认为,政府官员常常受到两种形式的控制,一是多头政治的控制,二是实业家靠特权地位行使的控制,二者互不隶属、彼此独立,且充满冲突。"有特权的实业界控制多半是独立于选举的多头政治控制之外的东西","实业家向政府提出的特殊要求,是以这样的方式传递给政府官员的,即它不是通过选举过程,而主要是靠独立于选举之外的方式,而且经常与选民的要求发生冲突"①。

因此,如果"大众化控制"是观察政体的一个切入口,那么,除了多头政治和民主投票之外,市场经济下的实业家的角色也必须得到考量。"哪怕实在缺少多头政治的条件下,市场和私有企业也采取了最大限度的相互调整和政治多元化。"② 这也就能解释某些拥有了市场经济和私有企业制度的政体,给人以"变化很大"的感觉,尽管政治体制上并没有发生根本变化。改革开放和分税制后的中国地方政府越来越具备独立经济行为体的特征,尽管这种变化是在中央地方的组织关系没有改变的前提下发生的。于是有学者就提出了"财政联邦主义"③ 这样的说法,还有学者将中国现在的中央地方关系概括为"经济上的联邦主义,政治单一制"④。

正如后来历史制度主义者所强调的那样,一个国家中不同集团的权力是不对称的,并非多元主义者所勾勒的那么完美和谐的公平竞技场。在市

---

① [美]查尔斯·林德布洛姆:《政治与市场:世界的政治—经济制度》,王逸舟译,上海人民出版社1996年版,第275页。

② 同上书,第258页。

③ [美]华莱士·E. 奥茨:《财政联邦主义》,陆符嘉译,译林出版社2012年版。

④ 杨光斌:《中国经济转型时期的中央—地方关系新论——理论、现实与政策》,《中国政治发展的战略选择》,中国人民大学出版社2011年版,第203—226页。

场经济的国家里,劳工集团、实业家集团显然并不处在一个权力水平线上。实业家拥有得天独厚的三重优势:极其雄厚的资金来源、一切就绪的组织结构和接近政府的特殊渠道。"在所有的私有企业制度中(不论是否为多头政治的制度),公司的决策者都决定着一个国家的工业技术、劳动组织的形式、产业的位置、市场的结构、资源的配置,以及当然还有经理们自身的酬劳和地位。在有关生产什么、用什么数量生产的位置上,他们也是直接的或近似的有权力的决策者,尽管他们要服从于重要问题上的消费者控制。简而言之,在任何私有企业制度下,一系列主要的决策被转移到实业家身上,不论是小的还是大的政策。它们取代了政府的议事日程。因此,对他们加以广泛的观察的话,实业家们已成为一种公共官员,并行使着公共的职能。"[1] 这样的结果是,在多头政治中,"公共政策的一大片领域已从多头政治的控制下挣脱"[2]。也就是说,能够体现"民主"实质价值的"政策参与"除了大众的多头政治控制之外,还被实业家的特权影响力占领了大部分空间。民主的实质价值便大大打了折扣。"谁在市场中担当主要领导?实业家。谁在贯彻有特权的实业界控制时担当主要领导?当然是实业家。谁在多头政治中担当主要领导?是发挥的大得不成比例的影响的实业家。"[3]

不仅如此,除了在现实层面实业家阶层大的不成比例的影响力(对利益集团、政党、选举等的影响)之外,在一个多头制(民主)社会,实业家的影响力还以另一种形式悄悄的、根深蒂固的存在。这便涉及之前所谓的"说服",也就是林德布洛姆所谓的"循环控制"。这种训导和潜移默化的说服,通过舆论宣传工具引导着普通民众,"每个普通的大众媒体都负荷

---

[1] [美]查尔斯·林德布洛姆:《政治与市场:世界的政治—经济制度》,王逸舟译,上海人民出版社1996年版,第249页。
[2] 同上。
[3] 同上书,第288页。

着实业界意识形态的一个沉重货物"①，拥有着庞大资源和影响力的实业集团通过这种润物细无声的意见引领、舆论操控，使普通民众慢慢地接受了他们的主张，"从而公民们的决断不是服务于自身的利益而是服务于实业家们的利益。公民们这时变成了实业家们的盟友"②。

　　这里所论证的"循环控制"是一种心理层面、意识层面的微妙现象，但凡不是有极其敏锐和深入的洞察，都不会挖掘出这种心理"控制"。一个多世纪前的法国学者托克维尔在观察美国政治时也提出了类似的问题，他发现美国"民主"制度的背后有着一种"看不见的专制力量"，那就是对多数权威的巴结和逢迎，这形成了一种潜移默化的国民性，使离经叛道、异议变得不能接受，据此他提出了著名的"多数暴政"思想。如果说一个世纪前的美国多数权威是一种潜在的危险力量，那么一个世纪后则发生了变化，随着战争、行政国家和市场经济的发展，国家力量大大增强，实业家的影响力大大增强，到了林德布洛姆写作的年代，他担忧的是在一个"民主的"社会中，无形存在的对实业家的趋迎。实业家和政治家、官僚由于在决策上的特权，形成了一个优势阶层，这个阶层发展出很多盟友，例如媒体人、学者、年轻人等。尽管法律上人人可以思想言论自由，然而若想通往财富、权力和影响力，就不能持异议、怀疑论或成为激进分子，每个人都为了获取更多的社会经济资源而努力。因此，"主要的美国报纸和它们的许多专栏作家仍然坚守私有企业制度的根本"，"美国是所有多头政治中最受阶级意识支配的一个国家"③。

　　怎么办？托克维尔说得好，"我确信在一切政府中，不管其性质如何，下贱者一定趋炎，献媚者一定附势。而且我认为，只有一种方法可防止人

---

①　[美]查尔斯·林德布洛姆：《政治与市场：世界的政治—经济制度》，王逸舟译，上海人民出版社1996年版，第294页。
②　同上。
③　同上书，第334—335页。

们自悔,那就是不赋予任何人以无限权威,即不赋予任何人以可诱引他人堕落的最高权力"①。由于历史上权力的流动方向是自上而下的,基本吻合从君主到贵族再到普通民众这样一个链条,即非特权化过程。因此,要打破无限权威,便意味着分权和权力下放。换句话说,克服现有民主制的弊端,就需要进一步的分权。不让权力过分集中在任何一个集团的身上,无论是多数,还是少数,无论是政治精英,还是商业精英。对于某些依靠权力集中而形成现代国家的后发国家来讲,分权本身就是民主的一部分。②

除了从国家(强势集团)向民众(弱势集团)释放权力,还需要约束企业家的权力,以免大众被有形无形地控制。古今中外,资本一直是最有影响力的力量之一;而普通民众则一直处于权力的下游。民众无法与资本抗衡,除非国家介入。因此,民主还意味着对资本的约束。谁来约束?国家!因此,民主绝不是将国家驱逐出去,也不是大众的乌托邦;民主需要国家这个强势集团代表民众与资本抗衡,确保资本不侵占民众的利益、左右民众的观念。

在叙述完实业家对政府的控制,以及与多头政体的竞争后,林德布洛姆总结道:"多头政治不过是对任何理想的自由民主模式或任何其他民主形式的一个大体的近似。"③ 如果说自由民主是人类政治组织形式的最佳状态,那么,世界各国政体也许都在这个光谱上排列,它们之间的区分是距离这个最佳状态的远近区分。即使标榜最自由民主的美国也并非那么完美,"为什么在公开声称的民主制度中,公众还得容忍诸如不公正的税收、街头暴力、企业和政府的腐化、大多数人和贫困的学校得不到足够的医疗照顾以及服务事

---

① [法] 托克维尔:《论美国的民主》(上卷),董果良译,商务印书馆2009年版,第298页。

② 杨光斌:《作为民主形式的分权:理论建构、历史比较与政策选择》,《中国人民大学学报》2012年第6期。

③ [美] 查尔斯·林德布洛姆:《政治与市场:世界的政治—经济制度》,王逸舟译,上海人民出版社1996年版,第341页。

业不充分这样一些违反民主制本身的行为呢?"[1] 当然，更多后发国家处在这个光谱更不理想的位置上，第三波后的泰国、菲律宾、埃及等国家，尽管拥有了一人一票的"民主制度"，却频发乱象，甚至连基本秩序都丢掉了。

因为国家的最终价值应该是"善治"，而非"美国式民主"。历史制度主义和比较政治经济学由于采取了中观的视角和建设性的姿态，对政体的认知更接近事实真相，也约等于"国家建设"或者"国家治理"。正如林德布罗姆所理解的"民主"是一种权力分布和公共政策、而非口号，这里所述"自由民主"也不是战后西方主流民主理论家所勾勒的简单化的宪政民主模式，而是一种兼顾了实质自由和实质民主的理想政体模式。必须客观地认识到，资产阶级革命催生了政治上的自由主义，而社会主义运动和建国实践则促进了社会和经济上的民主主义，人类政治实践正是在这些探索中趋近完善。理想的自由民主政体，意味着在稳固的国家能力的前提下，于政治、经济两方面引入大众控制机制，不至于让政治权力和资本权力肆虐。这就要求一国在自身历史文化属性的根基上，妥善处理国家内部权力关系、国家—社会关系、公民权利内部关系，以及政治—经济关系等多维度、多领域的复杂张力。任何以单一价值和单一要素为圭臬的"治国方案"都可能遭遇滑铁卢。

多维度、多领域的复杂性治国方案，符合"多元论"或者"混合制"的政体观，而非线性哲学或"二元论"的政体观。后者更多的是一种批判武器和标签，前者才是建设性姿态。对于广大后发国家而言，在政治秩序没法充分保障、自由法治稀缺的语境下盲目服用西式民主的药丸，会带来更多弊病。"多元论"政体观有助于后发国家的活动家和学者跳出"二元论"，跳出西式迷信，遵循"国家建设"的一般规律，找回主体性。毕竟，评价一国政治绩效的最终价值应是"善治"，而非"西式民主"。

---

[1] [美]查尔斯·林布隆:《政策制定过程》，朱国斌译，华夏出版社1988年版，第2页。

◇◇ 第四节 呼唤新的政体观

历史制度主义与比较政治经济学的研究成果使一种新的政体观呼之欲出。尽管二者的学术旨趣并不在宏大的政体理论，而是放在中观的政治经济互动和公共政策分析上，然而笔者认为，正是这种研究层次和视野的转变，为政体理论注入了一股新鲜空气，启发我们开创一种看待政体的全新视角。

我们不妨回顾一下本研究的逻辑脉络。我们所熟知的政体观来自两个知识传统：一是旧制度主义，二是行为主义。旧制度主义提供的"总统制—议会制""联邦制—单一制"等概念，仍然有一定的规范意义，但是由于时代变迁，特别是当今社会政治经济关系密切、大众参与度高，政治是一种动态的平衡过程，因此需要突破这种法条主义的静态认知方式。行为主义提供的政体概念最具迷惑性，影响最大，也最深远，时至今日仍左右着人们的思维方式。然而"民主制—威权制""市场制度—计划制度"的划分，更多是在政治场域谈问题。事实证明，这些僵化的二分法并不能说明问题，因为任何对立的两极之间都存在着相通之处；过去看似铁板一块的自由民主国家或威权国家内部也存在相异之处。如何找出这些"异中求同"和"同中求异"的部分，是学术场域的政治学需要处理的问题。总而言之，静态的法条主义和僵化的"二分法"需要得到突破和重建。

在这样的问题意识的基础上，本研究不仅回顾、梳理了旧制度主义的政体观和行为主义的政体观是怎样产生、怎样表述的，而且试图从比较政治经济学和历史制度主义的理论中寻找资源，构建一个替代性的新的政体观。

一 打破二分法

新的构建的前提是打破旧的桎梏，也就是打破旧制度主义的静态法条主义和行为主义的二分法：

1. 打破联邦制—单一制的划分。政治经济学突破了传统政体理论的一系列二分法，美国经济学教授华莱士·奥茨从经济学的角度重新观察联邦制，开创了财政联邦主义这个具有突破性的概念。细心的读者一定还记得在第三章"旧制度主义的政体观"中我们介绍过政治科学学者对联邦主义的定义。在专长于联邦主义的惠尔那里，联邦制"指的是分权的方法，目的是使中央政府和地方政府各在一个范围内互相协调而又各自独立"[1]。严格被列为联邦制的只有4个国家（美国、瑞士、加拿大和澳洲），而即使在稍微宽松的定义中，联邦制的名单上也只有16个，正如政治学学者丹尼尔·伊拉萨所做的那样。[2] 旧制度主义者所坚持的是在宪法条款和法律授权的意义下观察中央政府与地方政府的权力分立，因此地方分权与权力下放等职权意义上的分离并不属于联邦制的范畴。而在经济学者奥茨那里，联邦主义则具有完全不同的内涵，而地方分权也因此具有重要意义。

奥茨认为，经济学意义上关心的联邦制并不将宪法和政治架构放在最首要的位置，他们关心的是不同层级的决策过程是否存在，是否大体对其辖区的选民做出利益回应，每个层级的决策过程是否又能够确定提供特定公共服务的范围，如果答案都是肯定的，那么就可以被看作是联邦主义的。

---

[1] ［英］惠尔：《联邦政府》，傅曾仁等译，（台北）台湾商务印书馆股份有限公司1991年版，第13页。

[2] 戴维·L. 斯利思主编：《联邦主义》，《国际社会科学百科全书》第5卷，纽约，麦克米兰出版社1968年版，第365页。转引自［美］华莱士·E. 奥茨《财政联邦主义》，陆符嘉译，译林出版社2012年版，第21页。

对经济学家来说，某个层级的政府决策的基础是权力委托还是被宪法确保的权威，并无太大区别，最关键的是，"有关某个特定辖区的特定公共服务供给水平的决定（无论它们是由被任命的或者民选的官员作出，还是直接由居民自己通过某种投票机制作出）是否确实反映了那个辖区选民的利益所在"①。因为政治经济学关注的是政府结构在资源分配与收入分配上所采纳的机制。在这样的前提下，奥茨给出了经济学意义上的联邦主义定义：

> 联邦政府：一个同时具有中央和地方决策过程的政府部门，通过它提供相关公共服务水平的选择，基本上根据相关辖区居民（以及其他可能涉及经营活动的人）对这些服务的需求决定。②

显然，政治经济学给出的联邦体制定义比旧制度主义要广泛得多。甚至可以说，"从经济学角度看，几乎所有的制度均为联邦制"，"如果就定义而论，每一个财政制度事实上都是联邦主义的"③。奥茨在这里所做的工作又一次涉及了"程度与种类"的争论，他与林德布洛姆等比较政治经济学者一样，将政体视为一种"连续光谱"，而非"对立种类"，正如他自己所说："不是将联邦主义作为一个绝对的范畴，而是将其视为一个相对的概念。如前所述，我们可以想象将政府部门置于一个权力结构的光谱上，它所展现的基本上是分权的程度，而非权力结构的种类。在这个光谱的一端，是所有决策皆由中央政府作出的高度集权的政府形式，而另一端则是无政府状态。撇开这两种极端状态，光谱上的其他位置则反映联邦制下政府部

---

① [美] 华莱士·E. 奥茨：《财政联邦主义》，陆符嘉译，译林出版社2012年版，第22—23页。
② 同上书，第22页。
③ 同上书，第7、23页。

门决策过程的集中程度由高向低的移动。"①

2. 打破总统制—议会制的划分。如本章第二节所示，利普哈特比较制度研究的"行政主导权"概念和历史制度主义"否决者"理论突破了"总统制—议会制"的二元划分，转而用议程设置来观察实际立法过程中的主导力量。

3、打通市场—计划之间的鸿沟。林德布洛姆在《政治与市场》中富有洞见地指出市场与计划之间的联姻，提出"市场社会主义"这一概念。从亚当·斯密到卡尔·马克思，市场与私有制一直是密不可分的，而林德布洛姆却认为，市场也可以成为中央计划的一个工具，"中央计划分为两种各具特色的方法：行政管理的计划（或权威主义的计划），以及市场的计划"②。林德布洛姆甚至敏锐地预言道："有可能世界正处在实现计划性的一种巨大的新潜力的边缘上。"③ 在他做出此番预测的20多年后，20世纪90年代初，社会主义中国开始实践这种市场与社会主义的联合体；1998年经济危机和2007年金融危机彰显了完全的私有机制市场制度的弊端，西方资本主义国家开始加强政府调控。

在本章第三节，我们详尽介绍了林德布洛姆对政府、市场之间鸿沟的突破，认为市场与政府之间的差异并不是截然分明。于是在他眼中，市场并不是私有企业制度的"囊中私物"，而仅仅是一种工具，一种资源配置工具而已。因此，可以与政府计划、政府购买和公有制相容。世界上所有市场取向的制度都要在某些部门实行市场社会主义，比如铁路、航空运输、发电、矿业等等。"所有市场取向的制度也都部分的是计划者主权的制度，因为政府也

---

① [美]华莱士·E.奥茨：《财政联邦主义》，陆符嘉译，译林出版社2012年版，第23页。
② [美]查尔斯·林德布洛姆：《政治与市场：世界的政治—经济制度》，王逸舟译，上海人民出版社1996年版，第133页。
③ 同上。

是许多最终产出的一个买者。"① 在林德布洛姆写作的 20 世纪 60 年代，世界处于严重两级对立的冷战时期，他仍然从学理上分解了市场制度的不同类型。他的方法是从生产的两种最终控制形式（消费者偏好或政府偏好）和两种所有制形式（私人或政府所有），划分了下表所示的二二表格。他特别强调，在纸面上分解市场类型是相对容易的，而在现实实践中存在更加复杂、模糊的形式。因此，冷战式"市场—计划"的二元划分被大大地超越了。

表 5-3　　　　　20 世纪 60 年代四种类型的市场制度②

	消费者主权的制度（市场中的生产反映消费者的偏好）	计划者主权的制度（市场中的生产反映计划者的偏好）
私有企业	传统的私有企业制度，如西欧和北美那种。	出现在私有企业制度的部门中，政府为控制需求而购买、征税或补贴
公有企业	南斯拉夫，一定程度上还有匈牙利	为苏联和东欧的一些改革家所主张

4. 打通民主—威权之间的分野。比较政治经济学突破了旧有的"民主—威权"之间的鸿沟。市场、国家之间没有截然的界限，自由主义（哈耶克）与社会主义之争更多是政治场域的辩论。计划与市场之间可以沟通，民主与威权的差异到底有多大？进一步地，历史制度主义（尤其"否决点"）发现了同为自由民主国家内部的决策链条上的否决力量。民主制国家内部有着千差万别的景象（虽然都是一人一票的制度，但是在权力分布生态上差异很大）。

总而言之，比较政治经济学和历史制度主义通过一种"中观的"、更加细化也更包容的理论层次和视野，通过关注政治—经济关系、政策过程、行为体等对象，将政治观察落实在具体的事项上，打通了旧制度主义和行

---

① ［美］查尔斯·林德布洛姆：《政治与市场：世界的政治—经济制度》，王逸舟译，上海人民出版社 1996 年版，第 142 页。

② 同上。

为主义对世界划分的条条框框，以更加"润物细无声"的方式沟通了各种原来看似泾渭分明的政体。

二　重建一种更接近真相的政体观

思考政体的前提是要认知政体的本质。在笔者看来，第一，政体是一种权力分布模式。因此，二分法中往往涉及两个变量，这是远远不够的。旧制度主义只关心政治权力内部的纵向关系与横向关系，忽略了权力分布中至关重要的一个变量：社会（公民）；而行为主义则过犹不及地将视角放在了社会（公民）身上，又忽略了国家、权力的考量。

第二，政体是一种动态的权力分布模式。因此，二分法的静态贴标签式做法不可取，功能主义的政体观需要得到突破。各种权力对比随着时间变化在发生着不断变化。这种变化来自政治、经济、文化多方面，具体而言，多头控制、市场经济、政治精英的观念都是催生政体变化的极重要元素。

需要特别补充的是，笔者认为民主制也是一种政体类型。因此符合上述两个特征：民主是一种权力分布类型，而且是处于动态变化中（而非僵硬的），这涉及另一个更加复杂深刻的问题，此处不再赘述。

因此，观察世界各国政体类型，就要看它的权力分布生态是怎样的。正如历史制度主义和比较政治经济学所展示的那样，权力分布需要从"权力关系"着眼来考察。我们尝试着构建一个包含一国政体内所有权力关系的新的政体模型，在这个模型里，需要处理以下几对关系：（1）政治权力内部关系；（2）公民权利内部关系；（3）政治权力—公民权利关系；（4）政治权力—经济权力关系。这样的研究视角大大突破了传统"二分法"的观察方式，不仅包含多元变量，而且着重考察变量之间的关系。简要如下图所示：

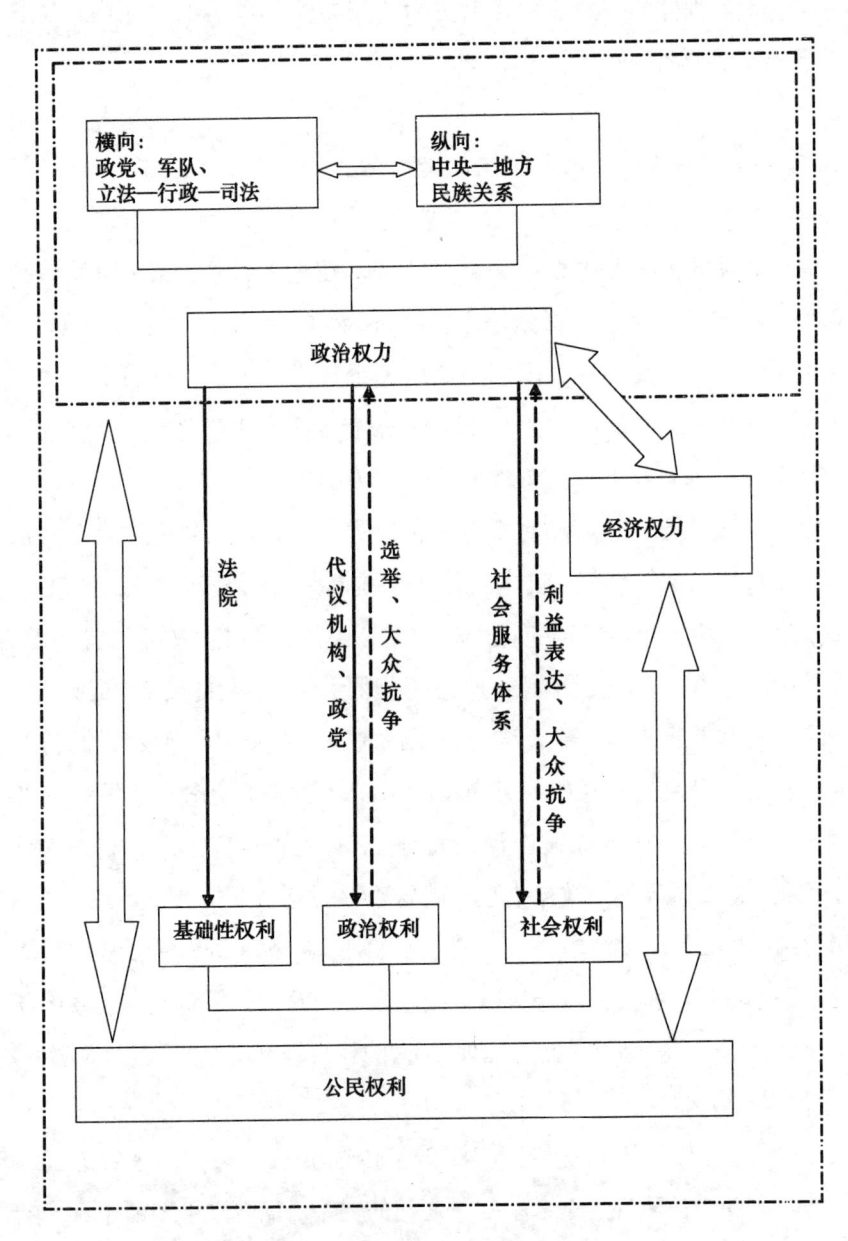

图 5-3　从权力关系观察政体

注：箭头表明权力关系和张力。

如图所示，在观察一国政体时，应该从"权力关系"这个维度入手，并至少应该考虑国家—市场—社会三个维度，以及两两之间的权力关系。其中，国家权力内部纵横两个方向都充满着复杂张力；公民权利也不是铁板一块，而是分为基础性权利、政治权利和社会权利不同的层次和需求；国家权力与公民权利之间也存在着复杂张力，国家给予公民权利遵从渐次的战略顺序，而公民则通过选举、抗争、利益表达等手段对国家施加影响力；需要注意的是，经济强势集团（实业家）作为一支独特的力量，在市场经济国家里扮演着重要角色，它们对国家施加着独立于选举之外的影响力，并且主导着资源分配，它们对国家提出种种诉求，而这种诉求往往与公民诉求相悖。它们更接近国家/政府的角色，在权威性分配上起着重要作用。

作为"权力关系"的政体包含着如此纷繁复杂的各种行为体和彼此之间的关系，又如何能用一种简单的"二分法"囊括？这便是旧政体观显而易见的漏洞。如果说政体处理的是"谁统治"和"如何统治"的问题，那么它就约等于一个国家内最完整、最真实的权力分布生态。于是我们要问，"总统制—议会制""联邦制—单一制""民主制—威权制"的二分法，能否解释上图中所展示的当今世界复杂的政治景象？

在政治学研究中，我们一定要注意的一个问题是"时空"。彼时彼地适宜的概念、理论，今时今日此地不一定适用，切莫拿陈旧的理论当圭臬。笔者认为，用旧制度主义和行为主义的政体观来观察当今世界的政体，便没有给予"时空"足够的关注，犯了削足适履、刻舟求剑的错误！

在笔者看来，这两个方法论留给政体理论的遗产有它们当时的意义。例如，旧制度主义时期的静态法条主义只能解释那个时代的政治权力生态。我们知道，20世纪初期大众权利和民主普选权还未普及，政治还只是"高阶"层次的权力分配。因此，无论是"总统制—议会制"还是"联邦制—单一制"，都是处理国家权力内部的权力张力，也就是上图中的上半部分。

到了行为主义时期，大众权利轰轰烈烈地发展起来，冷战使西方自由民主制度与社会主义的对抗甚嚣尘上。在这样的历史背景下，"民"被纳入政治学的研究框架。国家—社会关系前所未有地得到关注。行为主义政体观的贡献是将"民主制"这个概念引入了政体研究。但是，它显得过犹不及：由于过于强调国家—社会关系（权力—权利关系），甚至可以说是过于强调社会（权利），使政治学（政体研究）长期忽略了国家及权力内部的关系，于是，政治学变成了"社会学""权利学"，政体观大大降位，走到了旧制度主义的另一个极端。而这种忽略"高政治"，一味关注"低政治"的思路，正是主宰美国战后政治学的发展主义和现代化研究的主题。

正因为如此，20世纪后期，"回归国家学派"、比较政治经济学、历史制度主义等替代范式开始反思行为主义政体观的理论层次，重新恢复对"高政治"的研究，并尝试在一个更加中庸、包容的视角下重新观察政体，这就是"中观"政体论。这里的中观研究，纵向来讲，既包括高层的国家权力，也包括底层的社会权利；横向来讲，则拓宽了研究的边界，将政治经济关系引入研究框架，避免旧制度主义和行为主义单一的研究对象。于是，我们看到了一个沟通高、低政治学，沟通政治经济关系（换言之，沟通国家—社会关系，沟通政治—经济关系）的新的研究视野——这就是本书所谓的"新政体观"！

"新政体观"的特点是：第一，破除二分法；第二，具有建设性。我们发现，二分法政体观对于观察世界各国政治运作的意义是有限的。如果说旧制度主义的二分政体观有失粗糙，那么行为主义的二元对立政体观则会在指导实践时带来偏差。单一标准的"民主观"则会带来国家建设的失误。在观念上，政体应该包含着"谁统治、如何统治、如何影响统治"多层次的综合面向，也应包含着国家社会关系、政治经济关系多重维度。这种符合真相的"政体观"对于指导一国"国家建设（国家治理）"是具有建设性意义的。

行文至此，我越发相信，政治科学方法论绝不是统计、公式与模型的雕虫小技，方法的目的不是方法本身，而是观察世界。政治科学方法论对于看待世界的视角起着"望远镜"的作用，西方政治科学近百年的变迁，一直存在着"范式自觉"和严格的方法论传承，这不仅仅是一种学术规范，更是一种世界观、价值观的塑造。因为，一种方法论可能对应着一种世界观。从旧制度主义到行为主义，再到比较政治经济学和历史制度主义的替代理论，方法论的变迁推动着世界观的变化。西方政治学家看待世界、观察政治现象的视角在不停地随着时空转变"与时俱进"。这带给我们的启示不仅仅是知识上的，更有学术研究策略和使命上的：在日新月异、急剧变迁的中国，我们政治学者还有什么理由不去自信，勇敢地根据变化了的事实，构建一种新的、更符合中国实际的新政体观，来创造我们自己的"范式自觉"，进而塑造我们自己的世界观、价值观，来更好地认知世界、认识自己，进而指导我们的行动呢？

第 六 章

研究发现与余论

在漫长而又高强度的论文写作中，痛并快乐着！遨游于千年思想之旅是愉快的；但大量的文献阅读、纠结的资料整理、反复的结构编排、枯燥的键盘敲打和审慎的思想表达，又是痛苦的。在欢乐与痛苦的交响曲中，拙作《政治科学视野下的政体观》终成雏形。行文至此，笔者也想不揣冒昧地就"政体"这个政治学最古老、最正宗、最富有生命力的概念，研究发现、发表一些不成熟的余论并提出问题，而这些"发现"和"问题"，也可能将是我未来学术生涯要继续关注的对象——毕竟，一篇博士论文并不能很好地回答自己想要回答的所有问题。

◈ 第一节　方法论谱系与"政体"问题再认识

一篇博士论文能说清楚"政体"这个政治学的最根本的问题吗？这无疑是一项重大挑战。如前，思想史研究有两类或两大路径，一是人物研究，二是"问题"研究。就"问题"研究而言，如果按年代—人物思想的罗列，既不能说清楚，也不会有什么新发现。但是，人类需要解释政体这样的"大问题"。而如何驾驭和解释"大问题"？肯定是知识界的一个重大挑战，对于笔者这样一个刚踏入学术之门的博士生而言挑战更大。但是，9年的政治学专业学习告诉笔者，很多卓有成效的研究成果告诉我们，只有在正确的路径或者新方向下,既有的"大问题"才能得到重新或者更好或者更清晰的认知,比如施特劳斯的"文本解读法"、新剑桥学派的"历史语境法"。笔者初出茅庐,固然不敢贸然与这些思想巨人相提并论,但他们开创的研究路径及其背后的学术视野与旨趣则值得我辈学习、模仿甚至效法。为此,经过精心而又带有重重顾虑的选择,在笔者过去的兴趣点和论文发表的基础上,笔者最终选择了政治科学方法论谱系这个路径来解释政体问题。这样的路径或研究方向多少不同于传统的或既有的"政体"研究。

我们一般都把"政治科学"视为近代的事。但是仔细研读亚里士多德的《政治学》以及对它的相关解读,比如萨拜因的《政治学说史》,不得不承认亚里士多德是一名真正的政治科学家,尽管很多人会更多地在政治哲学意义上看待这位政治学鼻祖。因此,"政治科学"视野自然包括亚里士多德这样的古典主义代表人物的政体学说,何况古典主义政体学说依然是当今政治学的基础的基础,考察古典主义政体思想是本书的应有之义。

本研究发现,古典主义政治学或政体学说其实是政治学说史上一个非常笼统的说法。具体划分的话,古典主义政治学可以分为原初的亚里士多德式的古典主义和近代的马基雅维利—霍布斯—洛克等人的古典主义。就政体思想而言,原初的古典主义更具经验的知识性或事实性分类,具有更多的学术性探讨,比如亚里士多德的诸多政体亚类型的事实性划分;而近代的古典主义政体观则是政治斗争的需要,并因一个国家内部阶级——阶层利益的对立而赋予政体更多的观念色彩,政体类型也就变成了贵族制与民主制之争。就这样,在笼统的古典主义政治学说史中,政体由事实性知识演变为观念性工具,这就为后来的意识形态化政体观即"政治场域"的政体观奠定了基础。

到"政治科学"的旧制度主义时期,"谁统治"问题在英国、美国这样的早发达国家似乎已经解决。因此,在"确定的"政体前提下,和原初的古典主义作家们一样,这一时期的政治学家的主要任务就是把人类前所未有的最新政治实践描述清楚，分门别类，从而出现了流行至今的所谓的"议会制—总统制""单一制—联邦制"。这些政体问题依然在争论之中，比如是议会制还是总统制有利于民主巩固？大国应该实行单一制还是联邦制？可见，旧制度主义时期的政体研究着眼于"是什么"和"怎么办"这类被中国人称为"政道"的问题。

"确定的资本主义制度"受到诸多挑战，"二战"之前是法西斯政体的挑战，"二战"后则是世界范围内的社会主义制度的挑战，人类因此而进入冷战和两极时代。就这样，"谁统治"由一国之内的事变成了世界范围的事，而且两极世界的代表者都扛着"民主"大旗。对立的世界自然产生了对立性理论，"民主—非民主"二分法自然成为主导性的政体观念。应该说，这一时期的"政体"已经不再纯粹是学术性或事实性政体，而是观念性或政治性概念，或者说"政体"已经成为一种工具性话语。我们知道，西方学者笔下的"民主政体"其实就是亚里士多德那里的混合制政体或《联邦党人文集》之中的"复合共和制"。

这种对立性政体理论虽然符合"政治正确"的需要，但是并不能真正帮助人们理解一个国家的政治经济关系和真实的政治过程。显而易见的有趣现象是，为什么不同类型政体的国家具有类似的政策或政治行为，比如"自由民主"的日本和威权主义的韩国都属于"发展型国家"；为什么相同类型政体的国家却又有不同的政策或政治行为？比如同样属于"自由民主"的美国、西欧有关国家的医疗保障政策完全不同。这就是比较政治经济学和历史制度主义的任务，它们把概念化和规范化的政体置入复杂的政治经济关系和具体的政策过程中，回到经验事实本身，从而给出了更符合故事真相的关于政体的答案。

在上述政治科学方法论的谱系下，政体这个最古老的问题则更容易被理解了。政体不但是一个古典主义命题中的"谁统治"问题，更多的还是政治制度上的"怎么办"和政治过程中"怎么办"的问题。当然，在不同的时代和不同的方法论（背后是认识论和世界观）下，"谁统治"和"怎么办"都会以不同的概念和方式表现出来。这样，政治科学方法论谱系给我们昭示的政体的重大问题是：政体不但是一个学术问题，更是一个政治问题；政体是一个整体性概念，但又是一个层次性的包容性概念；政体是一个包含着"国体"和"政道"的形式概念；然而不管在政体形式上看上去有多么不同，大部分正常国家的政体其实都是不同程度的混合制政体。

第二节 "政体"的两套话语体系：学术场域与政治场域

政治科学方法论谱系下的政体研究的一个最让人兴奋的发现是，我们经常不加区别所用的政体，其实存在两套话语体系或者说两个语境中的政体，一个是"学术场域"（事实性知识）的政体，一个是"政治场域"（观念性知识）的政体。

以事实性知识为基础的"学术场域"的政体显然是亚里士多德所开创的知识传统，他把政体划分为三种正宗和三种变态之后，又细而微地把政体划分为20多种亚种政体，而且政体之间的转换是随着有关条件的变化而发生。

亚里士多德的"学术场域"的传统被旧制度主义者如白芝浩、戴雪和威尔逊等人所传承。尽管他们的分类值得商榷，但是他们都是在最大限度地以新事实为基础进行艰苦卓绝的分类工作，事实上他们为政治学奠定了重要的知识基础。

重新发现"制度"的新制度主义，尤其是历史制度主义，把"事实性制度"的研究更加细化。他们不但重视旧制度主义者所强调的宏观的制度结构，还接受了行为主义政治学的重大遗产比如利益集团这样的中观性制度，以及制度与利益之间的复杂关系。更重要的是，历史制度主义者把宏观制度、中观制度和行动者都放在政治—经济过程中加以考察，最后惊人地发现，原来人们一直强调的议会制和总统制之间的区别其实没有那么大，而且有的国家的议会制更接近总统制；不仅如此，相同政体国家的公共政策竟然有如此巨大的差别，医疗保障制度在法国可以很好地确立下来，而在瑞士却很难。

以林德布罗姆为代表的比较政治经济学的发现更是值得重视和研究，即无论是资本主义的自由民主还是社会主义社会，其实都存在相同或类似的"社会控制要素"，即权威、交换和说服。今天的比较政治经济学发现同样值得关注，即不同政体的国家竟然存在相似的国家形态，比如"自由民主"的日本和威权主义的韩国都被视为"发展型国家"。

显然，"学术场域"的政体似乎更加接近故事的真相。

但是，"政治场域"的政体理论似乎更加简洁、更加具有穿透力，因而更加给人留下印象。"政治场域"的政体无疑来自政治斗争的关键时刻，比如我们所熟悉的马基雅维利、霍布斯、洛克、卢梭、马克思等近代作家，都是在政治大转型中提出了自己的政治主张，有的捍卫君主制，有的坚持贵族制，有的为民主制呐喊。就这样，在政治学说史中，亚里士多德的"学术场域"的政体，迅速地被"政治场域"的政体所淹没。政体类型的多元划分被贵族制—民主制的两极化二元争论所取代。

时空转换到20世纪中叶。西方世界在17—19世纪大转型大张力大冲突放大到全球，冷战使全球充满着张力和冲突。在这一时代背景下，以科学主义为使命出场的行为主义政治学，最终难以摆脱利益的斗争和观念的冲突。不仅如此，行为主义政治学家不少是萨托利所说的"过度自觉的思想者"(over-conscious thinker)，[1] 其实萨托利本人也是这样的一个"过度自觉

---

[1] Giovanni Sartori, "Concept Misformation in Comparatvie Politics", *The American Political Science Review*, Vol. 64, No. 4, 1970, p. 1033.

的思想者"。于是，在西方政治学那里，政体之争不再是政治活动家们的事，而变成了学者的思想自觉；"贵族制—民主制"这种二元化的政体之争演变为"民主—非民主"这样的二元对立。在这个过程中，具有过度思想自觉的很多"学者"，如熊彼特、阿尔蒙德、萨托利等人，其实都变成了霍布斯或洛克式的政治活动家了。我们只有足够的场景意识才能认识到这一点。

比较而言，以事实性知识为基础的"学术场域"的政体划分因为太复杂，其政体理论更多是在学者那里有市场；而以观念性知识为基础的"政治场域"的政体划分因为其简单化的二元对立而最容易为"无意识"的读者所接受，也更符合政治传播学特征，因而在大众那里更有市场。

不得不指出的是，中国思想界流行的是"政治场域"的政体划分，即"民主—非民主""自由民主—威权主义"的二元对立。这也意味着，中国思想界既有因为学术研究不透彻而有大众化的面向，也有因为"天下兴亡，匹夫有责"的先天意识而有政治活动家的面向。在中国，学者怀有改造世界的政治情节自古就有，不必指责，甚至应该得到支持与鼓励。但是，如果所有的学者都以政治活动家的身份而推动政体等重大学术问题的大众化，我们就失去了学者本身的属性，从而也就为学术发展和繁荣设置了无形的难以逾越的障碍。

政治科学方法论谱系下的政体观研究给我们的启示是，政治活动家自然要为使命而斗争而言说，但学者作为政治活动家大多出现在关键时刻，而且是少数学者，大多数时期的大多数学者都是以寻求故事的真相为使命。

◇◇第三节 政体是一个总体性但包含着层次性的概念

就故事的真相而言，政体是一个随着时代变迁而发展的概念，是一个总体性但具有层次性而又包容的概念。

在亚里士多德那里，政体是"一个城邦的职能组织，由以确定最高统治机构和政权的安排"。显然，政体包括谁统治以及依赖什么样的统治机构来统治这两个层次的制度。在古城邦国家那里，规模因素决定了政体更多的是谁统治的问题，甚至可以实行直接民主制。所以，到了近代，孟德斯鸠还在说共和国只适合于小范围的国家。

但是，民族国家或现代国家是一种完全不同于城邦国家或分封制疆域的政治组织形式，表现之一是其规模的空前庞大，以什么样的政体来组织或驾驭这样的国家，是空前的挑战。首先碰到这个问题是美国人。可以说，美国人最有想象力的创新就是制度创新，即如何超越其导师孟德斯鸠而把规模巨大的新大陆组织起来，最后的发明就是复合共和制，其中最重要的政权组织形式就是中央和地方之间的联邦制。这是一个重大的制度创新，因为当时流行的国家理论是欧洲大陆的国家主权和英国的议会主权。主权理论其实就是中央—地方关系中的中央集权制或单一制。就这样，无论是单一制还是联邦制，都是把民族国家组织起来的政体形式。用亚里士多德的话说就是一种"政权的安排"。

"政权的安排"不但体现在垂直的中央—地方关系中，还直接体现在行政、立法和司法三权关系即横向权力关系中，于是在旧制度主义政治学时期，诞生了议会制和总统制这样的政体学说，而且《联邦党人文集》中的联邦主义思想得以发扬光大，得到充分讨论。

无论是谁统治还是围绕谁统治而建构起来的横向权力关系和垂直权力关系，都是传统政治学或政体理论关注的核心。但是，与政治上的民族国家相伴而来的是经济上的来势凶猛的资本主义经济体系。也就是说，传统政治学或政体学说只是一种纯粹的关于政治形式的理论，而在资本主义这个经济"利维坦"诞生以后，离开经济力量或资本力量而谈论政治，都是隔靴搔痒。必须认识到，资本力量已经成为政治或政体的一部分。由此，才有了比较政治经济学的国家、市场、社会的三维度分析，相同政体的国家因为资本力量和社会力量的不一样，其公共政策可能完全不一样，应对经济危机的能力也不一样。

不但比较政治经济学大大丰富了政体理论，其实追求"一般理论"的行为主义政治学，也首次把政治分析的重心下沉到"社会"甚至"个人"那里，比如追求普世化政体理论的结构—功能主义。这样，政治行动者不再简单是传统的最高统治者、议会、行政机关、司法机关、政党和军队，非营利组织、利益集团等社会组织乃至个人，他们都是重要的政治行动者，或者说都是"政权的安排"的一个有机组成部分了。对此，历史制度主义给予了集大成式的总结：权力的非对称性和制度的分层性。换句话说，政体既是一个"谁统治"这样的总体性概念，也是一个包括多层次"政权的安排"这样的分层性概念。只停留在"谁统治"这样的总体性概念，完全不符合政治学的知识演进史。

可以这样总结，随着时代的变迁，作为一个同心圆的政体由里到外依次为：谁统治——如何统治（横向权力组织＋纵向权力组织）——如何影响统治（国家—资本—社会的三维度关系）。因此，需要重新认识并建构政体理论。

这首先需要重新认识和界定"权力"。传统政治学根据传统的政治经验，以狭窄的视角界定权力，即偏重于物质范畴和法定组织关系，将权力视为单向的行使自己意志或改变他人意志（利益）的能力。但是，世界民主史和社会运动研究表明，正是那些不具备物质权力的群体或公民改变了事件或历史的进程。因此，权力应该被视为改变事件进程的能力。相应地，凡是具有这种能力或改变事件进程的行动者，都是权力主体或者说是"政权的安排"的一个部分。在对权力的认识上，政治学家既要向经济学家学习，比如提出财政联邦主义的奥茨，也要借鉴政治活动家的看法，毕竟他们最能体悟到权力的真谛。曾作为美国政府官员涉足阿—以、巴—以和平进程等多项国际事务的政治活动家哈罗德·H. 桑德斯后来总结到，应该"把政体理解为互动的团体之间的复杂关系体"，只不过"对于这样一个庞大的课题而言，现有的理论结构显得拘谨而缺乏想象力。不同学科背景的人在面对自己感兴趣但过于庞大的课题时，只有走出原有研究方法的限制，才有可能完成创造性的工作"[1]。

◇ 第四节 "政体"与"政道"之分？

中国政治学界对于政体的模糊认识，不但表现在很多人停留在"谁统治"这个最古老的命题上，还因为一些中国特色或似是而非的说法而让政体更加模糊。我们知道在中国有"国体"与"政体"之分。政体理论谱系的梳理告诉我们，中国人所讲的"国体"其实就是政体理论中的"谁统治"部分，而中国人所讲的与"国体"相对应的"政体"即政权的组织形式，其实就是政体理论中的"政权的安排"部分。因此，"国体"与"政体"之分或者纠结，其实大可不必。

老问题尚未解决，新问题又被制造出来了，这就是最近所谓的"西式政体"与"中式政道"之区别。在论文第一部分，笔者就引入了中国政治学界的政体与政道之争。行文至此，总结中国学术界的这种争论似乎更有底气。不管争论者有意无意或者有的学者并无意参与到政体—政道之争，笔者把其中的代表学者分类为政体至上论者、政道至上论者和折中主义者。根据任剑涛教授的界定，政体至上论最关心的是权力来源问题，而政道至

---

[1] 陈华峰：《新世纪的两大挑战：在政体中重塑关系体系——评述桑德斯的观点》，《国外社会科学》2003 年第 3 期。

上论则关心权力的运行。① 显然，折中论者既关心政体完善问题，又关怀治道—治理问题。

笔者认为，政体至上论与政道至上论都存在着相当程度的问题：第一，双方都没有意识到，西方政体理论本身既是"体"，又包含大量的中国人所说的"道"的因素即"怎么办"；如果说"谁统治"是"体"，那么"政权的安排"诸如从三权分立到总统制—议会制、单一制—联邦制、政党制度、选举制度等，都是作为"道"的怎么办。怎么能说西方政体学说只有"体"而无"道"呢？何况，在西方政治思想中，中国人所说的纯粹的"道"更是五彩缤纷，诸如自由主义、保守主义、马克思主义、民主社会主义、民族主义、宗教原教旨主义，都是"道"！一个常识性事实是，如果西方国家的政治理论无"道"，怎么可能实行有效的治理？今天流行的"善治"概念，难道不是西方理论脉络下的产物？显然，作为"道"的各种"主义"，比中国更多。

第二，更重要的是，尤其是政道至上论者没有意识到的是，西方政体理论有两套话语体系，即政治场域的政体（政治斗争）和学术场域的政体（事实性知识）。政治场域的政体话语是只重形式而不讲究事实，而学术场域的政体话语则完全不同于政治场域的政体理论。事实上，"西式政体"和"中式政道"的出现，似乎在重蹈冷战时期的意识形态战争，并且是人为地制造知识的混乱。

第三，在现实意义上，政体至上论者借鉴西方政治思想资源，对政治实践具有批判性，但是由于以西方政治体制的终端模型作为参照系，忽略了中国自己的"路径依赖"，以西方国家历史上积淀下来的民主制度模式，来衡量中国走到了光谱的哪个位置，这样的思维方式本身就是欠科学的。"政道至上论者"虽然看到了中国正在发生的转型和变化，看到了中国在治

---

① 任剑涛：《政道民主与治道民主：中国民主政治模式的战略抉择》，《学海》2008年第2期。

理过程中所具备的民主自由要素,但由于他们过于强调从中国古典政治文化中寻找资源,也忽略了人类共通的政治文明。何况,中国自古以来也并非不重视"体",诸如"从周正名","名不正,言不顺",都是重要的政体思想;而西方政治科学领域其实也不乏以"政道"消弭"政体"差异的思想家,从"政道"的角度观察政体问题,其实从亚里士多德开始就已有之。亚里士多德对于政体的划分,并不像王绍光教授所言,只是基于小国寡民的希腊城邦所进行的一个僵化粗略的类型划分[1],而是有多种变体,并充分考虑了经济因素与政治制度的互动。因此,本书方法论谱系下的政体观研究告诉我们,西方政治思想界和政治科学视野下的政体观依然有待发掘,并以我们自己的传统资源与西方政治学界进行更好的对话,而非自说自话、故步自封。

正是基于这种认知,还有很多学者试图在政体至上与政道至上之间做进一步的调和,于是出现了笔者所谓第三种观点——"折中主义:政体与政道平衡论"[2]。持这种观点的学者认为,观察中国当今政治生态,既要看到"不变"的部分,更要看到"变"的部分。所谓"不变",是中国基本政治制度并没有发生根本的改变,而这一方面是保证中国政治平稳发展的前提条件;另一方面也给中国下一步政治改革带来了一定的挑战,毕竟构建一个更开放更自由更民主的政治体制是大势所趋;所谓"变",则是基于治理的视角,肯定中国政治过程中发生的种种新鲜事物,中国共产党的治

---

[1] 参见王绍光《中式政道思维还是西式政体思维?》,2012年3月29日,人民网,(http://theory.people.com.cn/GB/148980/17534055.html)。

[2] "折中主义"在政治学认识论上具有主导性地位,历史制度主义以及很多代表性的比较政治学家都自称自己是方法论上的"折中主义者"。[参见"The Role of Theory in Comparative Politics: A Symposium", Author(s): Atul Kohli, Peter Evans, Peter J. Katzenstein, Adam Przeworski, Susanne Hoeber Rudolph, James C. Scott, Theda Skocpol, World Politics, Vol. 48, No. 1 (Oct., 1995)] 在政治哲学上,折中主义也弥足珍贵,即罗尔斯所说的"反思平衡",而这种折中主义的认识论在国家治理上必然是混合的或整全性的政策导向,而不是哈耶克式的导致2008年金融危机的极端主义即新自由主义。

理方式也在进行循序渐进的治道变革。于是，一方面从"政道"意义上肯定变革成就；另一方面从"政体"意义上呼吁增量改革，成为这一批学者的基本姿态。这些都是在方法论、认识论层面对行为主义的政治场域的政体观的反思和突破，以折中主义代替二元对立，代替要么政体、要么政道的简单化二分法。

政体思想上的"折中主义"其实就是混合论，而混合制政体学说是很多"学术场域"的政体理论的基本主张。正如第四章第四节所言，政体二分法的根本标准即竞争性选举已经在动摇，由此而来的是所谓的选举性威权主义、竞争性威权主义。而比较政治经济学和历史制度主义则从政治—经济—社会的三维度出发，发掘政策过程意义上的国家—资本—社会之间的权力关系，更加丰富了混合制政体假设。

那么，怎么看待世界性的民主化浪潮？在政体意义上，比较政治经济学给我们的启示是，虽然第三波民主化后越来越多的政治上更加西方化或政治形式的共同性在增加，比如竞争性选举，但是国家之间的其内差异并不因此而有所缩小，正如印度—菲律宾等国并没有因为变成自由民主国家而实现西方式的成功治理，相反倒是没有实行西方式民主的国家在治理上的绩效更加接近，甚至超越西方。也就是说，政体是重要的，但同样重要的还有一个国家的有效治理问题。因此，民主化浪潮本身并不能证明混合制政体假设的无效。

"历史还没有终结"，观念之争依然是进行时，而"政体"无疑总是处于观念之争的风口浪尖。对此，作为学者自然有自己的"角色"定位，是作为"政治场域"的政治活动家还是作为"学术场域"的一介书生？答案在你心中！

参考文献

一 中文

1. 《马克思恩格斯选集》第 3 卷,人民出版社 1995 年版。
2. 《马克思恩格斯选集》第 4 卷,人民出版社 1995 年版。
3. 《资产阶级政治家关于人权、自由、平等、博爱言论选录》,世界知识出版社 1963 年版。
4. [奥]弗里德里希·希尔:《欧洲思想史》,赵复三译,广西师范大学出版社 2007 年版。
5. [德]埃伦·伊梅古特:《新制度主义的基本理论问题》,汤涛编译,《马克思主义与现实》2003 年第 6 期。
6. [德]卡尔·施米特:《当今议会制的思想史状况》,冯克利、刘锋译,《政治的浪漫派》,上海人民出版社 2004 年版。
7. [德]马克斯·韦伯:《社会科学方法论》,李秋零、田薇译,中国人民大学出版社 1999 年版。
8. [德]马克斯·韦伯:《学术与政治》,冯克利译,生活·读书·新知三联书店 2005 年版。
9. [德]马克斯·韦伯:《新教伦理与资本主义精神》,闫克文译,上海人民出版社 2012 年版。
10. [法]杜甘:《国家的比较:为什么比较,如何比较,拿什么比较》,社会科学文献出版社 2010 年版。

11. ［法］卢梭：《社会契约论》，何兆武译，商务印书馆 1997 年版。

12. ［法］卢梭：《爱弥儿》，彭正梅译，上海人民出版社 2011 年版。

13. ［法］孟德斯鸠：《论法的精神》，张雁深译，商务印书馆 1987 年版。

14. ［法］托克维尔：《论美国的民主》（上卷），董果良译，商务印书馆 2009 年版。

15. ［古希腊］亚里士多德：《政治学》，吴寿彭译，商务印书馆 2008 年版。

16. ［加］乔治·安德森：《联邦制导论》，田飞龙译，中国法制出版社 2009 年版。

17. ［美］奥唐纳、［意］施密特：《威权统治的转型：关于不确定民主的试探性结论》，景威、柴绍锦译，新星出版社 2012 年版。

18. ［美］阿尔蒙德：《政治系统的发展路径》，［美］扎哈里亚迪斯主编：《比较政治学：理论、案例与方法》，北京大学出版社 2008 年版，第 75 页。

19. ［美］阿尔蒙德：《导论：比较政治学的功能研究法》，［美］阿尔蒙德等：《发展中地区的政治》，任晓等译，上海人民出版社 2012 年版。

20. ［美］阿尔蒙德等：《当代比较政治学：世界视野》（第八版更新版），杨红伟等译，上海人民出版社 2010 年版。

21. ［美］彼得·豪尔：《驾驭经济：英国与法国国家干预的政治学》，刘骥等译，江苏人民出版社 2008 年版。

22. ［美］查尔斯·林布隆：《政策制定过程》，朱国斌译，华夏出版社 1988 年版。

23. ［美］查尔斯·林德布洛姆：《政治与市场：世界的政治—经济制度》，王逸舟译，上海人民出版社 1996 年版。

24. ［美］达尔：《现代政治分析》，王沪宁、陈峰译，上海译文出版社 1987 年版。

25. ［美］达尔：《民主及其批评者》，曹海军、佟德志译，吉林人民出版社 2006 年版。

26. ［美］达尔：《论民主》，李风华译，中国人民大学出版社 2012 年版。

27. ［美］达尔、布鲁斯·斯泰恩布里克纳：《现代政治分析》第 6 版，吴勇译，中国人民大学出版社 2012 年版。

28. ［美］道格拉斯·诺思：《经济史中的结构与变迁》，陈郁、罗华平等译，上海人民出版社 1999 年版。

29. ［美］戴维·阿普特："比较政治学：旧与新"，［美］罗伯特·古丁、汉斯—迪特尔·克林格曼主编，钟开斌等译，《政治科学新手册》，三联书店 2006 年版，第 532、547 页。

30. ［美］戴维·杜鲁门：《政府过程：政治利益与公共舆论》，天津人民出版社 2005 年版。

31. ［美］戴维·伊斯顿：《政治生活的系统分析》，王浦劬等译，华夏出版社 1987 年版。

32. ［美］杜威：《哲学的改造》，徐崇清译，商务印书馆 1958 年版。

33. ［美］P. K. 费耶阿本德：《反对方法——无政府主义知识论纲要》，上海译文出版社 1992 年版。

34. ［美］格林斯坦、波尔斯比编：《政治学手册》，竺乾威、周琪、胡君芳译，商务印书馆 1998 年版。

35. ［美］华莱士·E. 奥茨：《财政联邦主义》，陆符嘉译，译林出版社 2012 年版。

36. ［美］汉密尔顿、杰伊、麦迪逊：《联邦党人文集》，程逢如等译，商务印书馆 2004 年版。

37. ［美］汉娜·阿伦特：《极权主义的起源：极权主义》，林骧华译，生活·读书·新知三联书店 2008 年版。

38. ［美］Howard J. Wiarda 等：《比较政治研究的新方向》第 3 版，李培元等译，台北，韦伯文化国际出版有限公司2005年版。

39. ［美］加布里埃尔·A. 阿尔蒙德、小 G. 宾厄姆·鲍威尔：《比较政治学：体系、过程和政策》，曹沛霖等译，东方出版社2007年版。

40. ［美］科利尔、爱德考克：《民主和二分法：一种实用主义的概念选择》，《经济社会体制比较》2007年第5期。

41. ［美］康明斯：《无蜘蛛之网，无网之蜘蛛：发展型国家的系谱》，［美］科利：《国家引导的发展：全球边缘地区的政治权力与工业化》，朱天飚等译，吉林出版集团2007年版。

42. ［美］加布里埃尔·A. 阿尔蒙德、西德尼·维巴：《公民文化——五国的政治态度和民主》，马殿君等译，浙江人民出版社1989年版。

43. ［美］杰弗逊：《杰弗逊选集》，朱曾汶译，商务印书馆1999年版。

44. ［美］盖伊·彼得斯：《政治科学中的制度理论："新制度主义"》第2版，王向民、段红伟译，上海世纪出版集团2011年版。

45. ［美］霍华德·威亚尔达：《比较政治学导论：概念与过程》，北京大学出版社2005年版。

46. ［美］霍华德·威亚尔达：《比较政治研究的新方向》，李培元等译，台北，韦伯文化国际出版有限公司2005年版。

47. ［美］亨廷顿：《变迁中社会的政治秩序》，王冠华等译，上海世纪出版集团2008年版。

48. ［美］亨廷顿：《第三波：20世纪后期民主化浪潮》，刘军宁译，三联书店1998年版。

49. ［美］科利尔、艾德考克：《民主和二分法：一种实用主义的概念选择》，《经济社会体制比较》2007年第5期。

50. ［美］罗伯特·默顿：《社会理论和社会结构》，唐少杰、齐心译，译林出版社2008年版。

51. ［美］利普哈特：《民主的模式：36个国家的政府形式和政府绩效》，

陈崎译，北京大学出版社 2006 年版。

52. ［美］雷迅马：《作为意识形态的现代化——社会科学与美国对第三世界政策》，牛可译，中央编译出版社 2003 年版。

53. ［美］马克·I. 利希巴赫、阿兰·S. 朱克曼编：《比较政治：理性、文化和结构》，褚建国等译，中国人民大学出版社 2008 年版。

54. ［美］迈克尔·罗斯金：《政治科学》第 9 版，林震等译，中国人民大学出版社 2009 年版。

55. ［美］梅里亚姆：《美国政治思想：1865—1917》，朱曾汶译，商务印书馆 1984 年版。

56. ［美］尼考劳斯·扎哈里亚迪斯：《比较政治学：理论、案例与方法》，北京大学出版社 2008 年版。

57. ［美］理查德·J. 伯恩斯坦：《社会政治理论的重构》，黄瑞琪译，译林出版社 2008 年版。

58. ［美］乔万尼·萨托利：《民主新论》，冯克利、闫克文译，上海人民出版社 2010 年版。

59. ［美］罗尔斯：《正义论》，何怀宏等译，中国社会科学出版社 1988 年版。

60. ［美］罗伯特·古丁、汉斯-迪特尔·克林格曼主编：《政治科学新手册》，钟开斌等译，生活·读书·新知三联书店 2006 年版。

61. ［美］罗伯特·威斯布鲁克：《杜威与美国民主》，王红欣译，北京大学出版社 2010 年版。

62. ［美］罗纳德·奇尔科特：《比较政治学理论：新范式的探索》，高铦、潘世强译，社会科学文献出版社 1997 年版。

63. ［美］罗纳德·奇尔科特：《比较政治经济学理论》，高铦、高戈译，社会科学文献出版社 2001 年版。

64. ［美］帕森斯：《社会行动的结构》，张明德、夏遇男等译，译林出版社

2008年版。

65. ［美］Ronald H. Chilcote：《比较政治与政治经济》，苏子乔译，台湾，五南图书出版公司2005年版。

66. ［美］萨拜英：《政治学说史》，邓正来译，上海人民出版社2008年版。

67. ［美］萨托利：《政党与政党制度》，雷飞龙译，台北，韦伯文化国际出版有限公司2003年版。

68. ［美］斯塔夫理阿诺斯：《全球通史》，董书慧、王昶、徐正源译，北京大学出版社2005年版，"第七编"。

69. ［美］施特劳斯、克罗波西主编：《政治哲学史》，李天然等译，河北人民出版社1998年版。

70. ［美］熊彼特：《资本主义、社会主义与民主》，吴良健译，商务印书馆1999年版。

71. ［美］托马斯·弗里德曼：《世界是平的：21世纪简史》，何帆等译，湖南科学技术出版社2006年版。

72. ［美］托马斯·S. 库恩：《必要的张力——科学的传统和变革论文集》，纪树立、范岱年、罗慧生等译，福建人民出版社1981年版。

73. ［美］托马斯·S. 库恩：《科学革命的结构》，金吾伦、胡新和译，北京大学出版社2003年版。

74. ［美］威尔逊：《国会政体：美国政治研究》，熊希龄、吕德本译，商务印书馆1986年版。

75. ［美］伊多·奥伦：《美国和美国的敌人——美国的对手与美国政治学的形成》，唐小松、王义桅译，上海人民出版社2004年版。

76. ［美］禹贞恩编：《发展型国家》，曹海军译，吉林出版集团2008年版。

77. ［美］扎哈里亚迪斯：《比较政治学：理论、案例与方法》，宁骚等译，北京大学出版社2008年版。

78. ［美］詹姆斯·布坎南：《财产与自由》，韩旭译，中国社会科学出版社

2002 年版。

79. [日] 薮野佑三：《现代化理论的今天》，罗荣渠编：《现代化理论与历史经验再谈讨》，上海译文出版社 1993 年版。

80. [英] 安德鲁·海伍德：《政治学核心概念》，吴勇译，天津人民出版社 2008 年版。

81. [英] 保罗·皮尔逊编：《福利制度的新政治学》，汪淳波、苗正民译，商务印书馆 2004 年版。

82. [英] 戴雪：《英宪精义》，雷宾南译，中国法制出版社 2001 年版。

83. [英] 戴维·米勒、韦农·波格丹诺主编：《布莱克维尔政治学百科全书》，邓正来译，中国政法大学出版社 1992 年版。

84. [英] 大卫·马什、格里·斯托克编：《政治科学的理论与方法》第 2 版，景跃进、张小劲等译，中国人民大学出版社 2006 年版。

85. [英] 弗里德里希·奥古斯特·哈耶克：《通往奴役之路》，王明毅、冯兴元等译，中国社会科学出版社 1997 年版。

86. [英] 霍布斯：《利维坦》，黎思复、黎廷弼译，商务印书馆 2008 年版。

87. [英] 惠尔：《联邦政府》，傅曾仁等译，台湾商务印书馆股份有限公司 1991 年版。

88. [英] 哈林顿：《大洋国》，何新译，商务印书馆 1996 年版。

89. [英] 约翰·密尔：《代议制政府》（英汉对照全译本），段小平译，中国社会科学出版社 2007 年版。

90. [英] 卡尔·波兰尼：《大转型：我们时代的政治与经济起源》，冯钢、刘阳译，浙江人民出版社 2007 年版。

91. [英] 洛克：《政府论》（下），叶启芳、瞿菊农译，商务印书馆 1986 年版。

92. [英] T. 马歇尔、吉登斯：《公民身份与社会阶级》，江苏人民出版社 2008 年版。

93. ［英］托马斯·亚诺斯基、亚历山大·希克斯：《福利国家的比较政治经济学》，姜辉、于海青、沈根犬译，重庆出版社 2003 年版。

94. ［英］沃尔特·白芝浩：《英国宪法》，夏彦才译，商务印书馆 2010 年版。

95. ［英］詹姆斯·布赖斯：《现代民治政体》，张慰慈等译，吉林人民出版社 2001 年版。

96. 白彤东：《一个儒家版本的有限民主》，中国人民大学《比较视野下的国家建设与民主》会议论文，2012 年 4 月 13—14 日。

97. 陈华峰：《新世纪的两大挑战，在政体中重塑关系体系——评述桑德斯的观点》，《国外社会科学》2003 年第 3 期。

98. 陈鸿瑜：《政治发展理论》，吉林出版集团 2009 年版。

99. 储建国：《调和与制衡的二重变奏——西方混合政体思想的演变》（非出版物），博士学位论文，武汉大学，2004 年。

100. 陈明明：《行为主义革命与政治发展研究的缘起》，《复旦学报》1999 年第 4 期。

101. 陈剩勇、钟冬升：《论阿尔蒙德的政治发展理论》，《浙江大学学报》（人文社会科学版）2007 年 9 月第 37 卷第 5 期。

102. 陈伟：《阿伦特的极权主义研究》，《学海》2004 年第 2 期。

103. 陈振明：《当代西方政治学的新知识图景——学科、流派与主题》，《教学与研究》2004 年第 1 期。

104. 冯毓云：《二元对立思维的困境及当代思维的转型》，《文艺理论研究》2002 年第 2 期。

105. 郭定平：《中层理论》，《中国大百科全书·政治学》，中国大百科全书出版社 1992 年版。

106. 高健主编：《西方政治思想史》第 3 卷，天津人民出版社 2005 年版。

107. 龚祥瑞：《法与宪法——读白芝浩〈英国宪法〉》，《比较法研究》1995

年第 2 期。

108. 景德祥：《在西方道路与东方道路之间——关于德意志独特道路的新思考》，《史学理论研究》2003 年第 4 期。

109. 纪树立：《论库恩的'范式'概念》，《自然辩证法通讯》1982 年第 3 期。

110. 刘放桐：《新编现代西方哲学》，人民出版社 2000 年版。

111. 李国强、徐湘林：《新制度主义与中国政治学研究》，《四川大学学报》2008 年第 2 期。

112. 刘海波：《政体初论》，北京大学出版社 2005 年版。

113. 李剑鸣：《'共和'与'民主'的趋同——美国革命时期对'共和政体'的重新界定》，《史学集刊》2009 年第 5 期。

114. 罗杰：《威权政体：东南亚民主化必经阶段》（非出版物），博士学位论文，北京大学，2003 年。

115. 刘绪贻、韩铁、李存训：《美国通史，战后美国史 1945—2000》第 6 卷，人民出版社 2002 年版。

116. 马雪松：《政治世界的制度逻辑——基于新制度主义政治学的理论探索》（非出版物），博士学位论文，吉林大学，2010 年。

117. 何俊志、杨季星：《社会中心论、国家中心论和制度中心论——当代西方政治科学的视角转换》，《天津社会科学》2003 年第 2 期。

118. 何俊志：《新制度主义政治学的流派划分与分析走向》，《国外社会科学》2004 年第 2 期。

119. 何俊志：《结构、历史与行为——历史制度主义对政治科学的重构》，复旦大学出版社 2004 年版。

120. 何俊志：《新制度主义的交流基础与对话空间》，《教学与研究》2005 年第 3 期。

121. 何俊志、任军锋、朱德米编译：《新制度主义政治学译文精选》，天津人民出版社 2007 年版。

122. 霍伟岸：《新宪政论与中国政治科学——今天我们需要什么样的政治科学》，《甘肃行政学院学报》2008 年第 5 期。

123. 任剑涛：《政道民主与治道民主，中国民主政治模式的战略抉择》，《学海》2008 年第 2 期。

124. 施雪华：《西方国家政体与政体理论的演变》，《武汉大学学报》（人文社会科学版），2000 年第 3 期。

125. 谈火生：《西方学界关于总统制、议会制与民主巩固的争论》，《教学与研究》2008 年第 4 期。

126. 田雪峰：《亚里士多德政体论研究》，《内蒙古大学学报》（人文社会科学版）1997 年第 6 期。

127. 王沪宁：《比较政治分析》，上海人民出版社 1987 年版。

128. 王沪宁：《当代西方政治学分析》，四川人民出版社 1988 年版。

129. 王绍光：《政体重要，还是政道重要》，胡鞍钢、王绍光、周建明、韩毓海：《人间正道》，中国人民大学出版社 2011 年版。

130. 王绍光：《中式政道思维还是西式政体思维？》，2012 年 3 月 29 日，人民网，（http://theory.people.com.cn/GB/148980/17534055.html）。

131. 吴春华主编：《西方政治思想史》第 4 卷，天津人民出版社 2005 年版。

132. 王乐理主编：《西方政治思想史：古希腊—罗马》第 1 卷，天津人民出版社 2005 年版。

133. 吴玉山：《宏观中国，后极权资本主义发展国家——苏东与东亚模式的揉合》，徐斯俭、吴玉山主编：《党国蜕变，中共政权的精英与政策》，五南图书公司（台北）2007 年版。

134. 徐爱国：《政体与法治，一个思想史的检讨》，《法学研究》2006 年第 2 期。

135. 徐大同：《20 世纪西方政治思潮》，天津人民出版社 1991 年版。

136. 徐湘林：《转型危机与国家治理，中国经验》，《经济社会体制比较》2010 年第 5 期。

137. 徐湘林：《转型中国的结构性稳定与体制变革，以国家治理能力为视角》，《比较视野下的国家建设与民主》，学术会议论文，中国人民大学，2012 年 4 月。

138. 徐祥民、刘惠荣等：《政体学说史》，北京大学出版社 2002 年版。

139. 杨光斌、李月军：《中国政治过程的利益集团及其治理》，《学海》2008 年第 2 期。

140. 杨光斌：《民主的社会主义之维》，《中国社会科学》2009 年第 3 期。

141. 杨光斌：《公民参与和当下中国的治道变革》，《社会科学研究》2009 年第 1 期。

142. 杨光斌：《中国当下法治体系的问题与出路》，《探索与争鸣》2010 年第 1 期。

143. 杨光斌：《政治变迁中的国家与制度》，中央编译局出版社 2011 年版。

144. 杨光斌：《政体理论的回归与超越，建构一种超越左右的民主观》，《中国人民大学学报》2011 年第 4 期。

145. 杨光斌：《作为民主形式的分权，理论建构、历史比较与政策选择》，《中国人民大学学报》2012 年第 6 期。

146. 杨光斌：《民主观，二分法或近似值?》，《河南大学学报》2012 年第 4 期。

147. 叶娟丽：《政治学研究方法的悖论，兼论行为主义政治学的启示和教训》，《武汉大学学报》2004 年第 5 期。

148. 闫家深、代先祥：《政体与价值——孟德斯鸠政体理论评述》，《法制与社会》2008 年第 4 期。

149. 俞可平：《西方政治分析新方法论》，人民出版社 1989 年版。

150. 俞可平：《全球治理引论》，《马克思主义与现实》2002 年第 1 期。

151. 俞可平：《论全球化与国家主权》，俞可平、Arif Dirlik 主编：《中国学者论全球化与自主》，重庆出版社 2008 年版。
152. 俞可平主编：《中国治理变迁 30 年，1978—2008》，社会科学文献出版社 2008 年版。
153. 俞可平：《善治与幸福》，《马克思主义与现实》2011 年第 2 期。
154. 殷叙彝：《社会民主主义概论》，中央编译局出版社 2011 年版。
155. 朱德米：《新制度主义政治学的兴起》，《复旦学报》2001 年第 3 期。
156. 朱德米：《当代西方政治科学最新进展，行为主义、理性选择主义和新制度主义》，《江西社会科学》2004 年第 4 期。
157. 张飞岸：《作为意识形态的美国政治学》，《政治学研究》2010 年第 5 期。
158. 周建军：《试析亚里士多德和孟德斯鸠政体思想中的法治》，载《法制与社会》2007 年第 4 期。
159. 朱天飚：《国际政治经济学与比较政治经济学》，《世界经济与政治》2005 年第 3 期。
160. 朱天飚：《比较政治经济学》，北京大学出版社 2006 年版。
161. 赵士国：《俄国政体与官制史》，湖南师范大学出版社 1998 年版。
162. 张旭东：《施米特的挑战——读〈议会民主制的危机〉》，载《开放时代》2005 年第 2 期。
163. 张学艺、徐鸣：《政治科学，政治化、还是科学化？——从范式转换的角度看新制度主义的产生》，《辽宁行政学院学报》2010 年第 5 期。
164. 曾毅：《行为主义的政治制度研究，革命或倒退》，《政治学研究》2012 年第 3 期。
165. 曾毅：《历史制度主义与比较政治制度研究的新方向》，《学海》2012 年第 4 期。
166. 曾毅：《比较政治研究中的发展主义路径》，《社会科学研究》2011 年第 1 期。

167. 曾毅：《新发展主义的历史制度主义分析》，《马克思主义与现实》2011 年第 2 期。

168. 曾毅：《密尔晚年的"大转型"及其思想的国家建设意义》，《学习论坛》2012 年第 10 期。

169. 曾毅：《"现代国家"的含义及其建构中的内在张力》，《中国人民大学学报》2012 年第 3 期。

170. 张勇：《转型国家的宪制选择与民主巩固》，《学海》2010 年第 2 期。

二 英文

1. AtulKohli, Peter Evans, Peter J. Katzenstein, Adam Przeworski, Susanne HoeberRudolph, James C. Scott, Theda Skocpol, "The Role of Theory in Comparative Politics: A Symposium", *World Politics*, Vol. 48, No. 1, Oct., 1995.

2. Alan S. Zuckerman Edited, *Comparative Political Science Volume I: Research Schools and Methods*, SAGE Publications, 2008.

3. B. Guy Peters, Jon Pierre and Desmond S. King, "The Politics of Path Dependency: Political Conflict in Historical Institutionalism", *The Journal of Politics*, Vol. 67, No. 4, Nov., 2005.

4. David Brian Robertson, "The Return to History and the New Institutionalism in American Political Science", *Social Science History*, Vol. 17, No. 1, Spring, 1993.

5. David Easton, "Political Structure Reviewed", in B. Guy Peters and Jon Pierre ed., *Institutionalism*, Vol. 1, Sage Publications, 2007.

6. David Morrice. *Philosophy, Science and Ideology in Political Thought*,

Hampshire: Macmillan Press Ltd, 1996.

7. David B. Truman, "Disillusion and Regeneration: The Quest for a Discipline", *American Political Science Review*, Vol. 59, No. 4, 1965.

8. Donald D. Searing, "Roles, Rules, and Rationality in the New Institutionalism", *The American Political Science Review*, Vol. 85, No. 4, Dec., 1991.

9. Duane Swank and Sven Steinmo, "The New Political Economy of Taxation in Advanced Capitalist Democracies", *American Journal of Political Science*, Vol. 46, No. 3, Jul., 2002.

10. Gabriel A. Almond, "Political Theory and Political Science", *American Political Science Review*, Vol. 60, No. 4, 1966..

11. George Tsebelis, *Veto Players: How Political Institutions Work*, Princeton University Press, 2002.

12. Gerald. F Gaus and Chandran Kukathas Edited, *Handbook of Political Theory*, SAGE Publications, 2004.

13. Giovanni Sartori, Concept Misformation in Comparatvie Politics, *The American Political Science Review*, Vol. 64, No. 4, Dec., 1970.

14. G. March and Johan P. Olsen, "The New Institutionalism: Organizational Factors in Political Life", *The American Political Science Review*, Vol. 78, No. 3, Sep., 1984.

15. Heidi Gottfried, "Comparing Welfare Capitalism: Social Policy and Political Economy in Europe, Japan, and the United States by Bernhard Ebbinghaus; Philip Manow", *Contemporary Sociology*, Vol. 33, No. 6, Nov., 2004.

16. Henry E. Hale, "Hybrid Regimes: When Democracy and Autocracy Mix", In Nathan J. Brown ed., *The Dynamics of Democratization*, Baltimore, The John Hopkins University Press, 2011.

17. J. Wiarda, "Is Comparative Politics Dead? Rethinking the Field in the Post-

Cold War Era", *Third World Quarterly*, Vol. 19, No. 5, Dec., 1998.
18. James G. March, Johan P. Olsen, The New Institutionalism: Organizational Factors in Political Life., *American Political Science Review*, Vol. 78, 1984.
19. James M. Ferris and Shui-Yan Tang, "The New Institutionalism and Public Administration: An Overview", *Journal of Public Administration Research and Theory: J-PART*, Vol. 3, No. 1, Jan., 1993.
20. James T. Kloppenberg, "Institutionalism, Rational Choice, and Historical Analysis", *Polity*, Vol. 28, No. 1, Autumn, 1995.
21. John. F. Kennedy: Inaugural Address, 20 January 1961, website of John. F. Kennedy Presidential Library and Museum, http://www.jfklibrary.org/Asset-Viewer/BqXIEM9F4024ntFl7SVAjA.aspx.
22. John S. Dryzek, "The Progress of Political Science", *The Journal of Politics*, Vol. 48, No. 2, May 1986.
23. Junko Kato, "Institutions and Rationality in Politics-Three Varieties of Neo-Institutionalists", *British Journal of Political Science*, Vol. 26, No. 4, Oct., 1996.
24. Kathleen Thelen and Sven Steinmo, "Historical Institutionalism in Comparative Politics", In Sven Steinmo, Kathleen Thelen and Frank Longstreth eds., *Structuring Politics*, Cambridge: Cambridge University Press, 1992.
25. Kevin T. Leicht and J. Craig Jenkins, *Handbook of Politics: State and Society in Global Perspective*, Springer, 2010.
26. Klaus Nielsen, "Institutionalist Approaches in the Social Sciences: Typology, Dialogue, and Future Challenges", *Journal of Economic Issues*, Vol. 35, No. 2, Jun., 2001.
27. Lewis A. Coser, "Two Methods in Search of Subtance", *Amercian Sociology Review*, Vol. 40, No. 6, 1975.

28. Maarten Hajer, "Policy without Polity? Policy Analysis and the Institutional Void", *Policy Sciences*, Vol. 36, No. 2, Jun., 2003.
29. Mathias Albert, Lena Hikermeier, "Between Systems Theory and Neo-Institutionalism Studying Regional Organization in World Society", Paper for the 2001 Annual Meeting of the American Sociological Association, Anaheim, CV, 18 - 21, August.
30. Michael Howlett and Jeremy Rayner, "Understanding the Historical Turn in the Policy Sciences: A Critique of Stochastic, Narrative, Path Dependency and Process-Sequencing Models of Policy-Making over Time", *Policy Sciences*, Vol. 39, No. 1, Mar., 2006.
31. Paul Pierson, *Politics in Time: History, Institutions, and Social Analysis*, Princeton University Press, 2004.
32. Peter Hall and Rosemary C. R. Taylor, "Political Science and Three Institutionalism", *Political Studies*, XLIV, 1996.
33. Report by the Faculty Committee, *The Behavioral Sciences at Harvard*, Cambridge: Harvard University Press, June 1954.
34. Shu-Yun Ma, "Political Science at the Edge of Chaos? The Paradigmatic Implications of Historical Institutionalism", *International Political Science Review/Revue internationale de science politique*, Vol. 28, No. 1, Jan., 2007.
35. Stephen E. Hanson and Jeffrey S. Kopstein, "Regime Type and Diffusion in Comparative Politics Methodology", *Canadian Journal of Political Science / Revue Canadienne de Science Politique*, Vol. 38, No. 1, Mar., 2005.
36. Sven Steinmo, "Political Institutions and Tax Policy in the United States, Sweden, and Britain", *World Politics*, Vol. 41, No. 4, Jul., 1989.
37. Talcott Parsons and Edward Shils, *Toward a General Theory of Action*, Cambridge: Harvard University Press, 1951.

38. Theda Skocpol, "A Society without a 'State'? Political Organization, Social Conflict, and Welfare Provision in the United States", *Journal of Public Policy*, Vol. 7, No. 4, Oct. – Dec., 1987.
39. Theda Skocpol, "Bring the State Back In: Strategies of Analysis in Current Research", In Peter B. Evans, Dietrich Rueschemeyer, Theda Skocpol eds., *Bring the State Back In*, Cambridge University Press, 1985.
40. Theda Skocpol, "Why I Am an Historical Institutionalist", *Polity*, Vol. 28, No. 1, Autumn 1995.
41. Walter Shepard, "Democracy in Transition", *American Political Science Review*, No. 29, 1935.
42. X. L. Ding, "Institutional Amphibiousness and the Transition from Communism: the Case of China", *British Journal of Political Science*, Vol. 24, No. 3, July 1994.
43. Yonatan L. Morse, "The Era of Electoral Authoritarianism", *World Politics*, Volume 64, Number 1, January 2012.
44. Yu Liu & Dingding Chen, "Why China will Democratize", *The Washington Quarterly*, Vol. 35, Issue 1, 2012.

后 记

本书基于我的博士论文修改而成，也是我在中国人民大学政治学系九年政治学专业训练的一个小结。这部作品是一个研究内容与研究方法上的大胆尝试：时间链条上，从古希腊亚里士多德的政体学写起，到当代西方政治科学中的主流范式历史制度主义，在学术史意义上纵跨古典时期、旧制度主义时期、行为主义时期与新制度主义时期，在世界历史意义上则掠过西方文明的扩张、现代国家的建立、资产阶级（自由主义）的兴起、社会主义革命、硝烟四起的20世纪，以及全球互联的21世纪；而在研究方法上，驾驭这样宏大的题目必须选择一个锐利的切入口，我选择以政治学家眼中的"政体观"作为突破，来纵观政体理论的千年变迁。学术史、观念史是历史事实的反映。本书也就以学术史呼应时代变迁，构建了一个双线条的二重变奏。

选择"政体"作为窥豹之管，是因为这是政治学几千年来最重要、最核心的概念。尽管从20世纪中叶开始，政治学研究在行为主义科学革命的影响下就开始转入"低政治"层面，关注个体、心理、组织与社会，并大量借鉴经济学、社会学、人类学、管理学的研究方法与旨趣，但经典政治学研究的许多命题的重要性却并没有随之瓦解——国家与政体，就是最典型的例证。美国政治学在反思行为主义政治学后"把国家带回来"，而那些尚未处理好"秩序—发展""观念—实践"的广大后发国家呢？是亦步亦趋追踪最前沿的美国政治科学的研究成果，还是回到基础概念、基础理论与基础范式，用这些学术之砖构建自己的思想大厦呢？

我们生活在一个"观念的世界"。观念的作用不容小觑：它是学者对客观世界的总结，却也改造、推动着客观世界。国家、政体、民族、阶级、民主、自由……政治学贡献给人类社会的，除了分门别类的事实性科学，还有战争与和平、光荣与梦想的价值观。近代以来，自由的大旗下是滚滚向前的财富与征服；民主的号角则唤醒了大众，酿造了革命。政治学的传统是"如何建立好的政体（国家）"，这种理性思考却常常被利益与观念的冲突打断——无论是一国之内的阶级之争还是国家与国家之间的战争。于是，政治学不仅需要关注"治国术"这样的次级问题，还要回答"什么是好的政体（国家）"这样的终极问题。

有人将次级问题命名为政治科学，而将终极问题称为政治哲学。然而，历史从来没有真正"终结"过。政治哲学是对当时政治实践的思辨，而政治科学也难以摆脱价值的内设。如何维持一种秩序，始终与如何打破一种秩序、创新一个新世界相伴相生。"君主制—贵族制—民主制"的"亚里士多德战争"贯穿了整个古典政治学时期；"民主制—非民主制"的主义之争则在冷战后深刻地影响着人们的思维方式。人类始终在追求一种更好的政治模式，其间不同的人类群体（种族、民族、宗教、阶级、性别）经历了冲突与妥协，学习摸索着如何更好地相处，维持和平与繁荣。

本书是终极问题与次级问题的结合。"观"这个字意为"世界观、价值观"，是对政治科学背后的方法论和价值观的追问。为什么亚里士多德的"六类型"政体理论背后还有那么多细分的"亚政体"？他又为什么强调阶级关系与法治状况对于政体的影响？旧制度主义是为了解决资产阶级革命后的治国问题，它包含了哪些治国智慧？照搬英美自由民主议会政体的魏玛共和国为什么会失败？战后的民主理论学者们是如何建构影响至今的"自由民主"理论的？比较政治学的经典范式"结构功能主义"为什么在非西方国家遭遇解释力的局限？二元政体观是怎么形成、流行的？新制度主义的中观理论对于一种更符合真相的政体观建构有什么资源？

……

这些都是本书试图回答的问题。

之所以不是"政体理论"而是"政体观"，就是因为这些问题使然。如果一一梳理经典作家的政体理论，就会变成一种知识的复述。然而，正是因为有问题——前后理论变化的问题，现实与观念张力的问题，理论背后价值观与方法论的问题——才使我去追问、去质疑、去反思。这种追问、质疑、反思，就形成了本书的核心问题——西方政治学的政体观是如何形成、如何演变、如何流行的？

看似关注点在西方，关怀却在自己。"中西之辩"是近代以来中国知识界价值关怀的主轴。"开眼看世界"的近代中国知识分子以救国图存为己任，一直在从西方文明的营养中踽踽寻找救国治国之方。国家兴亡、匹夫有责的知识分子情怀，以及中西文明的碰撞，一直延续到今天知识界的基因里。然而，"观念的世界"也遍布着冲突。首先，中国社科领域今天所习以为惯常的观念、术语与概念，大多是基于特定的西方政治文明的时空背景产生，被翻译引介，并且其内涵与意义在与时俱进演进着，而我们有时却忽略了这一点，不假思索地拿来使用，对照今天中国政治发展的实践；其次，西方社会科学的演进史表明，观念本身始终与实践之间有一些张力，意识到这种张力有助于我们对观念保持警醒和质疑的能力；更重要的是，进一步构建理论与价值的"自主性"。

从某种意义上说，这部作品是政治科学的哲学阐释，内容涵盖"政体理论的演进""西方社会科学方法论的演进""政体背后的价值观的演进"多层次的主题。

这部作品离不开我所求学的中国人民大学政治学系老师们的帮助指导。中国人民大学有非常优秀的学术传统：注重扎扎实实的基础政治学理论。正是在这种学术氛围的熏陶中，我选择了这样一个立意主流、视野宽广、价值丰富的研究主题。我以为，基础理论的梳理与挖掘，正是当今中国社科界所需要的，对于形成自己的话语体系、自己的学科架构都是基石性的工作。

我要深深地感谢我的博士导师俞可平教授。俞老师胸怀国家，心系百姓，他的处事态度和做学之风照耀着我，让我在三年的博士生涯里受益颇深。虽然工作繁忙，俞老师仍时时鞭策、常常提点，他富于担当的公共责任精神和生活中的侠骨仙风影响着我，在他的指导和鼓励下，我在学术之路上勇往直前。

我要深深地感谢我的硕士导师杨光斌教授。杨老师做学问高屋建筑，气势磅礴，他的学术洞见和人生智慧从来不吝赐教，让求知若渴的我得以尽情汲取。从本科开始，杨老师就教导我们要"直面主流问题"，他深厚的理论功底和广阔的国际视野影响着我，让我常常自勉要形成政治学研究的大视野、大气候。

我是何其幸运，在两位恩师的关怀与提携下，在政治学的海洋里尽情驰骋，不仅仅享受到读书求知的纯粹智识乐趣，还在为人处理的人生课堂上不断吸取正能量，在学术姿态与公共责任上受到积极的感染。九年政治学熏陶浸染，除了两位德艺双馨的恩师之外，我还要感谢清华大学景跃进教授，我本科到硕士六年政治学学习，有景老师在课内、课外的循循教导、谆谆关切；感谢北京大学的徐湘林教授、复旦大学的陈明明教授，他们对我的学术成长都给予了点拨与支持；中国人民大学国际关系学院的王乐理教授、黄嘉树教授、任剑涛教授、王续添教授、周淑真教授、闫润鱼教授、孙龙副教授、林红副教授、罗天虹副教授、徐莹副教授等良师益友，都给予我学术上启人心智的指导和启发。

感谢参加我毕业论文答辩的王长江教授、景跃进教授、燕继荣教授、任剑涛教授，百忙中抽出时间评阅我的文章，为我提出许多宏观和微观层面的宝贵意见，毕业论文答辩会本身就像一个高手如云的小型研讨会，前辈们富有智慧的点评、提问令我受益匪浅。感谢王乐理教授对我博士论文提出了诸多细腻而中肯的意见。王老师收到我的论文后，花了很长时间认认真真地阅读，最后通过电话给我一页一页的指出具体问题和商榷意见，并在我毕业在即、要走上独立科研之路之时给我送上鼓励与支持，令我非常感动。感谢中国人民大学黄嘉树教授、对外经贸大学戴长征教授对我博士论文选题和写作的支持和肯定，他们对于我做基础理论研究的赞许，是对我学术之路莫大的鼓励。感谢浙江省委党校王国勤博士在我论文写作期间从美国帮我搜集文献资料。感谢中央编译局李月军博士、闫健博士邀请我就"政治科学视野下的政体观"这一主题去中央编译局进行演进，感谢复旦大学陈明明教授邀请我参加"比较政治学：全球视野与中国议题"学术研讨会，并以博士论文内容进行主题发言，对两次研讨会上给我提出宝贵意见的前辈和同仁们诚挚致谢。

我要感谢我在中央党校党建部的领导和同事们。党建部是一个学术氛围浓厚、同事团结互助的快乐大家庭。在这里继续从事自己喜爱的教研工作，是一件幸福的事情。

我要感谢我的同门兄弟姐妹们和博士同学。学术化的生活是相对孤独的，需要同道中人的分享和激励。论文写作期间，我们在一起交流思想、砥砺精神、享受友谊，实在是人生乐事。感谢一直在我身边支持我、关爱我的好朋友们。我成长的每一个脚印都离不开心有灵犀的友谊，这些真挚的陪伴和分享让我能够更快乐、更充实地从事我的科研工作。感谢王静、周宇翔、王晟、庄薇、张晓雷对我的文字、格式的统一和调整，有他们的帮助，我的论文才能更加规范。

最后，我最要感谢的是我的父母曾湘宁、徐恩慧。父母是我最好的朋友，最温暖的港湾。我要感谢他们的开明教育和无私关爱，保护了我对人生的理想和情怀，使我可以策马扬鞭，做自己喜欢的事情、过智性自由的人生。

曾 毅

2015年8月于静淑苑